한반도의 일제 전쟁유적 활용, 해법을 찾아

강제동원 & 평화총서 25
한반도의 일제 전쟁유적 활용, 해법을 찾아

초판 1쇄 인쇄	2025년 4월 15일
초판 1쇄 발행	2025년 4월 25일

저 자 정혜경
펴낸이 윤관백
펴낸곳 도서출판 선인

등 록 제5-77호(1998. 11. 4)
주 소 서울특별시 양천구 남부순환로48길 1, 1층
전 화 02-718-6252
팩 스 02-718-6253
E-mail suninbook@naver.com

정 가 20,000원

ISBN 979-11-6068-957-0 94900
      978-89-5933-473-5 (세트)

■ 저자와의 협의에 의해 인지 생략.
■ 잘못된 책은 교환해 드립니다.

강제동원 & 평화총서 25

한반도의 일제 전쟁유적 활용, 해법을 찾아

정혜경

| 책 펴내는 글 |

    일본은 아시아태평양전쟁(1931~1945) 중 일본과 식민지, 점령지, 전투지에 많은 전쟁유적을 남겼다. 한반도는 일제강점기에 식민지로서 제국 일본의 영역이었으므로 전쟁유적이 남아 있다. 개인적으로 확인한 유적은 남북한에 걸쳐 8,900개소가 넘는다.

    한반도의 일제 전쟁유적에 관심을 갖게 된 것은, 2002년부터 시작한 일제강점기 제국 일본 영역(국내와 일본)을 대상으로 한 개인적 차원의 전쟁유적 답사와 국무총리 소속의 강제동원 조사 기관(대일항쟁기강제동원피해 조사 및 국외강제동원 희생자 등 지원위원회)에서 조사 업무를 담당하면서 피해의 근거를 확인할 필요성 때문이었다. 2002년부터 시작한 답사는 지금까지 이어져 오고 있는데, 국내와 일본은 물론, 남사할린, 중국 동북부, 태평양 등 다양한 지역으로 넓어졌다.

    국내 아태전쟁유적에 주목하게 된 것은 2009년부터였는데, 피해의 근거를 확인하기 위한 목적이 컸다. 특별법이 규정한 '군인, 군무원, 노무자, 위안부 등'의 강제동원 피해자 가운데 군인과 군무원은 비교적 일본 정부가 작성한 명부가 남아 있었다. 그러나 피해자의 80% 이상을 차지했던 노무동원의 경우에는 일본 정부와 기업이 남긴 명부가 극소수에 불과했으므로 피해자 판정에 어려움이 많았다. 특히 한반도로 동원된 연인원 650만 명은 일본 정부와 기업이 남긴 명부가 전혀 없었기에 피해 입증이 어려웠다. 이들의 피해를 입증하기 위해 주목한 것이 장소성, 즉 강제동원 현장이었다.

강제동원 현장을 찾기 위해 시작한 일은 강제동원 현장 목록의 작성과 현지조사였다. 먼저 당시 조선총독부가 발간한 보고서, 조선총독부 기관지(매일신보, 경성일보), 관보, 관련 연구 성과, 지역사 자료, 구술기록, 회고록 등을 통해 노무동원 작업장의 목록을 만들고, 시간이 날 때마다 현장을 찾아다니며 확인하고 수정하는 작업을 통해 목록의 오류를 수정했다. 여전히 현지조사는 목록의 일부에 불과하고, 수정 작업도 진행 중이다.

두 가지 작업을 하는 과정에서 일제 전쟁유적의 범주가 넓어졌다. 노무동원 작업장의 목록 작성에서 출발했으나 군인과 군무원의 동원 장소를 추가하고, 강제동원을 시행한 식민통치기구의 유적까지 포함해 네 종류를 정리했다. 그러다보니 노무동원작업장 목록에서 일제 전쟁유적 목록으로 확대되었다.

일제 전쟁유적 조사 작업 과정에서, 이 유적이 단지 일제강점기에 그치는 것이 아니라 이전과 이후를 아우르는 통시적 역사성을 가지고 있음을 명확히 인식하게 되었다. 일제강점기 이전에도 조선 민중이 영유하던 터전이었고, 광복 이후에도 계속 새로운 역사를 축적하는 곳이라는 점, 35년의 일제강점기보다 훨씬 긴 역사를 담고 있으며, 장소에 깃든 기억이 새로운 미래를 열어가는 토대라는 점도 알게 되었다. 그러한 점에서 일제 전쟁유적은 '역사란 과거에 일어난 사건들을 기술하는 것이 아니라, 변화를 연구하는 학문'이라는 유발 하라리의 주장을 잘 대변하는 사례이다.

그런데 일제 전쟁유적 조사 작업을 하는 과정에서 알게 된 또 다른 사실은, 한국 사회의 외면과 방치 속에서 철거의 대상이 되었다는 점이었다. 이곳이 어떤 배경과 과정에서 만들어졌고, 어떤 역사성을 담고 있는지 알기도 전에 이미 철거되거나 철거의 대상이 된 곳이 적지 않았다. 한국 사회가 일제 전쟁유적을 외면과 방치, 철거의 대상으로 삼은 이유는 '창피한 역사' '어두운 역사'를 외면하고 싶은 마음과 무관하지 않다.

그렇다면, 일제 전쟁유적은 그저 창피하고 감추고 싶은 역사의 흔적일까. 그렇지 않다. 우리의 편향된 역사인식이 창피하고 감추고 싶은 곳이라 폄훼하고 있을 뿐이다. 일제 전쟁유적은 일본 지배의 과정에서 나온 산물이므로 식민 통치의 증거물이다. 그러므로 일제 전쟁유적을 통해 한국 시민들은 일본의 식민 지배와 아태전쟁이라는 역사를 알 수 있다.

아무리 부정하려고 해도 일제 35년은 '있었던 사실'이다. 우리의 부정은, 당시 35년을 견뎌낸 선조들을 부정하는 결과가 된다. 우리가 창피한 역사라고 생각하면, 그 시절에 어려운 시절을 경험한 조선의 민중들이 창피한 존재가 되어 버린다. 선배 세대는 우리의 뿌리이다. 창피함에 매몰되어 우리 스스로 뿌리를 부정하는 결과를 낳을 수는 없다.

한반도에 남은 일제 전쟁유적은 아닌 한반도의 유적이다. 일본 국가권력이 만들었으나 우리 땅을 빼앗아 조선 민중의 노동력으로 만들고 운영한 곳이다. 일본 패망 후에는 한국인들이 그곳을 사용하며 새로운 역사를 패스츄

리처럼 켜켜이 축적한 곳이다. 일본이 남긴 유적이지만, 조선 민중이 경험한 역사의 현장이자 민중의 기억을 담은 곳이다. 그러므로 일본 건축학자인 니시자와 야스히코(西澤泰彥)는 '유적의 말살은 유적이 지닌 사실(事實)의 말살이자 '일본에 의한 지배의 사실을 역사에서 소거하는 행위'라 지적했다.

일제 전쟁유적이 사라지면서, 시민들의 기억 속에서 유적이 품고 있던 일본의 식민 지배와 아태전쟁의 역사가 사라지는 사례는 무수히 많다. 책이나 영상에서 보았더라도 유적처럼 명확히 각인시켜 주지 않기 때문이다.

재일사학자 고 김광렬(金光烈, 1927~2015)은 지쿠호(筑豊) 탄광지역에서 사망한 조선인의 기록을 수집 정리해서 방대한 자료를 남겼다. 그는 자신과 가족의 삶을 희생하며 40년간 조사한 이유에 대해 "우리가 기억하지 않으면, 이곳에 와서 고생한 조선인들의 역사가 사라지기 때문"이라고 밝혔다.

그러나 지금도 전국 여기저기에서는 일제 전쟁유적이 조사도 하기 전에 철거로 사라지거나 스포츠타운 등 전혀 다른 용도로 변용되고 있다. 철거와 용도 변경으로 유적이 본래의 모습을 잃으면, 그곳이 품고 있던 기억도 사라진다. 사라진 유적도, 사라진 기억도, 사라진 것은 다시 돌아오지 않는다. 우리의 편향된 역사인식으로 인해 조선 민중들이 경험한 소중한 역사를 사라지게 할 수는 없다.

『한반도의 일제 전쟁유적 활용, 해법을 찾아』는 2018년에 출간한 『우리 지역의 아시아태평양전쟁유적 활용-방안과 사례』(도서출판 선인)의 후속판이다.

그런데 이 책의 증보판을 내지 않고 별도의 책을 내는 이유는, 문제 인식을 확대할 필요가 있기 때문이다.

『우리 지역의 아시아태평양전쟁유적 활용-방안과 사례』는 여러 의미가 있는 책이다. 2018년 출간 당시 한국 사회에서 '아시아태평양전쟁'이나 '아시아태평양전쟁유적'은 매우 낯선 용어였다. 그러나 지금은 언론이나 정부 문서에서 자연스럽게 사용하고 있다. 용어의 정착은 『우리 지역의 아시아태평양전쟁유적 활용-방안과 사례』의 성과였다. 침략전쟁의 피해국인 한국 사회에서 '아시아태평양전쟁유적'이라는 용어가 적절한가 하는 고민을 하게 된 것도 성과 가운데 하나이다. 또한 국내의 아시아태평양전쟁유적 목록 수록에 비중을 두고, 최초로 목록을 공개한 책이기도 하다. 이 책의 출간 이후 국내에서 아태전쟁유적을 주제로 한 연구가 시작되었다고 해도 과언이 아니다.

그러나 『우리 지역의 아시아태평양전쟁유적 활용-방안과 사례』는 전쟁유적의 활용을 역사문화콘텐츠 구축이라는 점에 국한한 측면이 있고, 국내의 아시아태평양전쟁유적 목록 수록도 유효성이 줄어들고 있다. '아시아태평양전쟁유적'에 대해 한국 사회가 전혀 인식하지 못하던 시기에는 유효했으나 추가로 확인한 장소가 적지 않고, 검증이 필요한 곳도 있기 때문이다. 아시아태평양 지역의 활용 사례나 다양한 활용 방안을 인식할 필요성도 있다. 또한 2019년 코로나 팬더믹을 맞으면서 다양해진 문화콘텐츠의 질적 발전을 반영해서 연구자와 시민교육에 필요한 활용 방안을 고민할 필요도 있고, 특히 교육을 통한 활용 방안이 필요하다고 생각해서『한반도의 일제 전쟁유적 활용, 해법을 찾아』를 출간하게 되었다.

『한반도의 일제 전쟁유적 활용, 해법을 찾아』는 일본의 연구 성과를 참고해 제국 일본 영역의 국가들이 전쟁유적을 활용하는 사례를 소개하고, 한반도 일제 전쟁유적의 활용 방안을 다양한 방향에서 고민한 결과물이다. 2018년『우리 지역의 아시아태평양전쟁유적 활용—방안과 사례』출간 이후 더욱 심각해진 철거의 현실 속에서 한국 사회가 일제 전쟁유적에 대해 조금이라도 되돌아보기를 바라는 마음도 함께 담았다.

2025년 2월 15일, 전국의 일제 전쟁유적과 관련해 연구하고 조사하는 연구자, 일제 전쟁유적의 중요성에 공감하는 일반 시민, 관심을 가지고 발굴하고 취재하고 다양한 방법으로 알리고자 노력하는 교사·언론인 등이 안중근의사기념관에서 '일제전쟁유적네트워크'를 발족했다. 행사장이 일제 전쟁유적의 하나인 조선신궁 터였다는 점에서 상징성이 있다.

일제강제동원&평화연구회도 단체 회원으로 가입해 활동하고 있다. 1997년에 발족한 일본의 '사단법인 전쟁유적보존 전국네트워크'에 비하면, 많이 늦었고, 회원도 비교할 수 없을 정도로 적다. 그러나 대전, 군산, 제주, 경남 창원, 인천 등 주요한 일제 전쟁유적이 소재한 지역의 연구자와 시민이 결합한 전국적 규모의 조직체이고, 관련 전문가가 모두 모여 고민을 나누는 장(場)이라는 점에서 매우 의미가 크다.

'일제전쟁유적네트워크'는 9천여 개에 달하는 한반도 전역의 일제 전쟁유적을 외면하지 않고, 우리의 역사로 받아들이고자 하는 출발점이자 마중물이다. 발기인의 한 사람이자 초대 대표로써 이 마중물을 통해 외면당하고 철거의 위험에 처한 일제 전쟁유적이 머지않아 소중한 한국 사회의 자산으로 변모할 것이라 확신한다. 또한 '일제전쟁유적네트워크'는 전국에 산재한 일제 전쟁유적의 조사와 연구를 통해 유적의 역사성을 규명하고, 일제 전쟁유적의 의미와 필요성을 시민들과 공유하며 활용의 방향을 고민할 주체이다. 2025년 2월을 기점으로 일제 전쟁유적에 대한 한국 사회의 관심과 고민이 시작되었다. '일제전쟁유적네트워크'의 향후 행보와 성과를 기대하며, 이 책이 한국 사회의 고민에 작은 도움이 되기를 바라는 마음이다.

『한반도의 일제 전쟁유적 활용, 해법을 찾아』는 일제강제동원&평화연구회의 35번째 총서이다. 연구회는 2011년 발족하면서 총서 출간과 세미나 운영, 시민강좌를 중심 사업으로 하고 있다. 창립기념식과 총서 출판기념식을 같이 개최할 정도로 총서 출간은 연구회의 핵심 사업이다. 발족 이후 총 35권의 총서를 출간했는데, 연구서와 세미나팀의 성과를 정리한 시리즈물 등 학술서도 있으나 일반 시민 대상의 출판물 비중이 높은 편이다. 주제별로 대중들이 이해할 수 있도록 이야기책으로 구성한 담장(談場) 시리즈, 문고판 감동(感動) 시리즈 등이 대중용 출판물이다. 연구회가 대중용 출판물에 비중을 두는 이유는 공공역사의 주체인 시민들이 강제동원의 역사를 다양한 시각에서 풍부하게 접하도록 하기 위함이다.

　연구회 총서 출판은 전담 출판사인 도서출판 선인이 있기에 가능한 일이다. 도서출판 선인은 2011년 창간 이후 지금까지 연구회가 마음 편히 총서를 출간할 수 있도록 배려해주고 있다. 『한반도의 일제 전쟁유적 활용, 해법을 찾아』도 박애리 실장님과 편집진의 헌신적 노력에 힘입어 세상에 나오게 되었다. 또한 불편한 답사의 여정을 항상 함께 해주는 현대한국구술자료관의 김선정 박사와 연구회 연구위원들께도 감사의 마음을 나누고자 한다.

2025년 3월

정혜경

| 차 례 |

책 펴내는 글 · · · · · · · · · · · · · · · · · · · 4

1. 전쟁유적 바로 알기 · · · · · · · · · · · · 15
   1) 일제 전쟁유적? 아시아태평양전쟁유적? · · · · · · · 15
   2) 전쟁과 관련한 산업유산 · · · · · · · · · · · · 17
   3) 일제 전쟁유적을 대면해야 하는 이유 · · · · · · · · 20
2. 아시아태평양지역은 전쟁유적을 어떻게 활용하고 있을까 · · · 26
   1) 중서부태평양(구 남양군도) · · · · · · · · · · · 26
   2) 중국 동북 3성 · · · · · · · · · · · · · · · 34
   3) 대만 · · · · · · · · · · · · · · · · · · · 42
   4) 남사할린(구 화태樺太) · · · · · · · · · · · · 54
   5) 일본 · · · · · · · · · · · · · · · · · · · 60
3. 한반도에 남은 일제 전쟁유적이란: 현황과 특징 · · · · · · 88
   1) 일본의 아시아태평양전쟁유적과 한반도 · · · · · · · 93
   2) 국내 일제 전쟁유적의 분류 · · · · · · · · · · · 96
   3) 국내 일제 전쟁유적 현황 · · · · · · · · · · · 102

4. 국내에서 활용하는 일제 전쟁유적을 찾아 · · · · · · · · · · · · 131
　1) 국내 일제 전쟁유적의 활용 현황 · · · · · · · · · · · · · 131
　2) 군사유적 · 134
　3) 생산관계유적(노무동원 작업장) · · · · · · · · · · · · · 153
　4) 식민통치유적 · 156
　5) 기타 유적 · 165
5. 일제 전쟁유적, 어떻게 활용할 것인가 · · · · · · · · · · · 171
　1) 활용 방향 · 171
　2) 역사문화콘텐츠를 통한 활용 방안 · · · · · · · · · · · 182
　3) 교육을 통한 활용 방안 · · · · · · · · · · · · · · · · · 209
6. 맺음말: 일제 전쟁유적, 한국 사회의 소중한 자산으로 · · · · 225

참고문헌 · 228
찾아보기 · 233

1. 전쟁유적 바로 알기

1) 일제 전쟁유적? 아시아태평양전쟁유적?

일반적으로 전쟁유적이란, 전투지를 포함해 전쟁이 있었던 지명이나 건조물, 사건 유적지를 의미한다. 그러므로 '전쟁유적 = 전쟁 관련 유적(War-Related‐Sites)'이며, 전쟁 동원 관련 유적도 포함한다.

일본 (사)전쟁유적보존네트워크는 전쟁유적을 '근대 일본의 침략전쟁과 수행 과정에서 전투나 사건의 가해와 피해, 반전 저항에 관해 일본 국내외에 형성되어 현재에 남아 있는 구조물과 유구(遺構), 유적지'라 정의했다.[1] 일본은 아시아태평양전쟁(1931~1945. 이하 아태전쟁) 기간 중 일본과 식민지, 점령지, 전투지에 많은 전쟁유적을 남겼다. 일제강점기에 한반도는 일본의 식민지로서 제국 일본의 영역이었으므로 당연히 전쟁유적이 남아 있다.

(사)전쟁유적보존네트워크 정의는 전쟁 동원 관련 유적을 포함하지 않는 것으로 여길 수 있으나, 기구치 미노루(菊池実) 대표의 구체적인 분류를 보면, 생산관계나 주거지관계, 매장관계, 교통관계 등 전쟁 동원 관련 유적

1　戰爭遺跡保存ネットワーク 編, 『日本の戰爭遺跡』, 平凡社, 2004, 23쪽

이나 기타 유적을 포함하고 있다. 생산관계유적은 '조병창, 비행기 제작소 등의 군사 공장, 경제 통제를 받았던 공장, 지하 공장' 등을, 교통관계는 '군용 철도·도로 등'을 의미한다. 주거지 관계는 '외국인 강제동원 노동자 거주지, 포로수용소, 방공호 등'을, 매장 관계는 '육·해군 묘지, 포로 묘지 등'을 의미한다. 이 분류는 전방과 후방에 해당하는 분류가 된다.

전쟁유적에 전쟁 동원 관련 유적이 포함되어야 하는 이유는 근대 이후 전쟁의 성격 때문이다. 제1차 세계대전 후 전쟁인 총력전(총동원전쟁)은 병사만의 전쟁이 아니었다. 전쟁 당사국의 모든 인력과 물자, 자금을 총동원한 전쟁이었고, 아태전쟁의 경우에도 일본을 비롯한 제국 일본의 영역이었던 조선과 대만, 동남아시아, 태평양지역도 총동원의 대상 지역이었다. 그러므로 일본을 포함한 아태지역의 전쟁유적 범주에는 전쟁 관련 유적+전쟁 동원 관련 유적이 포함되어야 한다. 현재 일반적으로 사용하는 전쟁유적에 근대산업유적의 개념을 추가한 범주가 될 것이다.

이러한 범주에 따른다면, 아태전쟁의 발발을 기점으로 한 시기적 기준도 일부 유적의 경우에는 확대되어야 한다. 아태전쟁이 시작된 1931년 이전에 조성된 유적 가운데에서도 일제 전쟁유적에 포함해야 할 곳이 있다. 먼저 식민 통치와 관련한 유적은 일제 전쟁유적 중 식민통치유적에 포함해야 한다. 아태전쟁기에 조선 민중과 한반도의 물자를 동원하고, 자금을 통제한 주체는 식민통치기관, 즉 조선총독부와 행정기관이기 때문이다.

조선의 청년들을 군인이나 군무원으로 동원해 각지의 전선(戰線)으로 보내고, 군공사장 노역에 동원한 군 관련기관도 시기적으로는 강제병합 이전에 한반도에 또아리를 틀었으나 일제 전쟁유적에 해당한다. 조선총독부의 지시에 따라 각 마을에서 조선인을 동원해 수송하는 업무를 담당한 군청·면사무소나 경찰서·주재소 등도 모두 1931년 이전에 설치되었으나 모두 일제 전쟁유적에 포함된다. 신사나 신궁 등 종교라는 이름으로 조선인을 통제하던 종교기관도, 경제를 장악한 금융기관과 국책회사(동양척식주식회사)도 일제 전쟁유적에 해당한다.

그렇다면 독립운동 사적지나 근대유적과 겹치는 유적이 있지 않겠는가. 당연히 겹치는 유적이 있다. 하나의 장소가 하나의 의미만 가지는 것은 아니기 때문이다. 또한 동일한 장소에서 강제동원과 독립운동이 일어났던 사례도 있다. 대표적인 곳은 인천육군조병창이다. 일본 육군의 무기공장이었던 인천육군조병창은 조선 민중이 강제동원된 장소이자 무기제작과정을 알아내기 위해 잠입한 독립운동가의 투쟁 현장이기도 했다.

다음으로, 용어에 대해 생각해보자. 일본이라면 '아시아태평양전쟁유적'이 적절할 것이다. 아태전쟁 이전 시기의 국가간 전쟁(청일전쟁, 러일전쟁, 1차 세계대전)과 구별되고, 침략전쟁을 일으킨 가해자라는 점도 잘 나타나기 때문이다. 그러나 한국에서는 '일제 전쟁유적'이 적절할 듯하다. 식민 지배와 강제동원을 당한 피해자이기 때문이다. '일제 전쟁유적'은 식민지 조선 외에 대만이나 중국, 중서부태평양 등, 당시 일본이 식민지나 점령지로 점유했던 지역에 해당된다.

그러한 이유로 이 책에서는 설립 및 운용 목적에 따라 1931년 이전에 설치된 일부 유적도 포함했다. 용어에 대해서도 전쟁 책임성을 고려해 일본과 기타 지역에 따라 두 가지로 구분해서 사용했다.

2) 전쟁과 관련한 산업유산

유네스코 세계유산위원회(WHC)는 전쟁유적을 '부(負)의 유산(Negative Heritage)'으로 불렀으나 최근에는 갈등유산이나 불편문화유산(Difficult

Heritage)이라 하기도 한다. 부의 유산은 '특정 집단의 기억에서 부정적인 기억이 저장되는 갈등의 장소'이자 '정체성을 지닌 집단과 공동체에게 공동의 상실로서의 폭력적, 비극적, 또는 씻을 수 없는 정신적 상처를 남긴 사건과 장소'를 의미한다. 불편문화유산은 세계 제2차 세계대전 후 나치가 남긴 흔적이 문화유산화하는 과정에서 형성된 문화유산을 통칭하는 용어이다.[2]

전쟁 관련 유산 외 아태전쟁 기간 중 일본의 통치 주체가 일본의 식민지와 점령지 등 제국 일본 영역에 남긴 전쟁유적(이하 아태전쟁유적) 가운데 군수물자를 생산하고 수송하기 위해 구축하고 운영한 생산과 수송, 토목 관련 유산에는 세계유산 중 산업유산에 포함된 유산도 있다. '메이지(明治) 일본의 산업혁명유산, 제철·제강·조선·석탄산업'(2015년 등재)이나 '사도(佐渡)섬의 금산'(2024년 등재) 등이 일본의 대표적 산업유산이다. 유럽에서는 독일 고슬라르(Goslar)의 람멜스베르크(Rammelsberg) 광산과 푈클링겐(Völklingen) 제철소 등이 해당한다. 모두 제2차 세계대전이나 아태전쟁과 관련한 산업유산이다.

앞에서 제시한 산업유산은 모두 제2차 세계대전이나 아태전쟁과 관련한 산업유산이지만, 모든 산업유산이 근대 이후 전쟁과 관련한 유산은 아니다. 이 책의 주제인 전쟁유적과 관련된 산업유산만을 언급한 것이다.

산업유산이란 무엇인가.

'산업유산'은 '근대 산업에 관한 문화유산'이다. 유네스코는 1972년 개발도상국의 개발 활동 과정에서 상실된 각종의 문화유산이나 자연유산의 보호를 목적으로 「세계유산조약(세계의 문화유산 및 자연유산의 보호에 관한 조약)」을 채택하고 보호해야 할 문화유산에 산업유산을 포함했다. 이 조치는 이후 개발도상국을 비롯한 산업유산의 세계적 확산에 크게 기여했다. 그 후

---

[2] 불편문화유산에 대한 상세한 내용은 이현경, 「불편문화유산의 개념 및 역할에 대한 고찰」,『도시연구』20, 2018) 참조

1994년 12월 WHC 제18차 총회는 「산업유산, 20세기 건축, 문화적 경관에 관한 연구추진방침」을 결정했다. 이에 따라 세계유산의 정식 카테고리가 되었다. 이후 전 세계적으로 주목하는 주제가 되었다.[3]

국제산업유산보존회(TICCIH)가 2003년 회의에서 규정한 산업유산은 '역사적 기술적 사회적 건축학적 과학적 가치가 있는 유물'로 구성하며, '건물, 기계, 공방, 공장 및 제조소, 탄광 및 처리 정제장, 창고나 저장고, 에너지를 제조하고 전달하고 소비하는 장소, 수송과 전체 인프라, 주택, 종교예배, 교육 등 산업에 관한 사회 활동을 위해 사용된 장소'이다.[4]

산업유산은 각종 산업시설이 노후화되면서 쓰임새가 줄어들거나 산업 자체가 정지 또는 폐업 상태에 이르렀을 때 성립하는 개념이다. 좁은 의미로는 '산업혁명 이후 공업 중심의 근대화 과정에서 남겨진 과학기술과 연관된 것' 또는 '국가(지역) 산업의 발전 과정에서 해당 산업은 비록 퇴락하였으나 관련해 큰 의미가 있는 산업시설'이다. 넓게는 '산업화 시대에 남겨진 보호와 계승이 필요한 산업의 흔적이자 기억의 증거물'이다.

여기에서 중요한 것은 '흔적과 기억'이다. 흔적과 기억은 시설의 개념을 넘어, 시설이 존재하는 지역과 장소가 선조들이 땀 흘리며 일구었던 삶의 터전이자 근거였다는 점을 중시한 인식이다.[5]

WHC는 1950년대부터 산업유산에 주목하고 1985년에 세계유산의 카테고리로 확정하고, 1986년에 영국의 산업혁명 발상지인 아이안브릿지협곡(Ironbridge Gorge)을 산업유산으로 지정했다. 영국이 최초의 산업유산 등재국이 된 것은 1950년대부터 산업혁명기의 각종 기술유산을 산업유산으로

---

3 市原猛志, 「東アジアにおける建築係産業遺産の保存と活用」, 上水流久彦 編, 『大日本帝國期の建築物が語る近代史』, 勉誠出版, 2022, 182~183쪽
4 木村至聖, 『産業遺産の記憶と表象』, 京都人學學術出版會, 2014, 53쪽
5 강동진, 『산업유산』, 커뮤니케이션북스, 2022, 11~12쪽

평가하기 시작했기 때문이다.

WHC는 아이안브릿지협곡의 특징에 대해 '아이안브리지 계곡의 산업 발전은 인류 역사상 가장 광범위한 변화를 가져온 18세기 산업혁명의 뿌리'이며, '산업혁명의 기원을 깊이 이해하는 데 도움을 주며, 이 지역이 당시의 예술가, 엔지니어, 작가들에게 국제적으로 관심을 받았던 증거와 흔적들을 갖고 있다'고 평가했다.[6]

3) 일제 전쟁유적을 대면해야 하는 이유

2021년 기준 유네스코 세계유산 가운데 전쟁유산은 22개소(18개소는 전투지역, 4개소는 비전투지역 현장)이다.[7]

그런데, 왜 WHC는 전 세계의 전쟁유적을 세계유산으로 남겨 세계 시민들이 역사성을 공유하도록 하는 것일까. 우리는 왜 이미 80여 년 전 일제가 남긴 전쟁유적을 생각하는가.

WHC가 전쟁유적을 세계유산으로 등재하는 이유는 '21세기를 평화의 세기로 정착'하고 더 이상 '전쟁유적을 만들어내지 않는 시대'를 만들어 가려는 세계 시민의 염원이 있기 때문이다. 한국 사회가 일제 전쟁유적에 관심을 가져야 하는 이유도 마찬가지다.

그러나 아직 한국 사회에서 일제 전쟁유적은 마음 편한 존재가 아니다. 35년간 일본의 식민지를 경험한 역사와 강제동원 피해를 떠올리는 것은 아픈 상처일 수 있기 때문이다. 그러나 외면하는 대신, 대면해야 하고 우리

---

6 https://heritage.unesco.or.kr/%EC%95%84%EC%9D%B4%EC%96%B8%EB%B8%8C%EB%A6%AC%EC%A7%80-%EA%B3%84%EA%B3%A1/

7 강동진, 「전쟁유적과 유네스코 세계유산」, 『학술심포지엄 자료집-'일제강점기 한반도 전쟁유적의 현황과 과제 - 부평이 가야 할 방향'』(2021.10.22. 부평문화원 주관, 한국문화원연합회 주최), 22쪽

의 역사로 받아들여야 한다. 그 이유를 조금 더 생각해보자.

일본의 문화인류학자인 가미쯔루 히사히코(上水流久彦)는 공동연구 결과물인 『대일본제국기의 건축물이 말하는 근대사』를 출간하면서 그가 설정한 연구 방향은, 일본이 구 식민지(점령지 포함)에 남긴 현재의 건축물을 '일본의 건축물'이 아니라, 그 나라의 건물로서 역사성을 인정해야 한다는 점이다. 그는 '식민지 건축물을 일본의 건축물'로 보는 일부 시각에 대해 '식민지주의적인 시선(目線)에서 그들 지역의 전후(戰後) 역사성을 무시하는 것'이라 비판했다.[8]

건축학자인 니시자와 야스히코(西澤泰彦)의 인식도 가미쯔루와 다르지 않다. 니시자와는 두 권의 단행본과 논문을 통해, 한국·대만·중국 동북 3성·미크로네시아(중서부태평양)·남사할린에 남은 '식민지 건축'은 일본 지배의 과정에서 나온 산물이며, 식민지 건축물의 유산화와 자산화는 일본 식민 지배의 실태를 명확히 후세에 보여주는 작업이라는 점을 강조했다. 그러므로 식민지 건축물을 통해 식민 지배의 실태에 대해 명확히 인식해야 하며 식민지 건축물의 성립과 지배의 관계를 인식하고 건축물이 갖는 의미를 생각해야 한다고 주장했다. 또한 식민지 건축물은 유물이자 식민지 지배라는 역사를 보여주는 유산이므로, 식민지 건축물의 말살은 식민지 건축이 지닌 사실의 말살이자 '일본에 의한 지배의 사실을 역사에서 소거하는 행위'라는 점을 염두에 두어야 한다고 강조했다.[9] 전쟁유적의 보존과 활용의 필요성을 명쾌하게 제시한 지적이다.

일본 연구 성과에 따르면, 한반도에 남은 일제 전쟁유적은 일본의 식민

---

8 上水流久彦 編, 『大日本帝國期の建築物が語る近代史』, 6쪽
9 西澤泰彦, 『日本植民地建築論』, 名古屋大學出版會, 2008, 405~411쪽; 『日本の植民地建築』, 河出書房新社, 2009, 9~10쪽; 「東アジアにおける日本の支配と建築」, 『大日本帝國期の建築物が語る近代史』, 22~23쪽

지배와 전쟁 과정에서 나온 산물이다. 그러므로 일제 전쟁유적을 통해 한국 시민들은 일본의 식민 지배와 아태전쟁이라는 역사를 알 수 있다.

〈그림 1〉 1998년 미쓰비시제강 건물 철거 직전의 모습(일본육군조병창역사문화생태공원추진협의회, 2023, 『진실과 거짓 - 일제무기제조공장 인천육군조병창병원건물(1780호) 백서』, 28쪽)

〈그림 2〉 철거 후 모습(일본육군조병창역사문화생태공원추진협의회, 2023, 『진실과 거짓 - 일제무기제조공장 인천육군조병창원건물(1780호) 백서』, 28쪽)

그렇다면, 일제 전쟁유적이 사라진다면, 유적이 품고 있던 일본의 식민 지배와 아태전쟁의 역사도 사라지는가. 그렇다. 시민들의 기억 속에 남아 있지 않게 된다. 책이나 영상에서 보았더라도 유적처럼 명확히 각인시켜 주지 않기 때문이다. 그러한 사례는 무수히 많다. 그 가운데 하나는 인천시 부평구에 있던 미쓰비시제강㈜ 인천제작소 사례이다.

미쓰비시제강㈜ 인천제작소는 일본 육군이 지정한 군수공장이었다. 이 공장은 많은 조선 청년을 동원해 제작한 철판과 박격포탄 등을 육군의 무기공장인 인천육군조병창에 납품했다. 명백한 일제 전쟁유적이자 조선인 강제동원의 현장이었다.

일본 패망 후 7개 동이 남아 있던 공장 건물은 1998년에 철거를 통해 자취를 감추고 공장터는 부평공원이 되었다. 그리고 20여 년이 흐른 지금, 부평공원에 미쓰비시제강 공장이 있었다는 사실을 기억하는 부평시민은 드물다. 이 공장에서 납품한 철강과 박격포탄을 중국 전선에서 사용했고, 조선인을 강제동원한 현장이라는 점을 아는 이는 찾기 어렵다. 부평시민에게 부평공원은 그저 시민 공원일 뿐이다. 군수공장 유적이 사라지면서 군수공장이 가지고 있었던 역사성이 사라지고, 그 공장에 강제동원되었던 민중의 역사도 기억에 남지 않게 되었다.

또한 한반도에 남은 일제 전쟁유적은 한반도의 전쟁유적이다. 일본 국가권력이 만들었으나 일제가 우리 땅을 빼앗아 한반도 민중의 노동력으로 만들고 운영한 곳이다. 그리고 일본 패망 후에는 한국인들이 그곳을 사용하며 새로운 역사를 켜켜이 축적한 곳이다.

광복 후, 군수공장은 다시 기계를 돌렸고, 탄광산은 석탄과 광물을 캐냈으며, 도로와 철도는 지금까지도 많은 물자와 인력을 수송하고 있다. 대부분의 비행장은 지금도 민간과 군용 항공기가 이용하고 있다. 일제강점기보다 한국현대사를 경험한 기간은 더 길다. 한반도에 남은 일제 전쟁유적은 35년간 일본 식민지 기간보다 더 긴 80년이라는 세월을 묵묵히 한국현대사의 질곡을 담아온 곳이다.

더구나 인간의 삶은 유한하다. 이제 일제강점기의 역사, 일본 침략전쟁의 역사를 경험한 이들은 거의 찾을 수 없다. 그러므로 이들의 경험을 통해 식민 지배와 침략전쟁의 실상을 파악하는 것은 불가능하다. 그렇다면 어디에서 찾을 수 있을까. 연구자들은 사료(史料)에서 찾는다. 시민들은 책과 영상, 전시 등 역사문화콘텐즈에서, 그리고 남아 있는 유적에서 찾을 수 있다. 전쟁유적은 식민 지배와 침략전쟁의 실상을 보여주는 좋은 교육 현장이기 때문이다.

오키나와현(沖繩縣)의 아에바루(南風原) 지역 주민들의 실천 사례를 살펴보자. 1944년 9월에 축성된 오키나와육군병원 하에바루호(南風原壕)는 일본 전국 최초로 아태전쟁유적을 문화재로 지정한 유적이다. 1983년부터 조사를 시작해 1995년에 문화재로 지정했다. 하에바루 지역의 주민들이 이곳을 문화재로 지정한 이유는 '사람뿐만 아니라 장소'인 전쟁유적을 기록의 대상으로 삼기 위함이었다. 이들은 '전쟁체험자가 현민(縣民)의 절반 이하로 줄어들어 오키나와전쟁의 경험을 전달하는 것이 어려워 지하호 외에는 전쟁의 참상을 알려줄 수 없으므로 호를 보존해야 한다'고 생각했다.[10] 유적이 지닌 전쟁피해라는 역사성을 남기기 위해서 문화재로 지정한 것이다.

이같이 시민들은 전쟁유적을 통해 선대가 겪은 아픔과 함께 반전과 평화의 필요성을 인식할 수 있다. 이것이 식민지와 침략전쟁의 피해를 당한 지역의 시민들이 피해의 역사를 넘어 평화의 주체로서 세계 시민을 선도(先導)하는 최고의 방법이다.

일제 전쟁유적이 이러한 역할을 하려면, 어떻게 해야 할까. 이 유적이 어떤 사연을 가진 유적인지 알 수 있어야 한다. 그러려면 현황도 파악(실태조사)해야 하고, 안전성 여부도 확인해야 하며, 원형을 잘 보존해서 시민들에게 보여줄 수 있어야 한다.

그러나 현재 한국 사회가 일제 전쟁유적의 현황을 제대로 조사하고 보존과 활용에 대해 고민하고 있다고 보기는 어렵다. 어디 한국뿐이랴. 당시 제국 일본의 영역으로서 아태전쟁유적을 보유하게 된 아시아태평양지역 국가의 실상은 큰 차이가 없다. 한국과 일본을 제외하면, 실태 파악이나 활용 방안 연구는 거의 찾아볼 수 없다.

---

10 吉浜 忍 外, 『沖繩陸軍病院南風原壕』, 高文研, 2010, 81쪽

두 지역의 실태 파악도 충분하다고 보기는 어렵다. 물론 일본은 한국보다는 진전을 보였다. 군사 목적의 지하시설(지하호)를 대상으로 교육위원회(한국의 교육청에 해당)를 통해 정부 차원의 조사를 했기 때문이다. 그에 비해 한국은 국가유산청이나 제주도에서 실시한 일부 군사시설지 조사에 그쳤다.

한국과 일본의 조사는 실태조사가 아닌 현황 파악으로 보는 편이 적절하다. 실태조사란 현황만을 확인하는 것이 아니라 유적의 생성 배경과 과정, 당시 사회에 미친 영향, 현재 활용 현황 등에 대한 자료를 종합적으로 수집 정리하는 작업인데, 한일 양국의 조사는 그에 미치지 못하기 때문이다.

양국에서 제대로 된 실태조사가 이루어지지 않았으므로 실태조사 다음 단계인 보존·활용에 관한 연구 성과를 기대하기 어렵다. 보존·활용 연구도 한국과 일본은 편차가 적지 않다. 한국의 연구 성과가 손에 꼽을 정도로 희소한 데 비해, 일본의 연구 성과는 오키나와나 교토(京都) 등 몇몇 지역별·유적별 일제 전쟁유적 활용 사례나 근대건축물을 대상으로 한 주요 지역별, 시설별 사례연구를 찾을 수 있다. 아태전쟁유적은 아니지만 근대건축물을 대상으로 한 연구로는 역사학(일본 근현대사상사), 고고학, 문화인류학, 인간문화학, 건축사, 도시사, 사회사, 산업기술사, 도시공학, 거주환경학, 미디어학 등 다양한 연구자와 건축사의 연구 성과가 있다.

이제 한국과 일본의 연구 성과를 토대로 한국을 포함한 아시아태평양지역의 전쟁유적의 현황과 활용 사례를 살펴보자. 그리고 한국의 역사성을 반영한 활용 방향을 고민해보자.[11]

---

[11] 문화콘텐츠별로 구체적인 구축 방법 등 활용 방안에 대해서는 정혜경, 『우리 지역의 아시아태평양전쟁유적 활용-방안과 사례』(도서출판 선인, 2018) 참조

2. 아시아태평양지역은 전쟁유적을 어떻게 활용하고 있을까

1) 중서부태평양(구 남양군도)

중서부태평양(구 남양군도, 이하 구 남양군도)는 1914년 일본이 제1차 세계대전에 참전해 차지한 구 독일령(마샬, 캐롤린, 마리아나 군도) 소속 623개 섬을 말한다. 주요 섬은 사이판(Saipan), 팔라우(Palau), 축(Chuuk), 폰페이(Pohnpei), 콰잘린(Kwajalein) 등이다.[12] 일본 점령기 이전에는 '남양군도' '남양제도' '내남양'으로, 점령 후에는 공식적으로 '남양군도'라 불렸다.

일본은 구 남양군도를 '설탕을 얻기 위한 사탕수수 재배지 및 동남아시아와 남태평양으로 진출하기 위한 전략 거점'으로 활용했고, 1941년 12월 태평양전쟁 발발을 전후해 곳곳에 군사시설을 구축했다.

구 남양군도는 아태전쟁 종전 후 UN 자치령 등을 거쳐 현재 팔라우공화국·미크로네시아 연방(코스라에, 폰페이, 축, 얍)·키리바시공화국(길버트 제도)·북마리아나 제도 미국연방(사이판, 티니안) 등의 국가가 되었다. 그러나 이들 정부가 일제 전쟁유적 현황을 조사하거나 보존과 활용을 위한 관심을 기울인

12　大藏省管理局, 『日本人の海外活動に關する歷史的調査』 通卷第20冊 南洋群島篇 第1分冊, 1947, 25쪽

적은 없다.[13]

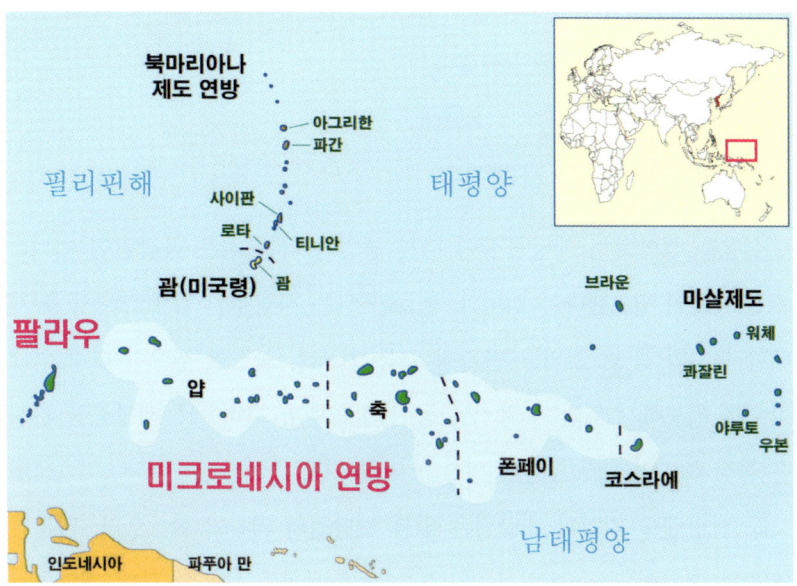

〈그림 3〉 구 남양군도(국무총리 소속 일제강점하 강제동원피해진상규명위원회, 『명부해제집』, 2009, 64쪽)

　국무총리 소속 대일항쟁기 강제동원 피해조사 및 국외강제동원 희생자 등 지원위원회(이하 구 강제동원위원회)가 출간한 『활동결과보고서』에 따르면, 구 남양군도 지역의 조선인 강제동원 관련 유적은 112개소(광산, 군공사장, 항만운수, 토목건축공사장, 공장, 농장)이다.[14] 112개소는 구 남양군도 전체의 일제 전쟁유적이 아니라 조선인이 관련된 강제동원 현장만을 의미하므로, 구 남양군도 지역의 일제 전쟁유적 현황은 알 수 없다.
　구 남양군도 지역의 아태전쟁유적 현황을 관련 연구를 통해 살펴보면,

13　미크로네시아 미국령의 역사 유적은 미국 국립공원국 영향 아래 있는 현지의 역사보존국이 관할하고 있다.
14　국무총리 소속 내일항쟁기 강제동원 피해조사 및 국외강제동원 희생자 등 지원위원회, 『활동결과보고서』, 2016, 138쪽

제당시설과 병원 건축물에 대한 사례연구가 있다. 쓰지하라 마키히코(辻原万規彦)는 제당시설과 사택가를, 이타카 신고(飯高伸五)는 병원(남양청 의원) 건축물에 대한 사례연구를 발표했다.15

(1) 제당시설 건축물 사례연구

설탕을 생산하는 제당공장이 다른 공업과 다른 점은 공장만이 아니라 관련 시설이 필요했다는 점이다. 원료가 되는 사탕무인 첨채(甛菜) 등을 재배할 농지와 공장, 그리고 반출할 교통 인프라, 공장에 필요한 다량의 냉각수를 확보하기 위한 수원(水原) 등이 필요했다. 그러므로 제당공장 건설은 공장 주변의 지역 개발에 영향을 미쳤다.16

구 남양군도 지역의 제당업은 일본 제당업의 역사와 함께했다. 일본은 1880년 홋카이도(北海道)의 몬베쓰(紋鼈)에서 기계를 사용한 관영 제당공장을 건설했으나 1896년 해산했다. 이후 제당업의 중심을 오키나와와 대만으로 옮겼다가 1920년대초부터 사이판을 중심지로 삼았다. 1922년에 일본의 위임통치가 시작되었기 때문이다. 일본은 1919년 6월, 구 남양군도를 국제연맹회의

〈그림 4〉 1930년대 사탕수수농장의 모습(남양협회 남양군도지부, 「남양군도 사진첩」, 1938, 150쪽)

---

15 辻原万規彦, 「帝國日本の南北に建設さのた製糖工場と社宅街」; 飯高伸五, 「帝國醫療の想起と忘却−舊南洋群島の病院建築物から」, 『大日本帝國期の建築物が語る近代史』, 勉誠出版
16 辻原万規彦, 앞의 글, 68쪽

결과 규약 22조에 의거한 C식 위임통치구역으로 쟁취하고, 1922년 4월 남양청을 설립했다.

최초로 사이판에서 농장을 개척한 기업은 니시무라척식(西村拓殖)㈜였다. 1917년 사이판에 니시무라제당소(1919년 니시무라척식으로 개칭)를 건설하면서 사탕수수 재배 사업을 본격적으로 시작했다.

같은 해 난요식산(南洋殖産)㈜도 사이판에서 제당업을 시작했다. 니시무라척식과 난요식산은 사이판의 관유지와 민유지를 임대해 소작농장과 직영농장을 경영했다.

두 회사의 생산품은 모두 일본에서 소비했다. 두 회사는 생산시설을 확충하는 등 사업을 확장했으나 곧이어 찾아온 전후 반동공황으로 사업을 포기했다. 이 상황을 타개하기 위해 해군과 외무성은 남양군도 척식사업 전체를 재검토하고, 난요흥발(南洋興發)㈜ 설립으로 일단락했다.[17]

남양군도 경제를 실질적으로 주도한 것은 난요흥발이었다. 1921년 설립한 난요흥발은 형식상 민간회사였으나 국책기업과 차이가 없었다. 회사 설립 과정에 해군과 외무성이 깊이 관여했고 자금의 대부분을 동양척식㈜에서 조달했기 때문이다.

1920년, 일본 해군과 외무성은 남양군도 척식사업 전체에 대해 재검토를 한 후 니시무라척식 등 기존 회사들을 흡수해 난요흥발을 설립했다. 조선의 동양척식㈜가 자금과 기술력을 제공하고 대만에 있던 마쓰에 하루지(松江春次)를 최고경영자로 초빙했다.

난요흥발은 1936년 11월, 일본 정부가 난요척식㈜를 설립할 때 자본을 투자한 후 자회사로 전환했다. 난요척식㈜는 칙령 제228호(1936년 7월 27일자)에 근거해 미쓰이(三井)물산과 미쓰비시(三菱)상사, 동양척식㈜ 등의 자본을

---

17 정혜경, 「일제말기 '남양군도'의 조선인 노동자」, 『한국민족운동사연구』44, 2005, 177쪽

합해 척무성 대신을 최고 책임자로 삼아 1936년 11월에 창설한 국책기업이다. 척식사업을 추진하고 기업에 자금을 공급하기 위해 설립했다.

남양청은 사이판 등지의 제당업 육성을 위해 북마리아나제도에서 '당업단일주의(糖業單一主義)'를 관철해 1922년 「제당규칙」을 만든 후 난요흥발㈜의 사업확장을 도왔다. 그 결과 1932년에는 난요흥발㈜의 세액만으로 남양청 재정을 충당할 수 있을 정도였다.[18]

쓰지하라 마키히코는 2001~2006년간 제당업의 중심지인 사이판과 티니안, 로타 지역의 현지 조사를 통해 농장과 공장, 선착장, 병원 등 제당업 관련 건축물과 사택가(사택, 학교, 교사 관사 등)의 현황을 파악했다.[19]

난요흥발 소속 농장과 공장이 생산한 설탕은 식재료 이상의 의미가 있었다. 일본인들에게 설탕은 매우 중요한 필수적인 물자였다. 또한 농장에서 재배한 카사바는 무수알콜을 추출하는 원료였으므로 군수물자로 활용되었다. 그러므로, 회사 측은 조선총독부를 통해 노동력을 충당했고, 경찰 등 행정력을 이용해 동원했으며, 현지에서도 소속 노무자 관리에 행정력이 관여했다. 설탕왕이라 불리던 난요흥발㈜ 사장 마쓰에 하루지는 1939년 7월, 미나미 지로(南次郎) 조선 총독에게 "전쟁의 확대로 남양군도의 노동력 부족이 심각하니 조선의 농민을 보내 달라"는 편지를 보냈고, 조선총독부 내무국은 각도에 공문을 보내 노무자 송출에 나섰다.[20]

미국의회도서관 소장 『반도이민관계자료』[21]는 구 남양군도의 기업들이

---

18 今泉裕美子, 「南洋發株式社 · 南洋拓殖株式社 : 南進政策を支えた二大業」, 『ミクロネシアを知るための58章』, 明石書店, 2005, 233~236쪽
19 辻原万規彦, 앞의 글, 71~79쪽
20 東第250호, 「移民斡旋依賴ニ關スル件」, 昭和14年7月, 『南洋行農業移民關係綴』(국가기록원 소장 『南洋行農業移民關係綴』)
21 今泉裕美子 제공. 1941~1944년간 난요흥발㈜ 티니안 제당소에서 작성한 공문서와 가동상황표, 저금 및 송금 성적조사 등 78건을 담은 자료

어떻게 조선인을 동원했고 관리했는지를 잘 보여주고 있다. 이 자료에 따르면, 티니안제당소(송송농구) 측은 각 농구(農區)별로 예취(刈取)실적보고·예취성적보고·예취출근성적표(일별)·가동상황보고(월별)·취로상황보고(월별)·무단퇴장자보고 등을 통해 조선인의 노동실적을 철저하게 관리하고, 조사 결과를 일별·월별로 주재소에 보고했다.

난요흥발㈜과 모기업인 난요척식㈜ 등이 경영하던 농장과 공장 터는 모두 남양청이 제공한 부지였다. 그러므로 제당공장 관련 유적에는 농장과 제당공장, 병원 외에 남양청과 경찰서 등 행정기관도 관련 유적으로 보아야 한다. 그러나 쓰지하라는 이러한 점을 연구에 반영하지 않았다.

쓰지하라는 주로 학교나 사택 등 건축물에 관심을 기울였다. 쓰지하라는 난요흥발㈜ 소속 티니안제당소 사택지 유구(遺構)가 방치되어 있고, 사원 가족들이 다니던 소학교와 교원관사는 태풍 피해로 파괴되어 흔적을 찾을 수 없다고 밝혔다. 로타에 있는 제당소 자리에는 기관실과 연돌의 유구가 남아 있다.[22]

〈그림 5〉 티니안 산호세 소재 난요흥발㈜ 티니안사무소(2007년 6월 촬영)

〈그림 6〉 난요흥발㈜ 티니안사무소 인근의 경찰서 터(2007년 6월 촬영)

---

22 辻原万規彦, 앞의 글, 73쪽

〈그림 7〉 로타 송송농구에 있는 난요흥발㈜ 〈그림 8〉 기관실 내부의 유구(2007년 6월 촬영)
제당소의 현재 모습, 가마의 내부와 운반 밀차
(2007년 6월 촬영)

(2) 의료기관 건축물 사례연구

이타카 신고가 주목한 유적은 의료기관이다. 그가 의료기관에 주목한 이유는, '식민지적 근대'의 산물로 인식했기 때문이다. 이타카는 의료기관을 대상으로 일본 당국이 의료위생정책을 통해 현지 사회에 개입하는 과정을 살펴보았다.[23]

대만과 조선, 관동청, 남양청 등 일본이 식민지와 점령지에 통치 기구를 수립할 때 청사보다 앞서서 가장 먼저 건립한 건물은 병원이었다. 이유는 첫째, 일본 국내와 다른 기후 풍토라는 점을 감안해 지배 지역에 이동한 일본인의 생활 안정을 위해서였고, 둘째, 지배자(일본인)와 피지배자(조선인, 대만인, 중국인 등)에 대한 적절한 전염병 대응과 함께 구미 열강에 일본의 지배 능력을 과시하려는 의도 때문이었다.[24]

이타카는 주목하지 않았으나, 병원은 피지배자에게 문명개화의 상징으로 인식시키는데 유용한 기관이었다. 큰 병원 건물과 각종 의료 장비, 하

---

23 飯高伸五, 앞의 글, 154~156쪽
24 西澤泰彦, 「東アジアにおける日本の支配と建築」, 上水流久彦 編, 『大日本帝國期の建築物が語る近代史』, 11~12쪽

얀 가운을 입은 의료진의 모습은 피지배자를 '야만과 미개'한 상태로 규정한 일본이 근대의학을 제공해 문명개화로 이끈다는 명분을 보여주기에 매우 적절했다.

일본 당국은 국제연맹이 구 남양군도 위임통치 국가로 일본을 확정하자마자 「남양청의원관제」를 제정하고 사이판, 팔라우, 얍, 포나페, 축, 야루이트 등 각 지청 관내에 의원을 설치했다. 1933년에는 「공의(公醫)규칙」을 제정해 남양청 장관이 임명한 공의를 원격지에 파견해 의료위생업무를 담당하도록 했다.

병원의 관리는 남양청 내무부 경무과가 담당했고, 일본인 이주자와 현지민들을 대상으로 진료했다. 경무과는 경찰업무를 담당하는 부서였다. 당시 남양청은 국제연맹에 제출한 보고서에서 이들 병원이 '현지 사회 복리에 기여'한다는 점을 대대적으로 설명했다. 그러나 식민지적 근대의 관점에서 보면, '경찰기구의 말단에서 미크로네시아인들의 신체를 관리하기 위한 시정(施政)'에 불과했다.

이들 병원 건축물은 「남양청의원관제」 발포와 동시에 건축한 것이 아니라 각 지청의 상황에 따라 차례대로 정비해 나갔다. 처음에는 독일 통치기의 건조물을 이용하다가 이후 목조나 철근 콘크리트로 병원 건물을 세웠다. 병원 건물을 세우던 시기는 일본인 이주자 증가 및 통치정책 강화라는 국면과 맞물려 있었다. 그러므로 병원 건축물은 통치를 추진함과 동시에 실적을 과시하고자 하는 상징적 건조물이었음을 알 수 있다.

현재 병원 건축물 가운데 사이판의원은 북마리아나제도 역사문화박물관으로, 팔라우의원은 팔라우커뮤니티칼리지(1993년 발족) 본부 건물로 활용 중이다. 그러나 축의원 자리는 콘크리트 구조물이 방치된 채 '일본 통치시기의 추억을 되살리는 관광객의 방문지'가 되었다.

사이판의원 건축물은 1970년대 초반까지는 방치되어 있었는데, 1974년 미국의 역사등록재(National Register of Historic Places)가 되어 수리를 거쳐 1998년 북마리아나제도 역사문화박물관으로 재출발했다. 이곳은 미크로네시아 선주민인 차모르의 문화와 역사 전시 외에 스페인 통치 이후 식민지 시대나 태평양전쟁과 관련한 전시가 가득하다. 2000년대에 들어서는 현지 일본인회나 오키나와 출신의 구 이주자를 비롯해 난요홍발㈜와 관련 있었던 일본인의 생활 등 일본 통치기를 보여주는 사료도 전시하고 있다. 일본 시대를 추억하는 건축물로서 기억을 되새기는 장으로 활용되고 있다.

팔라우의원 건축물을 활용 중인 팔라우커뮤니티칼리지는 1969년 설립한 직업훈련학교가 전신인데, 1978년에 미크로네시아전문학교가 되었다. 팔라우커뮤니티칼리지가 팔라우의원 건축물을 사용하면서 대학의 역사는 목공도제양성소(1926년 코롤에 설치) 설립까지 소급해서 알려지게 되었다. 목공도제양성소는 현재 팔라우커뮤니티칼리지와 다른 장소였으나 현지민들은 당시 현지민을 위한 최고학부였던 목공도제양성소를 참조하면서 현재 자신들의 사회에서 교육사를 재구성했다. 그러므로 팔라우의원은 일본 통치기의 유산으로서 성격을 의식하지 못하는 사이에 활용 과정을 통해 현지 사회에 용해화된 사례이다.[25]

2) 중국 동북 3성

(1) 중국 동북 3성의 조선인 강제동원

중국 동북 3성에는 일제 통치기 건물은 남아 있으나 중국 정부가 실시한 일제 전쟁유적 실태조사 결과는 찾을 수 없다.

---

25 飯高伸五, 앞의 글, 157~165쪽

다만 구 강제동원위원회 시기에 실시한 연구용역결과가 있다. 결과보고서는 『2006년도 만주지역 조선인 강제동원에 관한 기초연구 용역보고 - 만주지역 조선인 강제 동원 등에 관한 기초연구』(연구수행자: 강제동원진상규명 중국네트워크 연변대학교 손춘일 교수)이다.

이 연구는 일제 말기 만주지역으로 동원된 조선인의 강제성을 입증하기 위한 기초자료를 정리할 목적으로 수행했다. 연구용역결과보고서는 비공개자료였고, 구 강제동원위원회 폐지와 함께 찾을 수 없다. 구 강제동원위원회가 출간한 『활동결과보고서』에 따르면, 중국 관내와 만주(현재 동북 3성)의 조선인 노무동원 작업장은 315개소(탄광, 군공사장, 토목건축공사장, 농장)이다.

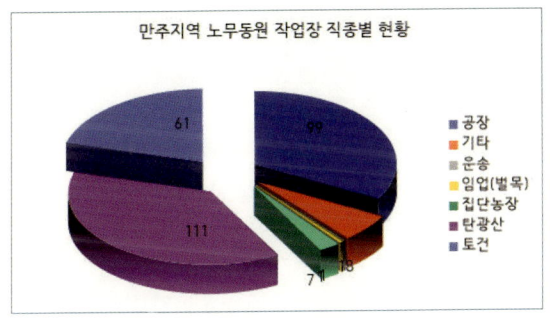

<그림 9> 만주지역 생산관계유적 현황

이를 중국과 만주로 구분해보면, 중국이 17개소이고, 만주가 297개소이며, 1개소는 중국과 만주의 영역에 걸쳐 있었다.26 역시 이 지역 전체의 일제 전쟁유적이 아니라 조선인이 관련된 강제동원 현장만을 의미하므로, 이 지역 일제 전쟁유적의 전체 현황은 알 수 없다.

만주지역 조선인 노무동원 작업장 298개소(중국과 만주의 영역에 걸쳐 있었던 1개소 포함)의 직종별 현황을 보면, 총 7개 직종(기타 포함)이다. 이 가운데 다수를 차지하는 것은 탄광산이고, 다음은 공장과 토건공사장이다.

비행기, 조선소, 기계, 방직, 제지 등 공장의 세부 직종도 다양했다. 남

---

26 국무총리 소속 대일항쟁기 강제동원 피해조사 및 국외강제동원 희생자 등 지원위원회, 『활동결과보고서』, 138쪽

만주철도㈜와 같은 국책회사가 다수였으나 미쓰비시와 스미토모(住友), 쇼와(昭和)제강소 등 일본 대기업도 있었다. 만주국의 수도인 신징(新京)특별시에는 만주국 정부와 남만주철도·미쓰이·미쓰비시·스미토모가 자본을 출자해 설립한 비행기공장 만주항공㈜가 있었다. 펑텐시(奉天市)에는 화신산업의 박흥식(朴興植)이 설립한 만주비행기제조㈜가 운영하는 공장이 두 군데 있었고, 경성방직이 설립한 남만방적㈜도 자리하고 있었다.

〈그림 10〉 동성용(東盛涌) 비행장 활주로 자리. 현재 벽돌공장으로 사용 중(2006년 7월 촬영) 〈그림 11〉 벽돌공장 반대편에서 바라본 동성용비행장 활주로(2006년 7월 촬영)

〈그림 12〉 훈춘 비행장 활주로(2006년 7월 촬영) 〈그림 13〉 훈춘 비행장 활주로(2006년 7월 촬영)

만주 노무동원 작업장은 298개소에 이르지만 조선인이 집중 동원된 직종은 집단농장(개척민)이었다. 〈그림 14〉와 〈그림 15〉는 만주의 조선인 집단농장 관련 유적이다.

일본 관동군(만주에 배치한 일본군)은 조선인들을 일본인 개척단이 철수한 지역에 투입해 공백을 메우도록 했다. 일본이 조선인을 투입한 계기는 1933년 길림성 경무청이 조선총독부·간도영사관의 협조를 받아 실시한 3개 현(延吉, 和龍, 琿春) 8개 집단부락이 치안 확보에 효과를 거두었고, 쌀농사에 능력을 발휘했기 때문이다. 당국은 만주와 같이 춥고 토질이 척박한 곳에서 조선인들이 쌀농사에 성공한 것을 보고 활용도를 높이 평가했다. 조선인들이 미간지를 개간해 수확한 식량을 관동군이 사용할 수 있고, 마을을 이루어 항일세력의 습격을 저지할 수 있다고 생각한 것이다. 조선인 거주지는 마을에 높은 토성을 쌓고 망루에서 보초를 서면서 생활하는 통제된 장소였다. 조선인들은 제한된 시간에 무장한 청년들의 호위를 받아야 논에 나갈 수 있었다.

〈그림 14〉 조선인이 집단농장에 쌓았던 토성
(도문시圖們市 정암촌亭岩村)(2006년 7월 촬영)

〈그림 15〉 도문시 정암촌 바위산에 일본군 초소가 있던 곳(2006년 7월 촬영)

만주 조선인의 집단농장은 집단이민 정책의 결과물이다. 정책은 관동군과 일본의 척무성, 조선총독부, 만주국의 합작품이었다. 만주 집단이민 업무를 담당한 만주의 최고결정기관이자 감독기관은 관동군 사령부 내에 관동군참모장을 대표로 설치한 이민사무처리위원회(1937년)였다. 만주 집단이민 업무를 담당한 조선총독부 부서는 이민위원회(1939.2.22 설치)·외사부 척무과(1939.8.3)·만주개척민지원자훈련소(1940.4.10.)·사정국 척무과(1941.11.19.) 및 외무과(1942.12.1.)·농상국 농무과(1943.12.1.)·농상국 농상과(1944.11.20) 등이다.[27]

이같이 조선인 집단이민은 당국의 계획과 통제 아래 이루어졌다. 과정을 보면 다음과 같다.

조선총독부는 1934년 1월 세부 준비 후 동아(東亞)권업(㈜)를 통해 집단이민을 실시했다. 1934년 10월 30일 「각의결정(조선인 이주대책의 건)」은 조선인의 일본 도항을 저지하기 위해 만주와 조선 북부로 대량 이주를 실시하는 정책이었다. 조선총독부는 각의결정에 따라 1936년 6월 선만척식(㈜)를 설립(만주국은 만선척식주식회사 설립)하고, 1938년 1월에 강원도 평강군에 중견인물 양성을 위한 세포이민훈련소를 설치해 40일, 또는 10개월까지 훈련했다. 1939년부터는 '개척민'으로 호칭해 국책의 시행에 따른 동원이라는 점을 명확히 했다.

1939년 12월 관동군은 「만주개척정책기본요강」을 제정하고 일본과 만주국 각의결정을 거쳐 공표했다. 이 요강은 관동군의 행정기구 개혁과 이민 문제를 재검토하는 목적에서 제정했는데, "동아 신질서 건설을 위한 도의적 신대륙 정책의 거점 확립"을 목표로 했다. 부속서류인 「만주개척정책기본요강부속서」에 따르면, 당국은 조선인 개척민의 종류를 '농민·반농(半農)적 개척민(임업, 목축업, 농업 등)·상공 광업 기타 개척민'으로 구분하고, 1941년부터 "국토개발에 의한 인구와 기술자의 배치 문제를 고려"해 상업·공업 방면의 사람들도 동원하기로 했다. 부속서 내용에 따라 1941년 6월 선만척식과 만선척식은 만주척식공사로 병합해 개척민 담당 기구를 일원화했다.

1941년 12월 13일 일본 각의가 「만주개척 제2기 5개년 계획요강」을 결정하자 조선총독부는 곧바로 제2기 5개년계획을 수립했다. 1942년부터 개척

---

27 정혜경, 『일본제국과 조선인 노무자 공출』, 도서출판 선인, 2011, 145~153쪽

민 5만 호를 송출한다는 내용이었다. 조선총독부는 "1942년부터 특히 현재 전시 태세에 즉응(卽應)할 제2기 5개년 계획을 확립해 개척 정책의 강력한 추진을 도모함으로써 시국의 요청"에 따를 것이라고 설명했다.

조선총독부는 개척민 동원과 관련해 1942년부터 경기, 충청, 전라, 경상, 강원 등 8개 도의 읍면 중 경지가 협소해 영농조건이 불리한 읍면을 지정해 해당 농가를 선정하는 할당모집(관 모집) 방식을 적용했다. 이러한 점을 감안해 구 강제동원위원회는 '개척민이더라도 1941년 이후 동원된 경우, 알선 및 할당모집에 의한 것이 확인되므로 강제동원적 성격이 인정된다'고 판단했다.

(2) 연구 성과

학계 연구 성과로는 동북 3성의 건조물에 관한 연구를 볼 수 있다.

인간문화학 전공자인 린 라쿠세이(林樂靑)는 동북 3성의 건조물이 남아 있게 된 이유를 크게 두 가지로 분석했다.

첫째는 일본이 남긴 건조물을 '전리품'으로 인식함과 동시에 근대적인 건물로써 활용 가치가 있다는 중국 정부의 실리주의적 판단이다. 전후에 경제력이 약한 중국이 도시건설 과정에서 택한 하나의 선택지였다.

두 번째는 역사적 문물로서 법률을 통해 보호했다는 점이다. 1961년 3월 4일, 중국 국무원은 역사건축물 보호에 관한 최초의 법률인 「문물보호관리잠행조례」를 공포하고, 「문물보호단위보호관리잠행변법」을 제정했으며, 1982년 중화인민대표대회에서 역사건조물 보호에 관한 헌법이라 할 수 있는 「중화인민공학국문물보호법」을 승인했다. 이러한 입법 조치를 토대로 각 지방 정부가 도시발전의 수요에 따른 관련 법규를 제정하면서 '위(僞)만주국 군사부 유적(1984, 시문화재 지정)', '위만주국 8대부 유적(1988, 전국 126경승으로써 중국국가급

경관구로 지정)'을 보존하게 되었다.

그 외 2000년경까지 일본이 남긴 건조물을 관광자원으로 각지에서 활용하기 시작했다. 그 과정에서 보호문화재로서 인지도가 낮은 일부 건조물은 파괴했다. 현재 중국에서는 일본이 남긴 건조물에 대해 '역사적 가치가 높으므로 보호해야 한다'는 의견과 '국치의 상징이므로 파괴해야 한다'는 의견이 동시에 존재한다.[28]

동북 3성 지역의 대표적인 도시인 선양(瀋陽, 일제강점기에는 奉天)과 창춘(長春, 당시는 新京), 하얼빈(哈爾濱) 가운데 일제강점기에 많은 건조물을 남긴 지역은 창춘이다. 창춘은 원래 만주의 시골이었는데 일본이 만주국의 수도를 조성하고, 남만주철도㈜ 부속지로 건설하면서 많은 건조물을 남겼다. 구 러시아제국과 일본이 점령했던 하얼빈은 러시아식 건조물이 다수 남아 있다.

중국 동북 3성의 일제 전쟁유적 연구로는 린 라쿠세이의 연구가 있다. 1937년 국책에 따라 설립된 만주영화협회㈜(이하 만영)이 제작한 영화에 나타난 건조물을 분석했다. 만영은 남만주철도㈜와 만주국이 공동 출자해 설립한 회사로 8년간의 존속 기한 중에 극영화와 문화영화, 뉴스영화 등 1천 편 이상 제작했다. 이들 작품은 선전을 목적으로 한 프로파간다 작품이지만 만주의 풍경이나 의식주 등 생활 실태와 만주의 거리 등을 기록했다는 점에서 연구 사료라 할 수 있다. 그러나 대부분의 작품은 1945년 8월 만주 해체와 함께 분실되었다. 만영이 사용했던 건물(公舍)은 일본 패전 후 국영영화회사가 사용했는데, 1990년대 말에 이곳이 일본 영화회사가 사용했다는 점과 일본 영화인의 역할 등이 알려지게 되었다.[29]

---

28 林樂靑,「「滿洲」日本統治期の建造物の今-滿洲映畫に映された中國東北地方の建造物を中心に」, 上水流久彦 編,『大日本帝國期の建築物が語る近代史』, 116~118쪽

29 林樂靑,「「滿洲」日本統治期の建造物の今-滿洲映畫に映された中國東北地方の建造物を中心に」, 107쪽, 114쪽

린 라쿠세이는 영화에 나오는 거리나 건조물을 통해 당시 만주의 근대화를 강조하고자 했던 의도를 토대로 중국 동북 3성 지역 건조물의 활용 사례를 보여주었다. 이 연구에서는 사원과 스케이트장, 백화점, 호텔 등 다양한 건조물을 다루고 있는데, 일제 전쟁유적이라 할 수 있는 건조물은 만주중앙은행(창춘)과 우즈벤스키 묘지(하얼빈) 정도이다. 만주중앙은행은 만주국 건국 10주년 기념 영화인 '개대환희(皆大歡喜)'에 2초 정도 나온다.[30]

만주중앙은행은 '관민일체의 지배'라는 일본 지배의 특징을 잘 나타내주는 건축물의 하나이다. 정치나 군사에 의한 지배 담당자가 '관'이라면 경제와 사회·문화에서 지배를 담당한 것은 '민'이었고, 특히 경제에서 가장 큰 역할을 담당한 것은 각각의 지역에서 통화를 발행했던 은행(조선은행, 대만은행, 요코하마정금은행, 만주중앙은행)이었다.

만주중앙은행은 1932년 7월 설립했는데, 장쉐량(張學良) 정권 아래에서 발권했던 동삼성 관은호(東三省官銀号), 흑룡강성 관은호(黑龍江省官銀号), 길림영형 관은호(吉林永衡官銀号), 변업은행의 자산을 인수하는 형식으로 설립했고, 점포도 처음에는 기존 건축물을 이용했다.

본점(總行)은 창춘에 있던 길림영형 관은호의 점포와 동삼성 관은호의 점포를 사용하다가 1937년 착공해서 1938년 준공했다. 대동(大同)광장 부근 3만 평방미터 규모이며 철골 철근콘크리트 4층 건물에 붉은 벽돌로 외벽을 구성했다. 건물에 사용한 철골이 2,440톤이고, 철근이 2,650톤 등 총 5,090톤이었는데, 이 시기 만주국에서 세운 건축용 철골 철근의 연간 사용량 합계가 9천 톤 정도였으므로 사용량 비중이 매우 높았음을 알 수 있다. 통화를 발행한 점을 감안해 고도의 방화와 방범 시설을 갖추었다.[31]

---

30 林樂靑, 앞의 글, 113쪽
31 西澤泰彦, 『日本植民地建築論』, 名古屋大學出版會, 2008, 119쪽, 137~142쪽

우즈벤스키 묘지는 1908년 건조한 하얼빈 거주 러시아인이 장례를 치르는 곳이다. 1958년 기준 4,426명의 러시아인이 묻혀 있었는데, 이후 하얼빈시가 묘지를 이전해 현재는 문화공원으로 활용 중이다. 2007년 하얼빈시는 묘지의 사원을 시문물보호물로 인정했다.[32]

3) 대만

(1) 건축물 활용 방향

현재 대만은 일본 학계가 아시아에서 식민지 건축물의 보존과 활용이 가장 활발한 지역으로 평가하는 곳이다. 그러나 대만의 기본적인 일제 전쟁유적 현황은 알 수 없다.

가미쯔루 히사히코 연구에 따르면, 대만에 남은 식민지기 건축물은 전후 오랜 기간을 거쳐 일부는 파괴되었으나 적지 않은 건축물이 '대만인의 것'으로 이용 활용 중이다. 가미쯔루는 대만의 식민지시기 건축물 활용 방향을 '외부화', '내외화', '내부화', '용해화', '유구화(遊具化)'라는 다섯 가지로 정리했다. 간략히 내용을 소개하면 다음과 같다.

'외부화'는 식민지기 건축물의 파괴나 방치를 의미한다.

'내외화'와 '내부화'는 자신들 역사의 일부로 인식하고 유산화해가는 사례이다. 이 가운데에서 내외화는 근대화를 저해한(수탈한) 것으로 부정적인 측면을 전면에 내세운 개념인데, 1933년 건조된 타이베이의 북(北)경찰서 건축물을 들 수 있다. 현재는 대만신문화운동기념관인데, 기념관에는 1920~30년대 대만의 모던한 문화활동을 전시하면서 일본 식민 통치에 저항하다가 체포 구금된 실태도 보여주고 있다. 그에 비해 일본을 긍정적으

---

32 林樂靑, 앞의 글, 114쪽

로 이해하고 타자와 차이화를 도모한 것은 '내부화'이다.

'용해화'는 탈일본화이다. 역사적 의미를 배제하고 '멋진 목조건축물'로서 일상생활로 녹인 사례이다. 타이베이 중산당(中山堂)은 내부화, 내외화, 용해화가 혼재된 역사유산으로 대만인들이 활용하고 있다. 1936년 공회당으로 문을 열었는데, 1945년 10월 25일 중화민국과 일본 간 항복문서 조인식이 열렸던 역사적 장소이다. 이후 타이베이 중산당으로 이름을 바꾸고 중요한 정치적 회의의 장으로 사용하거나 영빈관으로 사용하다가 현재는 홀과 여러 전시장이 있는 문화 활동 장소가 되었다. 1992년에 국가2급 고적이 되었고, 2019년에 국정고적으로 지정되었다. 이곳을 소개하는 영상이나 전시를 통해 이곳이 일본의 식민 통치를 '견증(見證. 눈으로 볼 수 있는 증거)'하는 역할을 하지만, 전후 세대에게는 중후하고 장엄한 분위기를 즐기면서 동시에 음식도 즐길 수 있는 공간이다.

'유구화'는 탈일본화라는 점에서는 '용해화'와 동일한 데, 차이점은 일본에 가지 않고도 일본을 즐길 수 있는 장소로 일본이라는 요소를 강조한다는 점이다. 타이난(台南)시에 있는 백화점(1932년 창립. 현재 林百貨)이 대표 사례이다. 이곳은 일본 야마구치현(山口縣) 출신의 하야시(林方一)가 만든 백화점인데, 지금도 백화점으로 운영 중이다. 1998년에 타이난시 지정 고적이 되었고, 2013년 리뉴얼을 거쳐 일본 관련 상품을 사거나 일본을 느낄 수 있는 장소가 되었다.

가미쯔루 분류에 따르면, 외부화, 내외화, 내부화는 건축물을 소비의 대상으로 보지 않고 역사성이라는 의미를 갖는데 비해, 융해화와 유구화는 소비의 대상으로만 인식한다는 특징이 있다.[33]

---

33 上水流久彦, 「舊植民地の建築物の現在-多元的價値觀の表象」, 上水流久彦 編, 『大日本帝國期の建築物が語る近代史』, 47~52쪽

(2) 주요 지역별 활용 사례

대만의 일제 전쟁유적 연구는 대만 주요 도시의 '일본식 건축물' 전체 활용 현황을 제시한 연구와 신사·감옥 유적 대상의 연구, 산업유산의 관점에서 건축물의 보존과 활용 방안을 제시한 연구를 들 수 있다.[34]

건축사인 와타나베 요시타카(渡邊義孝)는 보존 주체(사람)를 중심으로 대만 일본식 건축물의 건축 소재나 설립 용도, 현재 활용 현황을 타이중(台中), 타이난, 자이(嘉義), 이란(宜蘭), 화롄(花蓮) 등 주요 지역별로 제시했다. 이 지역에는 목조건축이 다수를 차지하고 있는데, 주로 사택이나 숙소 등 주거용 건축물이 목재를 사용하고 있으며, 대형 건축물은 현재에도 행정기관(주 청사, 전매국, 경찰서, 소방서), 공회당과 역사 등 각지의 랜드마크로 남아 있다. 대부분의 연구자들이 '식민지기 건축물'이나 '식민지기 건조물'이라는 용어를 사용한 데 비해, 와타나베는 '일식(日式)건축물'이라는 용어를 사용했다.

와타나베는 대만의 젊은이들이 일본식 건축물에 대한 평가의 토대가 스스로 대만인이라는 '대만의식'과 민주화 진전의 결과물이라는 점을 지적하고, 대만 사회가 파괴의 대상이었던 일본식 건축물을 공공재로 받아들인 과정을 제시했다.

와타나베의 관점은 건축물 활용이 아니라 '보존하는 사람들'이다. 이러한 문제 인식을 설정하게 된 것은 '타이난시 문자건재(文資建材)은행' 때문이다. 이 은행은 해체된 건물 부재(部材)를 보관해 다른 장소에서 사용할 수 있도록 무상 제공하는 시스템이다. 이 은행에 대해 와타나베는 자재의 활용을 넘어 '기술과 방수(防水) 연구에 필요한 귀중한 사료'로 높이 평가했다.

---

34 해당 연구는 다음과 같다. 渡邊義孝, 「台灣の日式建築を殘す人人」; 西村一之, 「台灣東部における神のいない'神社'」; 藤野陽平, 芳賀 惠, 「監獄博物館とノスルタルジア」; 市原猛志, 「東アジアにおける建築係産業遺産の保存と活用」, 上水流久彦 編, 『大日本帝國期の建築物が語る近代史』

은행 설립자(陳正哲, 南華대학 교수)는 "건물에는 역사가 있으므로 이를 다시 활용하는 것은 건축물이 담고 있는 역사와 이야기를 계승하는 것"이라는 문제의식에서 은행을 설립했다. 와타나베는 "옛 소유자와 새로운 이용자(부재를 건축에 사용한 사람)의 대화"라는 결과로 이어진다는 은행 설립자의 인식을 토대로 '사람'을 중심에 둔 건축물 활용 연구 방향을 설정했다.35

(3) 신사

니시무라 카즈유키(西村一之)는 대만 동부의 아키집락에 세운 신사(神社)의 재건과 이용 실태를 분석했다. 대만에서는 2000년대에 들어서 각지에 남아 있던 신사의 유구를 이용하는 움직임이 두드러져서 2015년에는 타이둥군(台東郡) 코안산진(關山鎭) 루에향(鹿野鄉) 롱티안촌(龍田村)에 있던 소규모 신사를 재건했다.

이곳은 식민지기에 일본인 농업이민촌이 있었던 곳이어서 신사가 있었다. '시카노무라(鹿野村)'라 불렸던 유명한 일본인 이민촌이었다. 대만총독부 다이토쵸(台東廳) 관할이었다. 이주한 일본인은 주로 니가타현(新潟縣) 출신이었고, 나가노현(長野縣) 출신도 있었다.

이 이민은 대만총독부의 개발 정책에 따라 다이토(台東)제당회사가 주도해 1915년부터 시작했는데, 많을 때에는 1,350명이 살고 있었다고 한다. 이민촌에는 청년회의소나 의료소, 공동목욕탕, 심상소학교, 탁아소, 고등학교 등이 있었다. 처음에는 시카노무라였다가 다쓰다무라(龍田村)로 바뀌었다. 일본 패전 후 일본인이 모두 귀국한 후 대만인들이 이주해서 지금은 파인애플 등을 경작하는 유명한 농촌지대가 되었다. 니시무라의 논문은

---

35 渡邊義孝, 「台灣の日式建築を殘す人人」, 上水流久彦 編, 『大日本帝國期の建築物が語る近代史』, 217~220쪽

1990년대에 타이둥군 토릭(都歷) 지역의 현지 조사 결과이다.

  일본은 조선과 대만 등 식민지와 구 남양군도, 남사할린, 중국, 만주 등 모든 제국 일본 영역에 신사를 세웠다. 당국이 공식적으로 세운 곳도 있지만 현지에 거주하는 일본인 민간인이 자의적으로 세운 후 신격(神格)을 부여받아 공인된 경우도 적지 않다.

  일본 최초의 해외신사는 대만의 건국자로 알려진 정성공(鄭成功)을 모신 곳(이후 延平郡王祠로 호칭)을 1897년 1월에 대만총독부가 개산(開山)신사로서 현사(縣社)로 격을 부여한 신사였다. 대만의 신사는 1901년에 세우기 시작해 이후 대만 각지에 여러 규모의 신사가 세워졌다. 그 가운데 대만신사는 관폐(官幣)신사(관으로부터 예물인 폐백(幣帛) 또는 폐백료를 지불받는 신사)로 출발해 1944년에는 대만신궁으로 승격했다.36

  대만에서 가장 많은 신사를 건립한 시기는 1936~1940년으로 황민화정책을 적극적으로 실시하던 시기였다. 이러한 통치의 역할을 담당하던 대만의 신사는 일본 패전 후 국민당 정부가 실시한 일본(인) 재산에 대한 접수 사업의 대상이 되어 중화민국을 위한 순국자를 모시는 충렬사의 부지나 건물로 전용되거나 철거해 학교나 공원으로 사용했다.

  1972년 일본과 대만이 단교하면서 많은 신사 건축물이 파괴되었다. 그러나 1990년대 후반에 급속히 대만 본위의 사회 인식이 확산되면서 기존의 사회교육과에서 대만 사회를 전제로 한 향토교육을 확립하고, 1997년에 중학교 과정으로 '인식대만'이라는 과목을 설치했다. 이러한 분위기 속에서 옛 신사 터가 역사건축으로 지정되는 등 문화재로서 보존의 대상이 되었다.

  1923년 제정한 「사(社), 요배소에 관한 건」 제1조에 따르면, '사(社)'와 '사

---

36 管浩二, 『日本統治下の海外神社−朝鮮神宮・台灣神社と祭神』, 弘文堂, 2004, 205쪽, 233쪽

(祠)'는 '신사(神社)를 설치할 수 없는 곳에서 신지(神祗)를 봉사(奉祀)하는' 격이 낮은 소규모 신사이다. 1924년 총무장관이 각 지방장관에 내린 통달 「신사 및 사(社)의 취급에 관한 건」에 따르면, 사(社, 샤)가 당시 선주민족 거주지역의 행정단위인 번사(蕃社, 한샤)와 혼동될 때에는 '사(祠)'라는 글자를 사용하고 '야시로'로 읽도록 했다.

니시무라가 조사한 타이둥군 해안 마을인 신콩친(成功鎭)의 신사도 '사(社)'에 해당하는 소규모 신사였다. 1987년에 경관이 아름답다는 이유로 관광풍경특구로 지정받아 1990년부터 관광개발이 시작되고 투어리즘의 성행과 함께 지금은 많은 관광객이 몰리고 있다.

신콩친은 일제강점기 다이쇼(大正) 시기부터 실시한 도시정비에 따라 탄생한 마을이다. 선주민족인 아미와 대만 한인(漢人)이 혼재되어 있다. 총독부 당국은 1929년에 어항(漁港)을 조성해 1932년부터 5년간 일본인 어업이민모집사업을 실시했다. 그러므로 중심부에는 대만 한인과 일본인이 거주하고 그 주변에 선주민족인 아미의 마을이 있었다.

이곳에는 1938년에 5개의 사(社)가 있었다. 이 가운데 2개는 2006년 이후 재건 이용되었다. 니시무라는 2개 가운데 하나인 '토릭사(都歷祠)' 터를 조사했다. 1990년대 조사 당시 토릭(都歷)마을은 주민의 대부분이 선주민족인 아미이고, 주민의 고령화가 진행된 지역이었으며, 주민의 대부분은 일본 패전 후 기독교를 받아들여 카톨릭 신자가 다수였다. 이 곳은 1911년에 일어난 아미족의 항일 무력투쟁인 마라라우(아미어로는 madawdaw) 사건의 발단이 된 일본인 경관 살해사건이 일어난 마을이고, 일제 말기에는 지원병이나 고사(高砂)의용대로 동원된 주민들이 출정한 장소이기도 하다.

토릭사(都歷祠)는 1927년 건립했는데, 일본 패망 후 콘크리트 대좌 그대로 방치되었다가 2006년에 대좌 위에 작은 건물을 세우고 주변을 정리해서 정자와 벤치 등으로 공원을 조성했다. 공사비는 선주민족행정을 담당한 정부 기관인 원주민족위원회의 보조로 충당했다.

니시무라는 공원을 조성한 측이 '토릭(都歷)신사'라는 명칭과 마라라우 사건의 설명을 새긴 게시판을 통해 통치 당국이 신사를 통해 구현하고자 했던 의도와 항일을 함께 보여줌으로써 균형을 맞추고자 했다고 평가했다.

'신사'라는 명칭의 공원이지만 건축물의 내부는 비어 있으므로 '신이 없는 신사'가 되었다. 이후 실제 공원 조성을 주관한 지역진흥조직 구성원의 교체, 태풍의 영향으로 문짝과 지붕 등 건물이 약간 파손되기도 했고, 처음부터 신사 재건에 부정적이었던 주민들의 비판도 있어서 방치된 시기도 있었다. 그러나 2016년에 다시 2006년 재건을 주도한 지역진흥조직 구성원이 중심이 되어 조직을 재정비하고 노력한 결과, 공원은 지역진흥과 향토교육의 자원으로 이용되었다.

그러나 2018년에 니시무라가 다시 방문했을 때에는 방치된 상황이어서 여전히 '이용과 방치'가 반복되는 장소이다. 니시무라는 이러한 반복에 대해 "대만이 일본의 식민지가 되었다는 변할 수 없는 역사적 사실"을 토대로 아미족의 역사관과 정부의 선주민족 행정, 지역의 관광화와 진흥, 고령자 주민이 가지고 있는 향수가 섞인 결과로 파악했다. 가미쯔루나 다케치

〈그림 16〉 2017년 당시 신사 터 표지판. '루에'신사라는 이름을 볼 수 있다.(https://kanakokoyama.com/archives/1556)

〈그림 17〉 2017년 당시 재건된 신사 모습 (https://kanakokoyama.com/archives/1556)

(武知正晃) 등 일본 인류학자들도 토릭사의 재건을 '친일적인 일본 인식'을 드러낸 사례가 아니라 다원사회인 대만에서 일어날 수 있는 다양한 요소가 복잡하게 연결된 현상으로 평가했다.[37]

(4) 감옥 건축물

감옥 건축물 연구는 이종민과 후지노 요헤이(藤野陽平)·하가 메구미(芳賀惠)의 연구를 들 수 있다. 후지노와 하가는 일본과 조선의 감옥을 감옥박물관이라는 관점에서 분석한 글에서 대만의 사례를 간략히 소개했고, 이종민은 일본과 조선, 대만의 주요 감옥의 설치 배경과 건설 과정 및 기억의 장소로서 의미를 다루었다.

이종민은 타이베이 감옥을 분석했다. 일본은 대만 식민 지배 과정에서 저항하는 대만인들을 탄압하기 위해 타이베이 감옥을 설치하고, 식민 통치를 시작한 다음 해인 1896년부터 '타이베이감옥서'로 운영했다. 타이베이는 식민지 이전부터 형성된 상업도시인데, 이곳에 대만총독부를 설치하면서 기존의 성벽을 철거하고 벽돌과 석조로 관청과 학교, 은행 등을 설치하는 과정에서 감옥을 설치했다. 감옥서는 1900년 10월 제정한 「감옥관제」에 따라 타이베이감옥이 되었다. 신축건물에서 출범한 것이 아니라 재정난으로 인해 청조시대의 군 시설 일부를 개축한 불완전한 시설이었으므로 탈옥과 파옥사건이 빈번했고, 환경과 위생에 대한 우려 여론이 높았다. 그러므로 문명국을 과시할 '모범'감옥으로 기능할 수 없었기에 신축하게 되었다.

감옥 신축공사는 수인을 동원해 기존의 전통 성벽을 허물 때 나온 석재를 재활용해 효율성을 높였고, 옥사(獄舍)는 수인들이 직접 구운 벽돌을 사

---

37 西村一之, 「台灣東部における神のいない'神社'」, 170~178쪽

용했다. 1921년부터 꾸준히 증개축해 상당한 면적에 일본인 직원 관사를 조성했고, 수감자용 신사와 직원의 신체 단련시설(연무장)도 확장해 수감자를 대상으로 한 시설과 관리자를 위한 시설을 공존하도록 했다.

일본 패전 후에는 국민당 정부가 사용하다가 1963년 해체 이전해 현재는 아치형의 문과 일부 담벽이 타이베이 고적으로 남아 있다. 이 문은 정문이 아니라 '시체를 반송하는' 뒷문이었다. 담벽에는 아태전쟁 말기 포로로 처형된 미군 13명을 기린 표시판도 있다.[38]

대만총독부는 식민지시기에 타이베이 감옥 외에 1900년대초에 타이중과 타이난 감옥을 동시에 신축해 총 6개소(嘉義, 台北, 台中, 台南, 宜蘭, 花蓮)에 감옥과 지소(宜蘭, 花蓮은 타이베이감옥의 지소)를 두었다. 자이 구감옥도 현재 대만 국정(國定)고적의 하나인데, 자료관을 갖추고 있다.[39]

(5) 대만의 산업유산과 문화창의산업

이치하라 다케시(市原猛志)는 대만의 특징으로, 산업유산을 문화시설이나 상업시설로서 적극적으로 활용하는 흐름과 폐허로서 그 자체를 아끼는 흐름이 동시에 존재한다고 파악했다. 아울러 2002년부터 시작한 정부 주도의 문화창의(文化創意)산업(이하 문창)을 들어 '동아시아에서 산업유산 활용 선진지역'으로 평가했다. 대만 산업유산의 대부분은 청조 말기와 식민지기에 조성되었는데, 국민당 정부 수립 이후에도 국영공장시설이나 현지 민간자본에 의해 계속 가동되었다.[40]

대만의 문창은 현대 대만 사회를 이해하는 중요한 키워드이다. 문창이

---

38 이종민, 「제국 일본의 '모범' 감옥 – 도쿄·타이베이·경성의 감옥 사례를 중심으로」, 『동방학지』177, 2016, 285~290쪽, 301쪽
39 藤野陽平, 芳賀 惠, 앞의 글, 129쪽
40 市原猛志, 「東アジアにおける建築係産業遺産の保存と活用」, 185~186쪽

란 '대만의 문화를 기반으로 예술적인 상품을 만들거나 역사적 건축물을 리노베이션해서 활용하는 등의 산업'을 의미한다. 자신들의 문화가 갖는 요소(디자인, 습관, 건축물 등)을 창조적으로 만들어 모던하고도 예술적인 것으로 바꾸어 활용하는 산업이다.

문창이 대만에서 중요한 산업으로 자리잡게 된 계기는 정권 교체이다. 오랜 국민당 정권에서 1987년 대만 출신 리덩후이(李登輝)가 총통으로 취임한 후 '본토의 한 구성 요소로써 대만'이 아니라 '대만은 대만'이라는 인식이 정치, 문화, 교육 등 각 분야에 파급되었다. 또한 유네스코 세계유산 자문기구인 ICOMOS(국제기념물유적협회, International Council on Monuments and Sites)가 1999년 「국제관광문화헌장」을 발표해 '관광과 문화를 연결해 경제효과를 창출'하자고 제안한 것도 영향을 미쳤다. 이 제안은 대만 행정기관인 문화건설위원회의 가이드북에서 문화관광의 촉진을 장려하고 역사유산을 소비공간으로 바꾸는 토대가 되었다.[41]

산업유산은 1994년 12월 WHC 제18차 총회 결정에 따라 세계유산의 정식 카테고리가 되었다. 이후 전 세계적으로 주목하는 주제가 되었고, 대만의 문창도 자극받았다. 2002년부터 대만의 세계유산후보 선정 작업을 실시하면서 문창의 확립을 목적으로 한 활동의 일환으로 근대에 세워진 건물에 주목했다. 근대건축물의 예술공간으로서 활용에 주목했는데, 이 때 나온 성과는 2010년을 전후해 대만 각지의 문화창의원구(文化創意園區)사업으로 이어져 많은 역사적 가치를 지닌 산업유산을 활용하게 되었다.

이치하라는 최초기의 대표적 문창의 사례로 두 가지를 들었다. 타이베이 시가지 중심부에 남은 주류 공장 터를 1997년 NPO법인이 예술문화공간으로 활용해 현재 '화산(華山)1914문화창의산업원구(文化創意產業園區)'로 운

41　上水流久彦,「紅樓の現在-臺灣社會の寫し鏡の場としての歷史遺産」, 132쪽, 134~137쪽

영한 사례와 광산 분야에서 대만 최초의 에코뮤지엄(생활환경박물관. 2004년부터 광산기념관으로 운영하기 시작한 금광석 황금박물관)이다.

두 사례 모두 원래 있었던 산업유산을 활용해 예술공간으로 이용하면서 상업시설로서 활용해 국내 관광객을 넘어선 인기를 누리는 장소가 되었다. 그 외 탄광 분야에서는 대만 북부의 핑시선(平溪線. 1922년 석탄 운반 목적으로 정비된 산업 철도, 1929년 대만총독부 매수)를 전후에 대만철로관리국이 운영하면서 2002년에 박물관(新平溪煤礦博物園區)을 조성한 사례를 들었다. 이치하라는 대만의 문창이 지역의 아이덴티티를 고취하고 새로운 매력으로서 주민들이 재인식할 수 있는 계기가 되었다고 평가했다.[42]

여러 대만 관련 연구에서 지적한 바와 같이 2000년대에 들어 대만에서는 식민지기 건축물의 보존과 활용이 확산되었다. 1980년대 이전에 식민지기 건축물의 일부를 관청이나 행정기관 건축물로 활용하기도 했으나 대부분은 역사유산[43]으로 인정하지 않고 식민 지배의 잔재로 간주해 파괴의 대상으로 삼거나 방치했다. 그러나 1990년대 후반부터 점차 역사유산으로 지정받기 시작했다.

그러한 변화 과정은 문화보존에 관한 법률에서도 확인할 수 있다. 1982년 제정한 「문화자산보존법」은 제정 목적이 '국민 정신생활의 충실과 중화문화의 발양'이었으므로 식민지기 건축물은 역사유산에 포함할 수 없었다. 그러나 2004년 타이베이시 문화국이 작성한 심포지엄 자료에서 역사유산을 '다양한 가치관이 표상되는 집합기억의 문제'로 명기했고, 2005년 「문화자산보존법」의 전면 개정 과정에서 법 제정 목적을 '국민 정신생활의

---

42 市原猛志, 「東アジアにおける建築係産業遺産の保存と活用」, 182쪽, 186~188쪽, 192쪽
43 대만의 역사유산에 대해 「문화자산보존법」에서는 '생활상 필요한 것으로서 세워진 역사, 문화, 예술적 가치를 가진 건축물 및 그 부속시설'로 규정하고 있다. 上水流久彦, 「舊植民地の建築物の現在−多元的價値觀の表象」, 『大日本帝國期の建築物が語る近代史』, 41쪽

충실과 다원문화의 발양'으로 바꾸면서 식민지기 건축물도 대상이 될 수 있게 되었다.

　역사유산에 대한 인식 변화는 식민지기 건축물에 대한 인식의 변화로 이어졌다. 식민지기 건축물이 국민당 역사관에 대항하는 중요한 도구이자 스스로 역사의 일부라는 인식이다. 일본 통치에 대한 역사적 평가만의 문제가 아니라 중국에 없는 대만 독자적인 경험으로 받아들인 결과이다.

　그러나 이러한 인식은 대륙인 중화민국의 역사관에서 보면 받아들이기 힘들므로 외성인(外省人, 전후 국민당과 같이 대만에 건너온 자 및 자손)의 비판도 있다. 그럼에도 식민지기 건축물에 대한 고적 지정은 진전을 보여 2011년 기준, 대만의 고적 901건 가운데 447건이 식민지기 건축물이다.44 특히 2000년 이후 문창산업원구(문화창의산업파크) 조건을 정비해 가면서 식민지기 건축물도 대상이 되었다. 「문화자산보존법」 개정으로 역사유적의 재이용이 가능해지면서 건축물을 박물관이나 카페 등으로 이용할 수 있게 되었다.

　가미쯔루는 대만과 같이 적극적으로 보존하는 지역의 경우에도 모든 식민지기 건축물이 보존의 대상이 아니라는 점을 지적한다. '선택된 과거'가 선택된 가치를 표상하는 장치로써 보존의 대상이 되었다는 점이다. 이 때 우선되는 것은 '과거의 견증(見證, 눈으로 볼 수 있는 증거)'이다. 과거를 기억한다는 것은 무엇을 남기고(공적인 기억), 무엇을 망각하거나 보지 않도록 하는 행위이다. 또한 식민 지배에 관한 사물(物)의 인정은 유산의 인증 과정이다. 이 과정은 구 식민지와 구 종주국의 정치나 경제 등의 관계, 국제 정치 상황에도 영향을 미친다. '현재이기도 한 과거'는 바로 이러한 유산 인증 과정을 거치면서 선택된 결과물이다.45

44　2011년 대만 문화부 문화자산국 통계
45　上水流久彦, 「舊植民地の建築物の現在－多元的價値觀の表象」, 『大日本帝國期の建築物が語る近代史』, 42쪽

4) 남사할린(구 화태樺太)

(1) 산업유산과 제지공장, 탄전

남사할린(구 화태樺太, 이하 남사할린)은 1905년 러일전쟁과 1906년 포츠머스 러·일강화조약의 결과, 1945년 일본 패망에 이르기까지 일본이 차지한 영토였다. 현재 남사할린은 러시아연방 소속이므로 아태전쟁유적에 대한 정책은 러시아연방이 수립하게 된다. 그러나 러시아연방의 아태전쟁유적 정책은 알려진 내용이 없다.

남사할린의 일제 전쟁유적 연구는 정혜경과 히라이 다케후미(平井健文)의 연구가 있다. 정혜경의 연구는 일제 전쟁유적 가운데 노무동원 유적의 전체 현황과 구체적인 활용 방안을 제시한 연구이고, 히라이의 연구는 제지공장과 탄광 등 산업유산의 대상인 유구(遺構)를 대상으로 거시적인 방안과 과제를 제시한 연구이다.[46]

히라이는 산업유산의 특성을 토대로 남사할린의 제지공장과 탄전에 주목했다. 그는 산업유산이 다른 유산에 비해 '대상과 인간의 시간적인 접근성'이므로 인간의 기억을 중시한다는 점에서 보존 활용에 관한 프로세스(유산화)를 명확히 보여준다고 파악했다.[47]

히라이의 조사 결과에 따르면, 일본 점령기에 운영한 제지공장 가운데 9개가 현존하고 일부는 자동차나 선박 수리공장으로 전용되고 있다. 가장 큰 규모였던 홈스크와 우글레고르스크 공장 유구는 관광 가이드북에도 소개되고 홈스크 공장 유구는 관광지로 활용 중이다. 탄광 유적의 현존

---

46 정혜경, 「남사할린 지역 아시아태평양전쟁유적 활용 방안」, 『평화연구』29-1(제주대학교 평화연구소), 2019; 平井健文, 「樺太期の'産業'の遺構は何を伝えるのか」, 『大日本帝國期の建築物が語る近代史』.
47 히라이나 이치하라가 사용하는 산업유산의 개념은 세계유산의 카테고리로서가 아니라 '근대산업에 관한 문화유산'이라는 포괄적 의미의 산업유산이다.

〈그림 18〉 일본 제국과 화태(국무총리 소속 일제강점하 강제동원진상규명위원회, 『강제동원명부해제집 1』, 2009)

실태는 파악하지 못했으나 시네고르스크 탄광의 유구가 남아 있고, 목욕탕과 배기시설 등 일부 시설은 가동 중이며, 자료관이 개설되었다.

히라이는 오늘날 사할린에서 일제강점기의 산업 유구에 대해 부정적인 시각을 가진 것은 아니지만 문화재 행정의 예산상 제약이 있고, 산업유산에 대한 이해가 충분하지 않은 점 등으로 적극적인 보존이 이루어지지 못하고 있다고 현황을 분석했다.

히라이는 보존을 위한 방안으로 먼저 '자본과 식민지 지배를 가시화하는 장소'라는 점을 토대로 '산업의 창출이라는 연결고리'와 '전후 일상에 대한 기억'을 축적하는 방향을 제시했다. 특히 남사할린이 아태전쟁기에 조선인의 강제동원지로써 현재까지 어류의 경험이 이어졌다는 역사성을 드러내는 장소라는 점과 생활자로서 일본인 영주귀국자들의 경험 장소라는 점

을 감안해 이들의 기억을 남기는 작업의 필요성을 강조했다.48

　남사할린은 일제강점기에 약 40만 명에 달하는 일본인이 거주했던 곳이자 조선인이 강제동원의 피해를 경험한 곳이다. 남사할린이 일본의 영토가 된 후 1910년대 후반부터 조선인 탄부가 사할린 탄광에서 일하기 시작해 아태전쟁기에는 약 3만 명 이상의 조선인이 노무자로 강제동원되었다. 이들은 탄광산, 토목건축공사장, 군수공장, 삼림채벌장에 동원되었다. 1945년 8월 일본의 패망 후 남사할린에 남은 약 4만 3천 명의 한인49은 소련과 미국, 일본의 이해관계 속에서 합법적인 귀국의 길이 막혀 1992년 한·러 국교 수립으로 영주귀국의 길이 열릴 때까지 억류의 세월을 보냈다.50

　1992년 이후 2021년 9월 말 현재 전국 19개 영주귀국촌에 4,408명이 귀국했다. 초기의 영주귀국은 한인 1세(1945년 8월 15일 이전 출생자)만이 귀국 대상이었으므로 새로운 디아스포라(이산)를 낳았다. 2020년 제정한 「사할린동포지원에 관한 특별법」으로 영주귀국 대상은 넓어졌다.

〈그림 19〉 일제강점기부터 가동했던 오지(王子)제지 삭죠르스크 공장(2005년 8월 촬영)　〈그림 20〉 일제강점기 오지제지 도요하라(유즈노사할린스크) 공장 모습(구 강제동원위원회 소장)

48　平井健文, 「樺太期の'産業'の遺構は何を伝えるのか」, 94~103쪽
49　1945년 8월 15일 이전은 조선인으로, 이후는 한인으로 사용한다.
50　남사할린 조선인 강제동원에 관한 상세한 내용은 허광무·정혜경·김미정, 『일제의 전시 조선인 노동력 동원』(동북아역사재단, 2021), 342~401쪽 참조

〈그림 21〉 웅덩이만 남은 가네보 소속 탄광 갱구(샥죠르스크, 2005년 8월 촬영)

〈그림 22〉 샥죠르스크에 남은 옛 합숙소(나가야)의 모습. 화재로 소실되어 지금은 남아 있지 않다.(2005년 8월 촬영)

(2) 노무동원 유적의 현황과 활용

히라이의 연구가 '산업유산'이라는 관점에 국한했다면, 정혜경은 아태전쟁기에 남사할린이 담당한 역할과 러시아연방의 영토인 남사할린의 현실, 일본 패전 후 '사할린 한인'으로 살아온 한인의 역사적 경험을 분석하고 이를 토대로 큰 틀의 일제 전쟁유적 활용 방안을 제안했다. 이를 위해 먼저 구 강제동원위원회가 제시한 남사할린의 조선인 노무동원 작업장 77개소(탄광, 군공사장, 토목건축공사장)[51] 활용에 필요한 세 가지 특징을 제시했다.

첫째는 역사성의 문제이다. 남사할린은 풍부한 자원을 가진 지역이다. 그러나 제정 러시아 시기에 대표적인 유형지였고, 1905년 이후 일본의 점령지였으므로 제2차 세계대전 당시 독일을 주적(主敵)으로 치열한 전투를 벌였던 소련의 입장에서는 관심 지역이 아니었다.

둘째는 현실적 문제이다. 현재 사할린 현지민의 삶은 일본 기업과 무관하지 않다. 일본 기업이 대규모 플랜트 사업이나 가스·유전 개발 사업을 주도하고 있고, 다수의 현지민이 직원으로 근무하거나 인근 지역의 상권을

---

51 국무총리 소속 대일항쟁기 강제동원 피해조사 및 국외강제동원 희생자 등 지원위원회, 『활동결과보고서』, 138쪽

형성하며 생활하고 있다. 그러므로 아태전쟁이나 일제 전쟁유적에 대해 명확하고 풍부한 인식을 공유하기는 쉽지 않다.

세 번째는 관의 주도성이 매우 크다는 점이다. 러시아연방에서 시민사회의 성장이나 시민단체의 활동은 찾기 어렵고, 관의 허가 없이는 조사도 할 수 없다. 2022년 우크라이나 침공 이후 한국과 항공 노선이 막히는 사례와 같이 예상치 못한 변수도 고려해야 한다. 그러므로 러시아 정부가 남사할린 지역 일제 전쟁유적 활용의 효용성을 수용하고 정부 차원의 문화 사업 정책으로 추진할 수 있도록 하는 다각적인 노력이 필요하다.

이같은 특징을 토대로 정혜경이 제시한 활용 방안은 네 가지이다.

첫째는 남사할린 소재 일제 전쟁유적에 대한 전수조사이다. 최근 남사할린의 주도(主都)인 유즈노사할린스크 등 대도시를 중심으로 개발이 본격화되면서 일제 전쟁유적의 훼손도 불가피하므로 전수조사는 시급하다. 그러나 전수조사는 한러정부 간 합의가 선행되어야 하므로, 기대하기 어렵다. 그러므로 학계에서 할 수 있는 작업은 구 강제동원위원회가 파악한 77개 유적의 구체성을 확보하는 일이다. 그간 발굴한 자료와 문헌조사를 통해 유적의 현장성을 담은 자료를 확보하고 보존 실태 등을 확인한 후 이를 토대로 구체적인 활용 방안을 수립하는 작업이다.

둘째는 필드워크 프로그램 운영이다. 사할린은 관의 개입이 강해서 한국 정부나 사할린 한인 단체의 지원·협조 없이 개인적 차원의 조사나 답사가 쉽지 않은 지역이다. 그러나 관광산업에 대한 관심이 높아지는 추세를 감안해 관광 대상지에 일제 전쟁유적을 추가할 수 있다. 지금은 중단되었으나 일제강점기에 남사할린에서 태어났거나 생활했던 일본인 체험자를 대상으로 한 정기여객선(일본 홋카이도 북단 왓카나이椎(내항~남사할린 콜사코프항)이 운영된 적이 있다. 옛 가라후토 병원이나 가라후토 박물관(현재 사할린 향토박물관)을 포함해 제2차 세계대전 전승비 등 러시아가 보여주고 싶은 장소가 주요 방문 장소였다.52 만약 일제 전쟁유적이 러시아가 보여주고 싶은 장소가 된다면, 필드워크 프로그램도 가능하다.

〈그림 23〉 1940년대 사용했고, 2005년도에도 가동 중이었던 삭죠르스크 미쓰비시(三菱) 도로(塔路)탄광 선로 모습(2005년 8월 촬영)

세 번째, 기록화 단계(자료 수집, 전수조사 등)의 성과를 토대로 한 활용의 구현이다.53 문화지도와 아태전쟁유적에 대한 북 콘텐츠(사진집, 답사 가이드북 등)를 제작 보급해 국내에 남사할린 일제 전쟁유적에 대한 관심을 높이는 방안이다.

네 번째는 활용을 위한 역사문화콘텐츠의 구축 방향이다. 역사문화콘텐츠를 구축할 때 고려할 부분은 현지 IT인프라의 현황이다. 지역에 따라 IT인프라가 원활하지 않을 수도 있음을 감안해 아날로그 콘텐츠 중심으로 잡을 필요가 있다. 유적지에 대한 표지판 세우기 등 현실 가능한 작업에서 시작해 공원화나 뚜껑 없는 박물관 등 장소콘텐츠의 구성을 확대해 가는 방향이 필요하다.54

---

52 테사 모리스 스즈키 지음·임성모 옮김, 『변경에서 바라본 근대 – 아이누와 식민주의』, 신치럼, 2006, 290~302쪽
53 기록화 단계에 대해서는 제5장에서 상세히 언급한다.
54 정혜경, 「남사할린 지역 아시아태평양전쟁유적 활용 방안」, 『평화연구』29-1, 62~65쪽

5) 일본

(1) 전적고고학의 창설과 유산화 과정

일본은 아태전쟁유적을 남긴 주체이다. 일본 전쟁유적의 보존과 활용은 크게 학계와 정부, 민간의 상호작용이라는 특징을 가지고 있다. 학계가 1984년부터 전적(戰跡)고고학이라는 새로운 분야를 설정해 아태전쟁유적 조사와 연구를 선도하고, 그 영향을 받은 1996년부터 정부 차원(문화청 주관, 각 현 교육위원회 수행)의 유산화 과정, 민간 차원의 활용 등 세가지 방향이다.

일본 학계의 동향은 크게 전적고고학을 중심으로 한 평화교육 목적의 활용을 지향하는 입장과 산업유산 등재를 통한 관광과 산업에 비중을 둔 입장으로 나눌 수 있다. 이 가운데 평화교육 목적의 활용을 지향한 방향을 살펴보도록 하자.

전적고고학의 제창자는 오키나와현 연구자인 도마 시이치(當眞嗣一)이다. 1978년 니시하라쵸사(西原町史) 편찬 사업을 주관한 것을 계기로 1984년 전적고고학 탄생을 주도했다. 도마가 전적고고학을 제창한 배경에는 오키나와 전쟁 피해가 자리하고 있다. 오키나와는 전쟁 기간 중 일본에서 유일하게 주민들이 지상전(地上戰)에 휘말려 십 여 만 명이 목숨을 잃은 곳이다. 현민 4명당 1명이 희생되었다고 할 정도로 피해가 컸고, 전후 80년이 된 지금도 곳곳의 자연동굴과 지하호에는 불발탄이 남아 있다. 도마가 전적고고학을 제창한 목적은 '아태전쟁 중 오키나와의 실태를 정확히 직시하고 과학적으로 기록하기 위함'이다.[55]

전적고고학의 영향을 받아 각지에서 여러 단체가 결성되자 이를 토대로

---

55 當眞嗣一, 「戰跡考古學提唱の背景」, 『季刊 考古學』72호, 23쪽; 池田榮史, 「近現代遺跡調査の現狀-沖繩」, 『季刊 考古學』72호, 63쪽

1997년 일본의 학술연구단체인 (사)전쟁유적보존전국네트워크가 출범했다. (사)전쟁유적보존전국네트워크가 발족한 해는 일본 정부의 「문화재등록제도」가 정비되고 전쟁유적의 유산으로서 가치가 확립되는 때이기도 했다.

 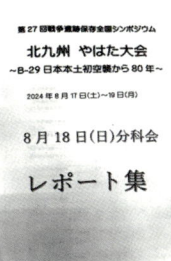 

〈그림 24〉 심포지엄 장소 로비의 각지의 전쟁유적 사진 전시(2024년 8월 촬영) 〈그림 25〉 분과별 발표 자료집 〈그림 26〉 제4포대 엄폐호(시모노세키시 소재)

(사)전쟁유적보존전국네트워크는 홈페이지를 통해 전쟁유적을 보존하는 이유를 명확히 밝히고 있다. 평화교육을 위한 보존이고, 평화교육을 통한 견고한 평화체제 구축 위에 다시는 전쟁유적을 만들지 않기 위해서이다.

> 각지의 전쟁유적보존단체, 문화재보존전국협의회, 역사교육자협의회 등을 중심을 단체와 개인이 모여 1997년 「전쟁유적보존전국네트워크」가 결성되었습니다.
> 우리는 전쟁유적의 조사·연구·보존운동, 평화자료관, 평화교육 등에 대한 정보 교환을 위해 「전쟁유적자료」 간행과 「전쟁유적보존전국심포지움」 개최 등을 지속적으로 추진하고 있습니다.
> 그리고, "전쟁유적에서 평화를 배운다", "다시는 전쟁유적을 만들지 못하게 한다"는 것을 중요하게 생각합니다.[56]

---

56 전쟁유적보존전국네트워크 홈페이지(https://sensekinet.jimdofree.com/)

'다시는 전쟁유적을 만들지 못하게 한다'는 방향은 WHC가 '더 이상 전쟁유적을 만들지 않는 세계'를 지향함과 동일하다. 이를 통해 이들이 전쟁유적을 조사하고 보존하는 활동 목표가 '인류 전쟁의 세기였던 20세기'에 '전쟁이 얼마나 인류에게 비참함을 안겨주었는지'를 명확히 인식하고 '평화 실현을 위해 노력해야' 하기 때문임을 알 수 있다.[57]

(사)전쟁유적보존전국네트워크는 1999년부터 간단한 안내서를 비롯해 일본과 아태전쟁이 일어났던 지역에 남아 있는 주요 유적의 현황을 정리한 단행본, 소속 회원들의 단행본을 출간했다.[58] 매년 전국 심포지엄과 필드워크 프로그램을 운영하고 있는데, 2024년 8월 기타큐슈시(北九州市)에서 2박 3일로 열린 제27회 전국 심포지엄 및 필드워크 참가자는 350명에 달했다.

또한 기구치 미노루 대표는 아태전쟁유적을 8종(정치행정 관계·군사방위 관계·생산 관계·전투지역 및 전쟁터 관계·주거지 관계·매장 관계·교통 관계·기타 등)으로 분류했다. 이 분류의 토대는 일본 문화청의 「근대유적조사실시요항」의 11개 분야 구분(광산, 에너지 산업, 중공업, 경공업, 교통·운수·통신업, 상업·금융업, 농림수산업, 사회, 정치, 문화, 기타)이다.[59]

기구치 대표의 분류에 따르면, 전쟁유적은 전방의 전투 수행 과정에서 남은 유적 외에 전쟁 동원 관련 유적을 포함하고 있다. 그러나 연구의 대부분은 군사 목적으로 만든 유적에 치중되어 있다. 일본 정부의 조사 대상

---

57 戰爭遺跡保存ネットワーク 編, 「日本の戰爭遺跡」, 平凡社, 12쪽, 22~23쪽

58 菊池実, 「近代戰爭遺跡調査の視點」, 『季刊 考古學』72호, 18~19쪽; 戰爭遺跡保存ネットワーク 編, 「戰爭遺跡は語る」, かもがわBookLetter, 1999; 十菱駿武·菊池実, 「しらべる-戰爭遺跡の事典」, 柏書房, 2002; 十菱駿武·菊池実, 「續しらべる-戰爭遺跡の事典」, 柏書房, 2003; 戰爭遺跡保存ネットワーク 編, 「日本の戰爭遺跡」, 平凡社, 2004; 安島太佳由, 「訪ねて見よう!日本の戰爭遺産」, 角川SS, 2009

59 菊池実, 「近代戰爭遺跡調査の視點」, 『季刊 考古學』72호, 18~19쪽

도 마찬가지이다. 이러한 연구와 조사 대상의 편향성은 '전쟁유적=군사유적'으로 한정되게 인식하는 결과를 낳기도 했다.

실제로 일본에서는 기구치 대표의 정의에 대해 '군사유적'이나 '근대유적'으로 대체하려는 움직임도 있었다. '전쟁유적'이라는 용어를 '평화교육의 그림자를 가진 용어'로 인식한 결과이다. 또한 '군사유적'을 사용할 경우에도 아태전쟁기를 포함하기는 하지만 주로 러일전쟁 시기의 유적으로 한정하려는 경향도 있다.[60]

일본 정부의 입장은 전쟁유적의 유산화 방향이다. 일본 정부의 유산화 방향은 앞에서 소개한 평화교육이라는 활용 방향과는 거리가 있다. 이 유산화 방향에도 학계가 참여하고 있는데, 이에 대해서는 2절에서 상세히 언급하도록 하겠다.

일본 정부가 전쟁유적의 유산화 방향을 설정하게 된 배경에는 1980년대부터 시작한 학계와 시민단체의 성과가 자리하고 있다. 이를 토대로 기본적인 실태조사와 제도적 조치에 나서게 되었다. 전쟁유적의 유산화는 1990년대 '문화재등록제도' 마련을 계기로 본격화되었는데, 2015년부터 시행된 '일본유산(日本遺産, Japan Heritage Initiative)' 등도 영향을 미쳤다. 일본유산이란 일본 문화청 주관으로 역사와 문화, 전통을 널리 알리고 보존하기 위해 특정 지역이나 주제를 중심으로 한 문화적 이야기를 연결하여 홍보하는 사업이다. 문화적 스토리텔링, 지역 활성과, 국제 홍보 등으로 나눌 수 있다. '일본유산'은 지역 사회와 협력 아래 전통 문화유산뿐만 아니라 전쟁유적을 포함한 근대 이후 유적들의 유산화를 부양하는 경향을 보인다.[61]

---

60 村上有慶, 「전쟁보존의 현황과 평화교육의 과제」, 『평화연구』29-1(원광대), 2019, 77쪽: 安島太佳由, 『訪ねて 見よう! 日本の戰爭遺産』, 角川SS, 2009, 27~28쪽.
61 일본 전쟁유적의 유산화 과정과 실태에 대한 자세한 내용은 조건, 「일본의 근대전쟁유적 유

일본의 전쟁유적 유산화를 위한 제도적 조치는 지정·등록제도이다. 1996년에 종래 중요 문화재를 '지정'해 국가 위주로 보존·관리해 온 엄선주의에서 벗어나, 관리 주체를 소유자에게 일임하고 보존은 물론 유산의 이용·활용에 초점을 맞춘 '등록'제도를 시행하고 있다. 등록제도는 이용과 활용을 하면서 구조물을 보존하는 방식이어서 관리에 대해서는 소유자에게 일임하지만 대상의 폭이 넓었으므로 보다 광범위하게 문화재를 보호할 수 있다는 이점이 있다.62

지정·등록제도가 탄생한 배경은 일본 사회에서 제기된 전쟁유적 보존 필요성 때문이다. 일본 각지에서 메이지(明治) 이후 역사적 구조물이 급속히 사라지는 상황이 계속되자 전문가나 애호가들이 보존의 필요성을 역설하기 시작했다. 여기에 각 기업도 사회 환원의 방법으로 근대화 유산에 대한 관심을 표명했고, 정부도 대응에 나섰다.

대표적인 사례는 1990년부터 일본 정부가 전국 도도부현(道都府縣)에 위탁하는 방식으로 개시한 근대화유산의 종합적인 실태조사인 '근대화유산(구조물 등)총합조사'사업이었다. 각 도도부현을 사업 주체로 위탁해 문화청이 비용 지원과 지도·조언을 담당하는 방식으로 실시했다. 군마(群馬)현과 아키타(秋田)현의 조사를 필두로 매년 2개 현 씩 조사 지역을 확대하면서 보고서도 발간했다. 조사 사업은 지속적으로 이루어져 전국 단위의 조사 성과를 냈다.

문화청은 이 실태조사 결과를 기반으로 1993년부터 조사가 완료된 지역의 근대화유산을 중요문화재로 지정해나갔다. 1995년 3월 문화청은 '특별사적 명승 천연기념물 및 사적 명승 천연기념물 지정 기준'의 일부를 개정

산화 실태와 동향,「일본지평」32, 2025) 참조
62 矢澤高太郎,「近代化遺産」,「季刊 考古學」72호, 33쪽

해 '제2차 세계대전 종결 무렵까지 정치, 경제, 문화, 사회 등 모든 분야의 중요한 유적'을 사적(史蹟) 지정의 대상으로 삼았다.

1996년 10월에 문화재등록제도를 통해 '지정' 외에 '등록' 추가를 계기로 2000년 4월까지 총 1,873건을 등록유형문화재로 지정했고, 2013년 7월 현재 전쟁문화재 지정·등록문화재는 총 200개소에 달하고 있다.[63]

일본 문화청의 전쟁유적 조사와 문화재 지정과 별도로 지방자치단체의 조사 및 연구도 지속되고 있다. 오키나와현의 경우 현립매장문화재센터에서 2010년부터 2014년까지 「전쟁 유적 상세 확인 조사」를 실시했는데, 2015년 3월 현재 전체 41개 지역에서 총 1,077개소를 확인했다고 한다. 유적은 군대 진지호와 포대, 사령부 참호, 토치카, 야전병원 참호, 군이 건설한 비행장에 있던 엄체호, 해안가 특공정 은닉호, 각지의 방공호와 자연동굴, 피해나 파괴된 흔적 등이었다.[64]

일본 내 주요 전쟁유적 중 국가 및 지방 사적으로 지정된 주요 사례는 다음과 같다.[65]

〈표 1〉 일본 전쟁유적의 국가 및 지방 지적 사적 주요 사례

전쟁유적	위치	지정 현황	내용
히로시마 원폭유적 (広島平和記念碑)	히로시마현 히로시마시	국가 지정 사적 유네스코 세계유산	1945년 히로시마에 투하된 원자폭탄 피해의 참혹함과 평화의 중요성을 알리기 위한 기념물
나가사키 평화공원 (長崎平和公園)	나가사키현 나가사키시	국가 지정 사적	나가사키 원자폭탄 투하 위치를 기념하기 위해 조성된 공원, 전쟁의 비극을 기원하고 평화를 기원하기 위해 설립

---

63 松原典明,「近現代遺跡調査の事例−近代の銅像」,『季刊 考古學』72호, 71쪽
64 「沖縄県内の戦争遺跡どう継承 文化庁調査より多く県内で1500超 '物言わぬ語り部' 保存·活用課題」,『沖縄タイムス』2024.9.24.
65 조건,「일본의 근대 전쟁유적 유산화 실태와 동향」, 2025

전쟁유적	위치	지정 현황	내용
오키나와 전투유적 (沖縄戰跡国定公園)	오키나와현	국가 지정 사적	제2차 세계대전 당시 오키나와 전투 관련 여러 전적지. 방공호 및 관련 유물 등 포함
지란 특공기지 유적 (知覽特攻基地跡)	가고시마현 미나미큐슈시	지방 지정 사적	가미카제 특공대 기지였던 치란의 유적지
요코스카 해군 시설 (橫須賀海軍施設)	가나가와현 요코스카시	국가 지정 사적	일본 해군의 주요 기지로 제2차 세계대전 당시 중요 군사 거점. 일부가 사적으로 지정
아쓰타카산 진지 유적 (熱田ヶ岳陣地跡)	시즈오카현	지방 지정 사적	제2차 세계대전 당시 일본군 방어 거점으로 사용했던 진지 유적. 방공호, 진지 흔적
마이즈루 해군 유적 (舞鶴海軍遺跡)	교토부 마이즈루시	국가 지정 사적	제2차 세계대전 당시 해군의 주요 기지. 해군 관련 건물, 창고 등

일본에서 전쟁유적에 관한 관심이 늘어나기 시작한 계기는 1980년대 전적고고학이 제창되고 연구가 본격화되면서부터였다. 이후 1990년대 이후에는 군사 전쟁 관련을 포함한 근대 건조물과 유적 조사가 '전국적'으로 시행되었다. 1993년에는 중국과 일본의 공동조사단이 중국 흑룡강성(黑龍江省) 호두요새(虎頭要塞)를 학술 조사함으로써 아시아 일대 전쟁유적을 국제적으로 공동 조사하는 계기를 마련하기도 했다.[66]

또한 일본 정부가 실태조사에 나서게 된 배경 가운데 하나는 안전사고 때문이었다. 일본 정부는 2001년에 전국의 특수 지하호를 5,003곳으로 파악했는데, 2005년 4월 가고시마시(鹿児島市)의 지하호에서 중학생 4명이 죽는 사고가 발생하자 긴급히 특수지하호의 실태를 재조사했다. 재조사 결과 2005년 현재 10,280곳의 지하호를 확인했고, 안전성이 취약한 일부는 매립했다. 2009년 현재 일본 전국에 남은 지하호 규모는 9,850곳이다.

현재 일본 문화청의 문화재보호법 등을 통한 유산 분류에는 '전쟁유적

---

66 清水肇, 村上有慶, 「戰爭遺跡詳細調査と近代化遺産總合調査にみる沖縄縣の戰爭遺跡の把握狀況」

(戰爭遺跡, The Heritage of War)'이 별도의 항목으로 존재하지 않는다. 그러나 전쟁유적, 전적(戰跡), 전쟁유산(戰爭遺産) 등은 개별 건축물 등의 유형문화재, 국가 지정 사적(사적, 특별사적)67, 명승(名勝) 등으로 분류되어 중앙이나 지방 정부 차원에서 문화재로 지정되어 보존되고 있다.

(2) 관광에서 평화교육으로-아태전쟁유적 활용의 흐름

일본 아태전쟁유적 활용이 처음부터 평화교육으로 출발한 것은 아니었으며, 모든 지역에 해당하는 현상도 아니다. 학계와 시민들의 노력에 따라 몇몇 지역에서 평화교육으로 정착한 것이며, 오키나와를 제외한 대부분의 지역이나 중앙 정부의 입장은 여전히 관광과 산업 등 경제적 방향이다. 산업유산 등재도 경제적 목적의 하나이다. 일본 전쟁유적 활용에서 가장 대표적인 지역이라 할 수 있는 오키나와의 사례 등 주요 지역별 전쟁유적 활용의 흐름을 살펴보자.

전적고고학의 발상지인 오키나와에서도 처음부터 반전평화라는 방향을 정립한 것은 아니었다. 오키나와현 지역의 고교 교사인 요시하마 시노부(吉浜 忍)가 개관한 1960년대부터 2000년대 초반에 걸친 오키나와 전쟁유적 조사와 보존 운동의 흐름을 보면, 오키나와 전쟁유적 보존 활용의 출발은 관광목적이었다.

요시하마는 지자체가 1962년 나하시(那覇市) 슈리(首里)에 있는 제32군사령부호(壕)를 관광자원으로 개발하기 위해 실시한 조사를 최초라 파악했다. 그러나 호 입구가 명확하지 않고 지하호 내부의 붕락이 심해서 개발은

---

67 사적은 일본 역사에서 중요한 사건·활동·인물과 관련된 유적지나 구조물로 역사적 학술적 가치를 지닌 장소를 말한다. 고대 성터나 고분, 종교 유적, 전쟁유적 등이 포함된다. 특별사적은 사적 중에서 특히 높은 역사적 문화적 학술적 가치를 가진 유적이다. 일본 내 사적은 약 1,700여 개소, 특별사적은 약 60여 개소가 존재한다.

단념했다. 그 후 오키나와관광개발사업단(현재 오키나와관광콘벤션뷰로)가 1968년에 다시 관광자원으로서 조사를 실시했다가 같은 이유로 단념했다. 그러나 이 사업단은 1969년에 보존 상태가 양호했던 도미구스쿠시(豊見城市)의 해군호 개발을 추진해 1970년에 공개했다. 개발 목적은 관광자원이었고, 지금도 관광용으로 활용하고 있다. 해군호는 오키나와현 전쟁유적 활용의 제1호 사례이다.

그러나 오키나와에서 관광목적의 활용 흐름은 오래가지 않았다. 1970년 초부터 주민의 구술을 수록한 『오키나와현사 제9권 오키나와전 기록1』(1971년)과 『오키나와현사 제10권 오키나와전 기록2』(1974년)이 나오면서 주민의 시각에서 본 오키나와전쟁 기록이 나오게 되었다. 현민들은 이를 통해 군부대 중심의 전쟁유적에서 주민에 관련된 피난호(가마) 등 전쟁유적의 가치를 인식하게 되었다. 1977년 오키나와전쟁 종결 32주년을 맞아 결성한 '오키나와전쟁을 생각하는 모임'이 총회에서 '오키나와전쟁유적·유물의 보존'을 결의하고, 오키나와현에 요청하면서 오키나와 전쟁유적 보존에 관심을 불러일으켰다.[68] 이러한 흐름은 '전쟁을 기록하고 추체험'하려는 방향이다.

그러나 이러한 방향이 일본 전체의 주류라고 보기는 어렵다. 오키나와 이외의 지역에서는 이와 다른 방향의 조사와 연구 경향을 보이고 있기 때문이다. 오키나와의 '전쟁을 기록하고 추체험'하려는 노력과 달리 일본의 주류는 산업유산의 경제적 가치에 주목한 움직임이다. 야하기 히로시(矢作弘)가 작성한 연표에 따르면, 최초의 근대산업유산보존 활동은 1964년 교토와 도쿄 등지에서 일어난 신사(鎌倉·鶴岡八幡宮) 부근의 토지개발 저지나 연돌 파괴(도쿄), 교토 타워 논쟁 등이다. 이후 1966년 고도보존법(古都保存法) 제정에 이어 1967년에 문화청이 발족하면서 각지에서 전통 건축물을 비롯

---

68 吉浜 忍 外, 『沖繩陸軍病院南風原壕』, 高文研, 2010, 152~168쪽

한 근대산업유산에 대한 관심이 일어났다.

이러한 정부의 주도에 각 지역이 호응하기 시작했다. 문화청 발족 직후인 1968년 가나자와시(金澤市), 시가현(滋賀縣), 구라시키시(倉敷市)에서 「전통환경보존조례」나 「전통미관보존조례」 등을 제정해 제도적으로 뒷받침하고, 시민과 함께 보존 활동에 나섰다.[69] 구라시키의 전통가옥은 이후 세계유산이 되었고, 지금도 일본의 대표적 관광지이자 도시재생의 모범 사례로 연구 대상이다.

1990년대에 들어서 일본 정부의 제도적 뒷받침은 속도를 내기 시작했다. 1990년 문화청이 '근대화 유산'이라는 용어를 사용하며 근대화유산총합조사(토목과 산업유산 중심)에 착수했고 1993년 문화재보호법에 근대화 유산을 중요문화재에 포함했으며, 1996년 문화재보호법 개정으로 문화재 등록 제도에 따른 보존이 가능하게 되었다. 1993년 근대화 유산을 중요문화재에 포함할 수 있게 되자 문화청은 군마현과 아키타현의 철도와 수도시설을 '근대화 유산 중요문화재 제1호'로 지정했다.

이러한 일본 전체의 주류 형성에 영향을 미친 것은 1977년 설립한 산업고고학회(현재 산업유산학회)이다. 이 학회는 '산업유산'을 내세우며, 아태전쟁 유적 중 일부를 활용하고 세계유산에 등재하는데 영향을 미쳤다. 1985년 학회 추천 산업유산을 창설 발표하는 등 아시아 지역의 산업유산 분야를 선도했다.

학회가 규정한 산업유산은 '특정한 산업의 생탄(生誕) 시기에 활약한 기계, 설비, 공장, 건물 등'이다. 1992년과 1993년에는 『일본의 산업유산 300선(選)1~3』(同文館)을 출간해 섬유, 철도, 선박, 자동차, 항공기, 토목과 댐, 농림수산, 광산, 석탄과 석유, 철강과 금속, 전통기술 등 모든 분야의 산업

---

69 矢作弘 著·末松誠 寫眞, 『産業遺産とまちつぐり』, Gakugei Shuppansha, 2004, 201쪽

유산 등재 후보 지역에 대한 사진과 간략 정보를 제공했다. 이러한 학회의 활동은 지역 사회에 적지 않은 영향을 미쳤다.[70]

'근대화 유산'에 대한 일본 정부의 인식과 활용 방향은 '관광'과 '산업'이었다. "산업, 기술도 기본적으로는 문화의 한 형태"라는 통상산업성 차관의 발언에 힘입어 통상산업성을 이은 경제산업성이 2007~2008년에 걸쳐 '근대화산업유산군 목록'을 발표하면서 지역사회에 자극을 주었다. 이 목록은 이후 일본의 세계유산잠정목록 등재에도 영향을 미쳤다. 1994년에 산업유산이 세계유산의 카테고리가 된 후, 일본은 시마네(島根)현의 이와미(石見) 은광산(2007년)을 일본 최초의 산업 유산으로 등재했다. 이후 산업유산이 산업관광을 활성화시켜 지역 활성화에 도움이 될 것이라는 기대감이 늘어나면서 민간의 관심은 커졌다.[71]

이같이 일본 전쟁유적 활용의 주류는 통상산업성·경제산업성·문화청 등 정부행정기관의 주도로 '근대화 유산'과 '산업유산'에 대한 관심을 높이고, 학계(산업유산학회)가 나서서 시민을 추동하는 방식이 특징이다. 정부행정기관 주도 아래 몇몇 지역에서 '산업관광'에 의한 마을만들기를 모색하는 것으로 조응했고, 학계에서도 건축학이나 도시계획 등의 영역에서 각 지역에 남은 역사적 건축물의 가치에 주목하고, 시민들에 의한 마을만들기로 활성화시키는 과정을 제시하기도 했다.

각 지역별 화보집도 마을만들기 흐름에 영향을 주었다. 일본의 산업유산과 관련한 책은 대부분 월간지에 수록한 연재 기사를 편집한 것이어서 사진을 중심으로 간략한 설명을 담는 방식이다. 그러므로 화려한 사진을 통해 대중들에게 관심을 불러일으키는 결과로 이어졌다. 야하기 히로시가

---

70 市原猛志,「東アジアにおける建築係産業遺産の保存と活用」, 182쪽
71 木村至聖,『産業遺産の記憶と表象』, 4쪽

사진기자인 스에마쓰 마코토(末松誠)와 함께 출간한 『산업유산과 마을만들기(産業遺産とまちつぐり)』는 산업고고학회가 출간한 『일본의 산업유산 300선』 가운데 몇몇 장소를 담은 책이다. 이 책도 2003년 7월부터 2004년 6월까지 월간지에 연재한 기사를 편집한 책이다.

지역별 활동에 영향을 준 요소로 폐허-붐·산업관광을 들 수 있다. 1990년대 말부터 일본에서 유행하기 시작한 폐허-붐은 버블경제 붕괴 후 버려진 호텔이나 병원, 유원지, 아파트 등의 폐허를 소개하는 사진집이나 책이 출간되고, 인터넷에서 폐허에 관한 정보교환이 활발해지면서 나타난 현상이다. 이에 따라 실제로 폐허가 된 건축물에 불법으로 침입하고 탐색하는 사람들이 신문이나 방송을 통해 알려지면서 사회문제가 되었다.

사진집이나 출판물을 통해 보여주는 특징은 첫째, 폐허를 '새로운 것'으로, 둘째, 새로운 것뿐만 아니라 인간의 체온이 남아 있는 곳으로 인식하게 해주었다는 점이다. 이러한 폐허-붐의 대상지, '폐허의 성지' 가운데 하나인 나가사키의 하시마(端島)는 폐허-붐을 등에 업고 산업유산으로 등재된 곳이기도 하다. 무인도이자 안전성 문제로 상륙금지 장소였으나 나가사키 시내의 기선회사가 관광 수입을 위해 폐허 매니아를 대상으로 1997년부터 운영한 부정기적인 '군함도 크루즈'와 산업유산 등재 추진 주체들의 이벤트가 결합하면서 관광자원과 산업유산이라는 방향을 명확하게 설정했기 때문이다.[72]

일본의 유적별 관련 연구 현황을 보면, 아태전쟁유적으로는 오키나와의 제32군사령부호·육군병원과 교토의 전쟁유적 연구, 원자폭탄의 재해지인 히로시마(廣島)의 구 육군피복지창 연구를, 근대건축물로는 오키나와 건축물 연구를 들 수 있다. 그 외 전쟁유적을 통한 교육 사례 연구가 있다.

---

72 木村至聖, 『産業遺産の記憶と表象』, 139~140쪽, 162~163쪽

(3) 오키나와 제32군 사령부호

우시지마 사다미츠(牛島貞滿)는 아태전쟁기에 제32군 사령관을 지낸 우시지마 미쯔루(牛島滿) 중장의 손자이다. 도쿄의 소학교(한국의 초등학교에 해당) 교원인 우시지마는 1994년부터 오키나와에서 조부와 관련한 조사를 시작으로 2004년부터 재직 중인 소학교에서 오키나와전쟁을 주제로 하는 평화수업을 진행하면서, 오키나와 제32군 사령부호의 보존과 활용에 관한 자신의 조사 결과를 책(牛島貞滿, 『第32軍司令部壕-その保存・公開活用を考える』, 高文研, 2021)으로 출간했다.

〈그림 27〉 수리성 입구에 있는 일본군 제32군 사령부 관련 유적(2018년 3월 촬영)   〈그림 28〉 제32군 사령부 지하시설의 모습(2018년 3월 촬영)

현재 오키나와 제32군 사령부 지하호는 일부(제1갱)만 개방하고 있는데, 이 책을 통해 지하호의 모습을 알 수 있다. 이 책에서 보여주는 지하호의 모습은 미군정보보고서 『Intelligence Monograph』(1945년) 수록 자료와 1994년 발굴조사 당시 촬영한 사진, 1995년 시굴조사 당시 본인이 작성한 사진 및 도면이다.

오키나와 제32군 사령부 지하호는 미군과 일본 정부가 일부 발굴했지만 민간의 관심은 별로 없었다. 그러다가 2019년 슈리성 화재 이후 2020년부터 시민들은 '제32군사령부호 보존 공개 모임'을 발족하면서 시민 차원의 보존 공개 활용 논의를 시작했다. 비록 세계유산인 슈리성은 화마로 사라졌지만 이를 계기로 지하에 자리한 제32군 사령부 지하호 공개와 활용 논의가 시작되었다니 아이러니한 일이기도 하다.

우시지마에 따르면, 제32군 사령부 지하호는 총 5개의 갱구가 있었는데, 세계유산인 슈리성(首里城) 지하에 자리하고 있다. 이 지하호는 당시 일본 전국의 주요 사령부 지하호 4개소(마쓰시로松代 대본영, 가나가와현 히요시다이日吉台 해군사령부 지하호, 오키나 쓰카야마津嘉山 사령부호, 제32군 사령부호) 가운데 가장 규모가 작다. 그러나 실제 사용한 장소이며 일본 국내 최대이자 최후의 지상전을 지휘한 장소라는 점에서 중요성이 있다.[73]

『제32군사령부호-보존·공개·활용을 생각한다』는 제32군 사령부 지하호가 어떤 과정을 통해 발굴과 시굴조사를 거쳤는지를 담은 책이다. 보존과 공개 활용의 방향에 대해서는 '오키나와 전쟁의 과오를 배우는 장'으로 제안에 그쳤다. 우시지마는 오키나와에 수학여행을 오는 전국의 고교생들이 이곳을 통해 오키나와전쟁을 이야기할 수 있도록 해야 한다고 제안했다.

(4) 오키나와육군병원 하에바루호(南風原壕)

요시하마 등 5명은 1990년(오키나와전 종결 45년) 오키나와육군병원 하에바루호의 설치 과정과 보존 및 활용 과정, 관련 경험자 구술을 담은 심층적인 연구 성과를 발표했다.[74]

하에바루호는 일본 전국 최초로 아태전쟁유적이 문화재로 지정된 사례이다. 이곳이 문화재로 지정되는 과정은 지역민들의 보존을 위한 노력에서

---

73 牛島貞満, 『第32軍司令部壕-その保存·公開·活用を考える』, 高文研, 2021, 140~141쪽
74 吉浜忍 外, 『沖縄陸軍病院南風原壕』, 高文研

출발했다. 1983년 4월 현립 하에바루고교에 부임한 요시하마는 11월에 열리는 교내 행사인 학원제(學園祭) 전시회에 병원 유적을 전시하고자 9월부터 학생들과 함께 현지 조사와 기념비 건립 준비, 전몰자 명부 조사 등을 실시했다. 그리고 학원제가 열리자 전시장에 지하호 현장의 입체모형과 기념비를 세우고, 여러 자료와 전시물을 통해 전시(戰時) 중 실태를 잘 보여주었다. 이 전시는 학급 차원의 전시회였으나 그 해 하에바루쵸(南風原町)의 '오키나와전재실태조사사업'으로 이어지면서 문화재 지정에 큰 영향을 미쳤다. 실태조사는 14년간 지속되었는데, 고교생과 여성, 청년 등 연인원 130명이 조사원으로 참여했고, 12권의 보고서를 냈다.

　문화재 지정 당시에 정부나 오키나와현에서는 전쟁유적을 문화재로 지정하는 기준이 없었으므로 신청 자체가 불가능했다. 그러나 하에바루쵸가 '오키나와전에 관한 유적'이라는 문구를 추가해 지정 기준을 개정해 법적 근거를 만듦으로써 문화재 지정이 가능하게 되었다. 이후 정부의 지정 기준 변경으로 1995년부터 전쟁유적이 지정 대상이 가능하게 되었다.

　하에바루 주민들이 문화재로 지정한 이유는 전쟁유적을 기록의 대상으로 삼기 위함이었다. 이들은 '전쟁의 비참함을 가르치는 살아 있는 증인이 있지만, 전쟁체험자가 현민(縣民)의 절반 이하로 줄어든 현재, 오키나와전쟁의 경험을 전달하는 것이 어려워져 지하호 외에는 전쟁의 참상을 알려줄 수 없으므로 호를 보존해야 한다'고 생각했다.

　하에바루쵸는 이후에도 오키나와전 전재(戰災)전수조사, 하에바루호병원 조사를 실시해 그 성과를 현민들과 공유했다. 그 과정에서 이곳을 보존 활용해야 한다는 목표를 명확히 하고 2007년 6월 18일 제20호 지하호를 공개했다. 원래 명칭은 하에바루호육군병원호였으나 2007년 6월 9일 하에바루쵸문화재보호위원회가 '오키나와육군병원하에바루호'로 개정했다. 요시하마 시노부 등이 출간한 책은 바로 하에바루쵸가 이곳을 영구히 보존, 공개, 활용해야 한다는 목표 아래 노력해 온 과정을 담은 상세한 보고서이다.

이 병원은 1944년 9월 3일 제2야전축성대(球10158) 제1중대가 중심이 되어 미군의 상륙에 대비해 조성한 구조물로서 지하에 조성한 높이 180cm, 깊이 90cm의 구조물이다. 병원 본부와 외과(제1외과)·내과(제2내과)용 지하호 30개, 전염병과(제3외과) 지하호 3개를 설치했다. 1945년 2월부터는 요새건축근무제7중대(球2775)가 3각 병사형 병원 10동, 진료실 2개 동과 부속시설의 건축작업도 개시했다. 공사에는 군에 소속된 군부(軍夫)나 소방대원 외에 오키나와사범학교 여자부·오키나와현 제1고등여학교 생도를 투입했는데, 이들은 현장 노천에서 합숙하면서 야간공사까지 해야 했다.

1945년 3월 23일 미군이 오키나와 본섬에 상륙하기 위해 공습을 시작하자 육군병원은 각 지하호로 분산 이동했는데, 공사가 미완성이어서 사용하지 못한 지하호가 대부분이었다. 현재 공개 중인 제20호는 제2외과의 중심적인 지하호(사무실, 근무자실, 환자 병동, 수술실)인데, 1945년 3월 상순~5월 하순까지 2개월간 사용한 곳이다. 이 외의 다른 지하호는 거의 미완성으로 위험한 상태에 놓여 있다.

하에바루호의 활용은 1993년 하에바루쵸가 설치한 '보존활용조사연구위원회'가 주도했다. 이 위원회는 병원 유적을 다른 전쟁유적과 비교해 객관적으로 볼 수 있는 조사에서 출발한 후, 이를 토대로 이념과 방침 만들기에 노력했다. 위원회는 하에바루쵸에 제출한 「하에바루육군병원지하호 보존 활용에 대한 답신서」를 통해 '지하호의 문화재로서 가치', '다음 세대로 향한 오키나와전 계승', '전몰자의 위령과 평화기념'을 기본 이념으로 설정하고, 기본방침으로 '점(개별 지하호)·선(지하호와 시하호를 연결)'과 '면(지하호들이 있는 黃金森)'을 시점으로 한 계획을 제시했다.

'보존활용조사연구위원회'의 답신서를 접수한 하에바루쵸는 1997년 '하에바루육군병원호 정비공개검토위원회'를 발족해 지하호 공개 준비에 나섰다. 이 위원회는 역사(吉浜 忍)·고고학(池田榮史)·토목(城間敏夫) 등 연구자와 교육위원회장, 문화재보호위원장 등으로 구성하고, 활동한 결과 2003년에 「정비·공개에 대한 답신서」를 제출했다. 답신서는 '배움의 장'과 '휴식의 장', '기도와 평화 창조의 장'을 기본방침으로, 공개가 가능한 지하호로 제20호를 결정했다. 이 결정에 따라 공개한 후 제20호를 다양하게 활용하고 있다.[75]

〈그림 29〉 하에바루육군병원호 제20호 지하호 모습(근거: 하에바루쵸가 운영하는 견학 안내 사이트. https://www.town.haebaru.lg.jp/docs/2013030100037/)

〈그림 30〉 하에바루 관광 가이드 홈페이지

(5) 히로시마육군피복지창 창고군

다카타 마코토(高田 眞)는 히로시마에 남은 최대급 피폭(被爆)건물인 구 히로시마육군피복지창(이하 피복지창) 창고군에 대해 도시의 근대화와 관계, 건

---

75 吉浜 忍 外, 『沖縄陸軍病院南風原壕』, 1쪽, 48~50쪽, 63쪽, 74~81쪽, 94~98쪽

축물의 특징, 전재의 흔적 등을 토대로 실태를 분석했다.

육군피복창은 1886년 도쿄에 본창(本廠)을, 1903년 오사카에 지창(支廠)을 설립한 후 1907년 히로시마에 지창을 설립했다. 히로시마 지창은 러일전쟁의 전투지역에서 돌아온 군복의 세탁수리공장의 필요성에서 1905년에 건설을 결정하고 1907년에 지창으로 승격했다. 지창으로 승격 후 군복이나 군화의 제조·수리·보관·공급이 업무 내용이었으므로, 봉제와 제화공장을 중심으로 가죽 가공장이나 비누·치약 제조소 등이 있었다. 또한 여공을 위해 탁아소를 설치했으므로 부지 범위가 넓었으며 창고의 규모가 많았다. 철근콘크리트 구조물에 붉은 벽돌과 목조 창고로 이루어졌다.

전쟁 말기에 공습이 빈번해지자 피복지창도 기계와 물자의 소개(疏開)를 위해 빈 벽돌 창고에 사무소 기능을 옮겼다. 1945년 8월 6일 히로시마 피폭 당시에는 고온의 폭풍이 불어 목조건물이 무너지면서 사상자가 발생했고, 대량의 부상자를 벽돌 창고로 옮겼으나 그대로 절명했으므로 건물 내 사망자 규모로는 피폭을 당한 건물 중 최대였다고 알려져 있다.

일본 패전 후 벽돌 창고 중 건재한 건물은 다양한 용도로 활용했다. 1946년에 히로시마 제1고등여학교나 히로시마 고등상업학교가 사용했고, 1952년에는 4개 동 가운데 3개 동을 정부로부터 현으로 이관해 현립공업학교가 사용했으나 사용에 어려움이 있어서 1956년에 현에서 일본통운에 대여해주었다. 정부 소유였던 1개 동은 히로시마대학의 학생기숙사로 사용했다. 이후 현이 소유한 3개 동은 1993년에, 정부 소유의 1개 동은 1995년에 각각 사용을 정지해 현재에 이르고 있다.

구 히로시마육군피복지창 창고군은 정부와 현이 각각 소유하고 있어서 개발 압력을 피할 수 있었으므로 피폭 당시 모습을 그대로 남긴 상태에서 보존 활용의 모색과 단념을 반복할 수 있었다. 보존을 위한 움직임은 세

가지였다.

첫째는 1995년에 창고를 일본통운으로부터 반환받았을 때이다. 당시 세토나이해(瀬戶內海) 문화박물관 만들기라는 움직임이 있었으므로 현에서도 1997년부터 박물관 조성을 구상했으나 재정 악화로 그 해에 중단했다.

두 번째는 2000년경으로 에르미타쥬미술관 분관 유치를 구상했던 일이다.

세 번째는 2017년 현이 실시한 건물조사를 이후의 흐름이다. 현은 1996년에도 건물조사를 실시했는데, 벽돌의 내진성을 기대하기 어렵고 개수(改修) 과정에서 많은 예산이 필요했다. 2017년 조사는 20년이 지나서 실시한 재조사였으나 예산 등의 이유로 내진을 위한 개수를 단념하고 해체론으로 기울어져 2019년에 현이 소유하는 3개 동 가운데 2개 동을 해체하고 1개 동은 최소한의 보수를 하기로 했다. 2020년에 해체 대상인 2개 동의 해체를 실시하기로 했으나 히로시마시가 전체 3개 동 보존을 요망하는 성명을 발표하고 직후에 실시한 현의 퍼블릭코멘트에서도 해체반대의견이 나와 2020년 1월 해체 결정이 보류되고 4월에 피복지창 창고를 담당하는 부서가 설치되었다.

2020년 3월 히로시마현은 피복지창의 귀중한 유구인 벽돌담을 해체했다. 그런데 벽돌담 해체 과정에서 벽돌 내부의 강도가 높다는 것을 알게 되어 9월 유식자회의를 설치해 재조사를 했다. 그 결과 벽돌의 내구성과 내진성이 매우 높아 개수 비용이 반감된다는 사실을 파악하게 되었다. 2021년 5월 현은 해체 방침을 철회하고 현이 소유한 3개 동 전체에 대한 내진화 방침을 확정해 2023년에 공사를 착공했다. 정부가 소유 중인 1개 동은 미정이지만 언론보도에 따르면, 현과 보조를 같이할 것으로 보인다.[76]

---

76 高田 眞,「近代化と戰災の記憶を殘す-舊廣島陸軍被服支廠をめぐって」,『大日本帝國期の建築物が語る近代史』, 230~238쪽

2023년 8월 20일 아사히신문은 히로시마시민들의 '평화미술관 만들기 운동'을 소개했다. 운동을 주도하는 시민들은 히로시마가 '원폭의 지도'로만 남는 것을 우려하고, 피복지창이 '중국 대륙 등 침략의 거점이었던 히로시마의 어두운 역사를 현재에 전해 주는 귀중한 건축물'이므로 '역사와 평화를 전하는 장소'가 되기를 바라는 마음에서 '평화미술관 만들기' 서명 집회를 계속하고 있다.[77]

(6) 유네스코 산업유산으로 남은 후쿠오카현 미쓰이미이케(三井三池) 탄광

후쿠오카(福岡)현 오무타(大牟田)에 있는 미쓰이(三井)금속광산㈜ 소속 미이케(三池) 탄광 유적은 2015년 일본의 유네스코 산업유산인 '메이지[明治] 일본의 산업혁명유산, 제철·제강·조선·석탄산업(일명 메이지 일본의 산업혁명유산)' 등재 시설지의 하나이다. 미이케 탄광은 오무타시 전역에 7개 광산(大浦, 七浦, 宮浦, 勝立, 万田, 四山, 三川)을 운영했는데, 이 탄광의 갱 가운데 일부는 국가지정문화재이다.

미쓰이미이케 탄광이 세계유산으로 등재되는 과정이나 탄광 자체가 갖는 세계유산으로서의 특성, '탄광도시(炭都)'의 활용이라는 점에서 의미 등을 분석한 연구는 많다.[78] 그러나 탄광유적의 활용에 대한 고민은 찾기 어렵다.

오무타시에는 미쓰이미이케 탄광 외에 미쓰이화학㈜가 운영했던 군수공장 3개소, 전기화학공업㈜가 운영했던 군수공장 1개소, 토목공사장(화력발전

---

77 https://www.asahi.com/articles/ASR8K5WW1R8KPTIL002.html?fbclid=IwAR3IMA-HAevmOGORdi0RRWb93Rk79GUZwp5RFYhk4klnUgzRgFepwWcE8NTQ
78 木村至聖, 『産業遺産の記憶と表象』, 京都大學學術出版會, 225~226쪽

소) 1개소, 운수항만 작업장 1개소, 미이케 탄광 소속 제련소 등 총 8개소의 아시아태평양전쟁 유적이 있다. 이 가운데 군수공장은 현재도 가동 중이므로, 폐광된 미쓰이미이케 탄광 소속 갱들만 장소 콘텐츠로 조성되었다.

미쓰이미이케 탄광 소속 미야우라(宮浦)갱 유적은 미야우라석탄기념공원으로 남아 있다. 미야우라갱은 1888년~1968년간 4천만 톤의 석탄을 채굴한 미이케 탄광의 주력 갱이다. 탄광의 70%는 다른 공장지대로 재개발되었고, 갱구가 있었던 일부만 공원으로 조성했는데, 1998년에 국가등록문화재로 지정된 굴뚝이 한 개 남아 있다. 2000년에 오무타시가 공유화했고 2002년부터 보존정비사업의 일환으로 야구라(竪坑櫓, 입식갱도시설)를 교체했다.

만다(万田)갱은 오무타와 구마모토(熊本)현 아라오(荒尾)시에 걸쳐 있는데, 현재 국가중요문화재이다. 2006년 11월에 이 지역 탄광 시설을 근대화산업유산군으로 세계문화유산에 지정하자는 운동이 시작되면서 탄광 시설물은 시민들의 호응과 각광을 받게 되었다. 만다갱은 2015년 7월 세계유산에 등재되었다. 현재 시민들 차원에서 만든 '오무타-아라오 탄광촌 팬클럽'이 '만다갱 시민축제 이벤트'를 비롯한 각종 이벤트를 운영하면서 시민 참여도와 시설물 활용도를 높이고 있다.

그러나 이러한 장소 활용은 미쓰이미이케 탄광의 역사를 오롯이 시민들에게 알리고 공유하려는 방향과는 거리가 있다. 미이케 탄광은 1469년에 석탄 존재를 확인한 후 1721년에 석탄 채굴(관영)을 시작했는데 1889년부터 미쓰이 재벌이 경영을 맡았다. 미쓰이 재벌이 인수한 후 수송 시설을 근대화해 당시 일본 최대의 탄광으로 성장했으나 대표적인 인권침해의 장소라는 역사를 기록했다. 그 이유는 죄수 노동의 상징이기 때문이다.

일본의 탄광과 광산 개발 역사는 죄수(수인)노동에서 출발했다. 일본에서 가장 먼저 채탄을 시작한 미쓰이미이케 탄광은 대표적인 죄수(수인)노동 현장이었다. 1883년부터 탄광 측은 현장에 집치감(集治監)이라는 감옥을 설치하고 탈주를 방지하기 위해 죄수의 발에 족쇄를 채우고 옷을 벗긴 채 투입했다. 미이케 탄광에서 시작한 죄수노동은 인근 다른 탄광에 널리 퍼졌다. 그 후 일반 노동자로 전환했으나 탄부에 대한 인식과 대우는 달라지지 않았다. 죄수 대신 투입한 탄부는 조선인이나 일본 최하층민이었다.

미야우라(宮浦)갱 자리에 세운 석탄기념공원의 석탄·역사박물관에는 '수인(포로) 노동'이라는 주제의 전시공간이 마련되어 있고, 오무타시에는 집치감의 흔적이 남아 있다.

〈그림 31〉 현재 남은 집치감(集治監, 감옥)의 벽(2020년 2월 촬영)

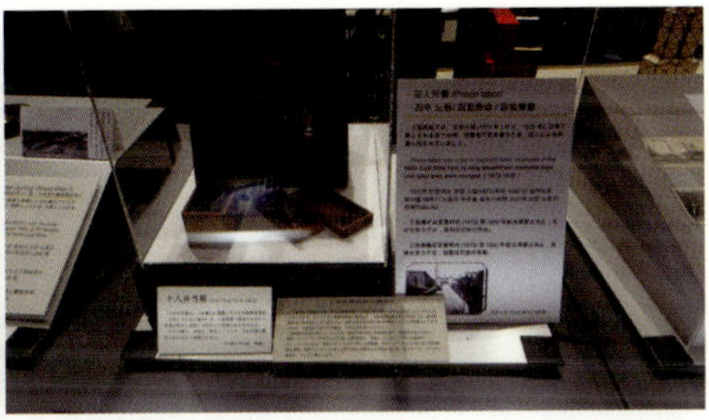

〈그림 32〉 미야우라석탄기념공원의 미이케 탄광 수인 노동 전시물(2020년 2월 촬영)

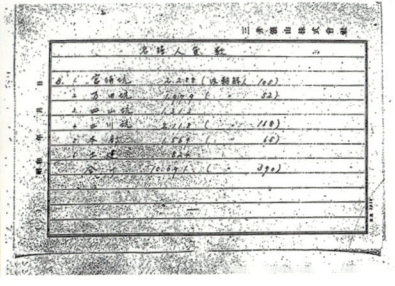

〈그림 33〉 미쓰이미이케탄광에 동원된 수원 출신 노무자들의 모습(국무총리 소속 대일항쟁기강제동원피해조사 및 국외강제동원희생자등 지원 위원회, 『조각난 그날의 기억』, 2012)

〈그림 34〉 미쓰이미이케탄광이 동원한 「인원수」(국가기록원 소장 『일제하피징용자명부』2, 127쪽)

미쓰이미이케 탄광은 일제 말기에 최소 3,235명(『일제하피징용자명부』 수록 인원, 중복 인원 제외)의 조선인을, 연합군 포로와 중국인 포로를 각각 1,737명과 3,354명을 동원한 곳으로 알려져 있다.[79] 이러한 역사성을 토대로 한 활용의 방향을 고민할 필요가 있다.

(7) 기타 사례

나가노현의 마쓰시로(松代)대본영이나 고베(兵庫)의 다카라즈카(寶塚)지하공장, 나라(奈良) 덴리시(天理市)의 야나기모토(柳本) 비행장, 오사카의 다카쓰키(高槻) 다치소, 도쿄 아사카와(淺川)에 건설한 나카지마(中島)비행기 지하공장 등 군 작업장과 지하공장 등 지역별 전쟁유적 가이드북이 있다. 얇은 책이지만 문헌자료와 구술자료를 통해 실증적으로 해당 전쟁유적의 역사와 강제동원 실태 등을 담고 있다.

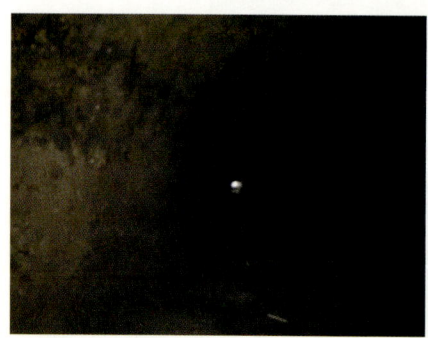

〈그림 35〉 다치소 터널(2015년 8월 촬영)

〈그림 36〉 강제동원 사실을 명기한 다카스키의 다치소 표지판(2015년 8월 촬영)

---

79 연합군과 중국인 포로에 대한 자료는 POW Research Network Japan(http://www.powresearch.jp)

〈그림 37〉 도쿄 아사카와 지하공장 내부(2013년 3월 촬영)

〈그림 38〉 야나기모토 비행장 방공호(『강제동원 구술기록집 6-수족만 멀쩡하면 막 가는거야』, 193쪽)

〈그림 39〉 마쓰시로 대본영 입구 (2002년 6월 촬영)

『계속 이야기하는 교토의 전쟁과 평화』는 전쟁유적을 중심으로 노무동원 현장별·주요 사건별로 역사와 활용 현황을 정리한 책이다. 시기적으로는 메이지 이후 아태전쟁기까지 구축된 전쟁유적을, 주제별로는 전시기(戰時期)의 저항 및 반전평화운동, 패전 후 교토부 마이즈루(舞鶴)에서 발생한 우키시마호(浮島丸)[80] 사건이나 시베리아 포로 귀환 관련 유적 등을 담았다.[81] 이 책의 의미는 교토시민의 시각에서 평화를 지향하며 과거 교토에

---

80 조선인 군무원·노무자와 가족 일행을 태우고 1945년 8월 22일 부산항을 향해 아오모리(靑森)현 오미나토(大湊)항을 출발한 후 24일에 마이즈루(舞鶴)항 앞바다에서 침몰한 사건으로 현재까지 침몰 원인은 물론 피해자 규모조차 파악하지 못하고 있다. 사건 발생 직후 일본은 신속히 조선인 승선 규모를 3,735명(일본 해군 255명), 폭발 원인은 미군 기뢰에 의한 촉뢰, 조선인 사망자는 524명(일본 해군 25명)이라고 공식 발표했다. 이 입장은 이후 변하지 않았다. 이에 대해 한국 유족들은 승선 규모를 6천~8천 명까지, 폭발 원인은 일본의 고의적인 폭침, 사망자는 3000명 이상으로 주장하고 있다. 그러나 모두 기억과 회상에 의존할 뿐이다. 그간 일본 정부가 공식 발표에서 근거로 들었던 '편승자 명부'의 존재 여부를 확인할 수 없었으므로 승선 및 피해 규모 확인이 어려운 상황이었다. 2024년 말 한국 정부는 일본 정부가 소장한 편승자 명부를 입수했으나 승선 및 피해 규모에서 기존 일본 정부의 주장과 차이는 없다.

81 戰爭遺跡に平和を學ぶ京都の會 編, 『語りつぐ京都の戰爭と平和』, つむぎ出版, 2010

서 일어난 전쟁의 역사를 성찰하고 반전평화의 방법을 모색한다는 점이다.

조선인 강제동원 유적으로 국한해보면, 다케우치 야스토(竹內康人)가 발간한 『전시조선인강제노동조사자료집』(고베학생청년센터 출판부)[82]은 조선인 작업장 현황을 알 수 있는 도구서이다. 이 자료집은 일본 각지의 진상조사단이 조사자료집으로 출간한 정보 등 다양한 조선인 강제동원 관련 자료에서 조선인 강제동원 현장을 추출한 목록집인데, 선정 기준 등이 명확하지 않은 등 오류를 포함하고 있다.[83]

주요 조선인 강제동원 현장을 정리한 허광무의 단행본은 나가사키에서 홋카이도까지 직접 조사한 지역의 대표적인 강제동원 유적의 역사와 현재 활용 현황을 담은 대중서이다.[84]

(8) 망각당한 근대 – 오키나와의 '제국기' 건축물

오키나와전쟁으로 사라진 근대건축물을 주제로 한 연구 성과를 살펴보는 것은 전쟁유적 이해에 도움이 된다. 관련 연구로는 가미쯔루의 연구가 있다. 2013년부터 오키나와 건축물 조사를 통해 '소실(消失)'이라는 관점에서 '망각당한 근대'와 '건축물의 비존재의 의미'를 분석한 글이다. 가미쯔루는 '근대화'를 '1872년 이후 일본의 오키나와 통치 과정에서 근대화라는 이름 아래 류쿠(琉球)에 사는 사람들을 일본 본토나 대만·조선 등의 외지(外地) 사이에 자리매김하고, 일본 국민으로서 언어 등의 문화를 강제하고, 본토와 다른 정치제도를 도입하면서 독자적인 문화의 상실·황민화 강요 등 부

---

82 2007년에 나온 후 2015년에 증보판이 나왔다.
83 탄광산이나 군수공장을 운영한 기업 가운데 여러 차례 합병과 회사명 변경을 거친 기업이 적지 않은데, 이를 확인하지 않아서 동일한 기업 소속 작업장을 중복 기재하거나 기업명을 다른 이름으로 기재한 경우가 20% 이상을 차지하고 있다.
84 허광무, 『일본지역 강제동원현장을 가다』, 도서출판 선인, 2019

정적인 측면을 포함한 존재 양식'이라 지칭했다.

그는 일본 당국이 실시한 '근대화'가 류쿠인들의 의지와 무관한 것이었고, 그 결과 일본의 군사화 속에서 오키나와전쟁을 경험해야 했으며, 전쟁 중에 많은 건축물이 소실되었다는 점에서 '망각당한 근대'와 '제국기 건축물의 비존재'는 오키나와에 대한 일본의 통치 인식 형성에 중요한 의미가 있다고 보고, '망각당한 측의 존재'에 주목했다.[85]

오키나와는 1872년 일본이 류쿠 왕국을 점령하고 오키나와로 삼은 후 통치 과정에서 많은 건축물을 세웠으나 현재 남은 '제국기(류쿠처분 이후 아태전쟁까지)' 건축물은 나하시에 남은 3개소(오키나와사범학교 문기둥, 泊소학교 교사, 제32군사령부호 도치카)에 불과하다. 모두 건물의 일부인데, 문화재는 아니다. 그 외 흔적이 남아 있어 문헌기록으로 확인한 곳은 오키나와 현영철도 나하역에 있었던 전차대(나하시 버스터미널 부근), 나하역소(那覇役所) 자리 정도이다. 그러나 2014년 통계에 따르면, 오키나와의 북쪽이나 작은 섬에는 제국기 '근대화'에 관한 건조물로서 국보나 중요문화재, 등록문화재가 존재한다.

이같이 나하에서 '제국기' 건축물이 희소한 이유는 오키나와전쟁 당시 공습 때문이다. 1944년 10월 10일 공습으로 나하시 전 지역의 90%가 소실되었다. 나하 외 지역에 남은 건축물도 관청이나 병원, 은행 등 '근대화'에 깊은 관계를 가진 건축물이 아니라 당시 오키나와의 개발을 담당했던 회사 관련 건축물이 많은 것이 특징이다.[86]

85　上水流久彦, 「沖繩の近代の語られ方-沖繩戰で消えた建築物」, 『大日本帝國期の建築物が語る近代史』, 205쪽, 214~215쪽
86　上水流久彦, 「沖繩の近代の語られ方-沖繩戰で消えた建築物」, 206~208쪽

(9) 교육과 작품을 통한 활용 연구

① 교육을 통한 활용

그 외 활용 방법과 관련한 연구는 교육을 통한 활용과 그림 등 작품을 통한 활용이 있다. 교육을 통한 활용 연구는 (사)전쟁유적보존전국네트워크 발간물에 상세히 나와 있다. 그 외 지역 사례조사로는 가나에 조타로(鼎丈太郞)의 연구가 있다. 구체적인 교육 방법을 제시하지는 않았으나 지역 사례를 통해 아태전쟁유적을 통한 교육의 필요성을 강조했다.[87]

『제32군사령부호 - 보존·공개·활용을 생각한다』의 저자인 우시지마는 이 책이 제32군 사령부 지하호의 발굴과 시굴조사에 대한 중간 보고서의 성격을 가지고 있다고 밝혔다. 그러나 이 책의 압권은 제32군사령관의 손자인 저자가 2004년부터 학생들을 대상으로 한 평화수업의 내용을 상세히 기술한 점이다. '우시지마 미쯔루와 오키나와전쟁'이라는 제목의 수업은 도쿄와 오키나와에서 초등학생부터 고등학생에 이르는 학생을 대상으로 진행하고 있는데, 총 7가지 관점에서 이루어지고 있다.

우시지마는 자신의 조부인 사령관과 또 다른 인물(아무런 결정권도 없고, 그저 역사의 흐름에 농락당한 0세의 여자아이)을 설정해 전쟁의 단계별로 학생들이 평가하고 생각하도록 했다. 이를 위해 지도는 물론, 피해자의 구술이나 함포탄의 파편 실물 등 다양한 자료를 활용한다. 이러한 수업을 통해 학생들 스스로 오키나와 전쟁에 대해 평가하고, 피해자성을 공유하도록 하는 수업이다. 또한 우시지마는 오키나와가 일본 고등학생들의 대표적인 수학여행지라는 점을 감안해, 현장에서 생생한 평화교육이 이루어져야 한다는 점을 강조했다.[88]

---

87 鼎 丈太郞, 「근대유적을 통한 향토교육」, 『평화연구』29-1, 2019, 27~35쪽
88 牛島貞滿, 『第32軍司令部壕-その保存·公開·活用を考える』, 17~34쪽

② 그림을 통한 활용

기타하라 메구미(北原惠)와 오카무라 유키노리(岡村幸宣)의 연구는 오키나와전과 관련한 그림 작품(체험화)을 통해 전쟁을 보는 주민의 시선에 주목한 글이다.

기타하라는 시민들이 그린 원폭, 오키나와전, 공습체험자의 그림을 통해 체험화의 표상 연구 방향을 제시했다.

오카무라는 비체험자인 마루키(丸木) 부부가 그린 원폭도를 통해 그림으로 그려진 전쟁의 기억이 갖는 의미를 분석했다. 원폭도는 1950년 1월 제1부를 시작으로 30년 넘는 기간 동안 완성한 15부 연작의 작품으로써 마루키 이리(丸木位里)의 어머니의 기억을 토대로 남긴 작품이다. 이 원폭도는 개인적 체험이 아닌 타자의 기억을 그렸다는 점으로 인해 다양한 논쟁의 대상이 되어 왔다. 오카무라는 원폭도가 1950년대 중반부터 10년에 걸쳐 세계 20개국에서 순회하는 기회를 통해 마루키 부부가 국경과 민족의 경계를 넘어 전쟁과 폭력의 본질을 생각하고 이를 이후 작품에 반영해 나갔다는 점에 의미를 두었다.[89]

---

89 北原惠, 「전쟁 '체험'을 그리다 – 오키나와·히로시마·공습의 기억」, 『평화연구』 29-1, 105~124쪽; 岡村幸宣, 「마루키 이리(丸木位里), 마루키 토시(丸木俊)의 '원폭도'와 전쟁의 '기억'을 둘러싼 문제」, 『평화연구』 29-1, 145~153쪽

3. 한반도에 남은 일제 전쟁유적이란
: 현황과 특징

    국내의 일제 전쟁유적에 대해서는 구 강제동원위원회, 국가유산청(구 문화재청), 지자체, 박물관, 문화원, 언론사, 민간 연구소 등이 일부 군사유적을 대상으로 발간한 보고서와 자료집·구술집이 있다. 개인 차원의 현지조사 결과도 찾을 수 있다. 일부이지만 식민통치유적이나 기타 유적의 현장을 포함한 연구 성과도 있다. 최근 학계에서 일제 전쟁유적에 대한 관심이 일어나면서 나타난 결과이다. 주요 목록(연도별)은 다음과 같다.

    충북 영동군, 『매천리 토굴현황 조사결과 보고』, 1998
    사단법인 제주도동굴연구소, 『동굴연구-제주도의 전쟁유적』3, 2004
    국무총리 소속 일제강점하 강제동원피해진상규명위원회, 『거문도 군사시설
       구축을 위한 주민 강제동원에 관한 조사』, 2006
    국무총리 소속 일제강점하 강제동원피해진상규명위원회, 『제주도 군사시설
       구축을 위한 노무·병력동원에 관한 조사』, 2007
    조성윤·지영임·허호준, 『빼앗긴 시대 빼앗긴 시절』, 도서출판 선인, 2007
    국무총리 소속 일제강점하 강제동원피해진상규명위원회, 『일제시기 조선 내
       군사시설 조사 – 전남 서남해안 일대 군인동원을 중심으로』, 2008
    제주대학교 탐라문화연구소·한라일보사, 『일제하 제주도 주둔 일본군 군사유
       적지 현장조사보고서1』, 제주대학교 탐라문화연구소, 2008

조성윤 편, 『일제말기 제주도의 일본군 연구』, 보고사, 2008
국무총리 소속 일제강점하 강제동원피해진상규명위원회, 『일하지 않는 자는 황국신민이 아니다-제주도 군사시설구축에 동원된 민중의 기억』8, 2008
국무총리 소속 대일항쟁기 강제동원피해조사 및 국외 강제동원 희생자 등 지원위원회, 『전라남도 해남 옥매광산 노무자들의 강제동원 및 피해실태 기초조사보고서』, 2012
부산광역시, 『부산시민공원 역사관 연구총서Ⅱ-일본 방위성 소장 부산 주둔 일본군 자료집』, 2013
부산광역시, 『부산시민공원 역사관 연구총서Ⅲ-일본 방위성 소장 일본군용지 설계 자료집』, 2013
문화재청, 『태평양전쟁유적(부산·경남·전남지역)일제조사 연구용역 보고서』, 2013
한만송, 『캠프마켓: 아픈 희망의 역사 부평미군기지를 말하다』, 봉구네책방, 2013
문화재청, 『태평양전쟁유적(대구·경북·충북지역)일제조사 연구용역 보고서』, 2014
이완희, 『한반도는 일제의 군사요새였다』, 나남, 2014
정혜경, 『우리 마을 속의 아시아태평양전쟁유적: 광주광역시』, 도서출판 선인, 2014
광주학생운동기념회관, 『일제강점기 동굴 추정시설물 연구조사 결과보고서』, 2015
임시수도기념관, 『학술연구총서-캠프 하야리아』, 2015
부평역사박물관, 『부평역사박물관 학술총서3-미쓰비시를 품은 여백 사택마을 부평삼릉』, 2016
문화재청, 『태평양전쟁유적 일제조사 종합분석 연구보고서』, 2016
서울역사편찬원, 『경성부 건축도면 자료집』, 2018
정혜경, 『우리 지역의 아시아태평양전쟁유적 활용 - 방안과 사례』, 도서출판 선인, 2018
김현석, 『우리 마을 속의 아시아태평양전쟁유적: 인천광역시 부평구』, 도서출판 선인, 2019
신주백·김천수, 『사진과 지도, 도면으로 본 용산기지의 역사1(1906~1945)』, 2019
신주백·김천수, 『사진과 지도, 도면으로 본 용산기지의 역사2(1945~1949)』, 2019

국사편찬위원회, 『일제의 강제동원과 인천육군조병창 사람들』, 2020

김현석, 『우리 마을 속의 아시아태평양전쟁유적: 인천광역시 동구』, 도서출판 선인, 2020

부평문화원, 『장고개길을 따라서 - 부평3보급단 지역 콘텐츠 조사사업』, 2021

부평역사박물관, 『도쿄제강 사택에 담긴 부평의 시간』, 2021

신주백·김천수, 『사진과 지도, 도면으로 본 용산기지의 역사3(1950~1953)』, 2021

인천광역시립박물관, 『인천광역시립박물관 조사보고 34집-미군기지 캠프마켓과 인천육군조병창 유적』, 2021

인천광역시립박물관, 『인천광역시립박물관 조사보고 34집 별책 - 캠프마켓 1단계 반환구역 건축도면 해제집』, 2021

부평역사박물관, 『부평역사박물관 학술총서10 - 부평영단주택1(학술편)』, 2022

부평역사박물관, 『부평역사박물관 학술총서10 - 부평영단주택2(자료편)』, 2022

김윤미, 『부산·경남지역 일제 침략 전쟁의 기억과 흔적』, 동북아역사재단, 2023

김천수, 『우리가 몰랐던 용산기지 일제침탈사』, 동북아역사재단, 2023

허광무, 『부평, 조선 병참의 별이 되다』, 동북아역사재단, 2023

인천광역시, 『캠프마켓 관련 기록물 수집 및 구술채록사업』, 2004

그러나 여전히 국내의 일제 전쟁유적에 대한 사회적 관심은 미미하며 정부 차원의 전수조사 실시 사례도 없다. 그러므로 국내 일제 전쟁유적 전체 현황을 알 수 있는 공식 자료는 없다. 구 강제동원위원회『활동결과보고서』가 수록한 조선인 동원 관련 노무자 동원 작업장 목록(2016.12월말 기준)이 유일하지만 통계에 불과하다.[90]

그러한 상황에서도 군사유적에 대한 연구 성과는 계속 축적되고 있다.

---

90 국무총리 소속 대일항쟁기 강제동원 피해조사 및 국외강제동원 희생자 등 지원위원회, 『활동결과보고서』, 141쪽

지역별로 구분해보면, 군사유적이 남아 있는 제주도, 부산, 광주·전남, 인천 부평의 인천육군조병창 관련 연구 성과 등이다. 시기적으로는 제주도가 가장 이른 시기부터 연구 성과를 냈다. 제주도가 가장 이른 시기에 군사유적에 관심을 기울이게 된 것은 오랫동안 많은 성과를 낸 제주4.3사건 조사의 역량이 2000년대 초반부터 군사유적으로 이어졌기 때문이다.

제주도의 군사유적은 2002년 6월 제주4.3연구소가 주관한 제주문화역사교실의 강좌 프로그램에 첫선을 보인 후 2004년 기본 현황이 알려졌다. (사)제주도동굴연구소가 광복 59주년 특집으로 발간한 『동굴연구』제3호에 제주도의 전쟁유적을 수록하면서 기본 현황을 정리했기 때문이다. 2006년 제주대 탐라문화연구소와 한라일보사가 주최한 국제세미나는 두 기관이 실시한 조사를 통해 제주도동굴연구소의 조사결과를 실증적으로 뒷받침한 성과였다. 이 세미나 자료집은 2008년 『일제하 제주도 주둔 일본군 군사유적지 현장조사보고서1』로 출간되었다.[91]

제주도의 군사유적 조사 및 연구를 전국 단위로 확산한 것은 구 강제동원위원회의 진상조사 및 직권조사 보고서였다. 구 강제동원위원회의 조사보고서는 피해자를 중심으로 장소성에 주목한 결과였다. 지역별로도 제주도의 군사유적을 구축하기 위해 경상남북, 충북, 전남 등지의 광부들을 동원했음을 밝히거나 군사유적 외에 해남 옥매광산과 같이 생산관계 유적으로 범위를 넓혔다. 이러한 구 강제동원위원회의 조사보고서 출간 이후 전국의 군사유적을 대상으로 한 개인 연구자의 연구 성과가 나오기 시작했다. 개인 연구자의 주요 연구 성과는 다음과 같다.

---

91 제주4.3연구소, 『제9회 제주문화역사교실 - 유적으로 읽는 제주역사』(2002년 6월 30일 ~ 7월 28일 강좌 자료집); 제주대학교 탐라문화연구소·한라일보사, 『학술세미나 - 일제말기 제주도와 일본군 전쟁유적지』(2006년 2월 28일, 학술세미나 자료집)

신주백, 「1945년도 한반도 남서해안에서의 '본토결전' 준비와 부산·여수의 일본군 시설지」, 『군사』70, 2009

김윤미, 「일제시기 일본군의 대륙침략 전쟁과 부산의 군사기지화」, 부경대학교 사학과 대학원 박사학위논문, 2015

조건, 「전시 총동원체제기 조선 주둔 일본군의 조선인 통제와 동원」, 동국대학교 사학과 대학원 박사학위논문, 2015

김윤미, 「일본군의 군사수송과 한반도 해안요새」, 『역사와 실학』59, 2016

이상의, 「아시아태평양전쟁기 일제의 인천조병창 운영과 조선인 학생동원」, 『인천학연구』25, 2016

정혜경, 「국내 소재 아시아태평양전쟁 유적 활용 방안」, 『한일민족문제연구』 33, 2017

정혜경, 「일제말기 제주도 군사시설공사에 전환배치된 조선인 광부의 경험세계-한반도 내 강제동원 피해에 대한 인식과 배경을 중심으로」, 『한일민족문제연구』35, 2018

조건, 「일제말기 조선 주둔 일본군의 대전 주둔과 군사령부 이전계획」, 『역사와 담론』92, 2019

조건, 「일제 말기 仁川陸軍造兵廠의 地下化와 강제동원 피해」, 『한국근현대사연구』98, 2021

조건, 「아시아태평양전쟁기 일본군의 광주·전남지역 군사시설 건설과 전쟁유적의 성격」, 『한국근현대사연구』103, 2022

조건, 「아시아태평양전쟁기 일본군의 한반도 내 항공기지 건설과 의미」, 『한국근현대사연구』104, 2023

조건, 『'영예'로운 패전 - 일제 침략군의 한반도 전쟁기지화와 상처받지 않은 패전』, 도서출판 선인, 2023

長谷川 曾乃江, 「戰爭遺跡 仙甘學園跡」, 『中央大學政策文化總合研究所年報』27, 2024

초기의 연구가 시설지의 설치 배경 등 시설지 자체의 역사성을 파악하는 연구라면, 최근에는 전쟁유적이라는 관점을 드러낸 연구 성과를 찾을 수 있다. 조건의 2023년 연구는 일제 전쟁유적 가운데 군사유적의 세부 분류를 제시한 연구이며, 하세가와 소노에 연구는 경기도 안산시에 있는 선감학원을 '전쟁유적'이라는 전제 아래 역사성을 추적한 연구이다. 그간 선감학원에 대해서는 전쟁유적이 아닌 일제시기와 현대사에 걸친 수용시설로 인식하고 있었고, 관련 연구논문은 찾을 수 없었다. 정혜경 조사자료에는 생산관계유적에 포함하고 있다.

활용에 관한 연구는 정혜경 연구가 유일하다. 정혜경은 국내 일제 전쟁유적의 활용 방안 연구를 2017년과 2018년에 발표했다.[92]

1) 일본의 아시아태평양전쟁유적과 한반도

구 강제동원위원회『활동결과보고서』수록 목록은 일제 전쟁유적 전수조사결과가 아니고 생산관계유적(노무동원)의 일부이다. 동원지역별 노무동원 작업장 현황을 보면, 한반도 7,467개소, 일본 4,119개소, 중국과 만주 316개소, 중서부태평양 112개소, 남사할린 77개소, 동남아 4개소 등 총 12,095개소에 이른다. 이 가운데 가장 많은 지역은 한반도이다.

한반도가 다수의 노무동원 작업 현장을 남기게 된 이유는 아태전쟁기에 식민지 조선이 감당해야 했던 역할 때문이다. 1938년 4월 제정한 국가총동원법과 후속 법령에 따라 한반도는 물자와 인력, 자금을 제공하는 역할을 수행했다. 일본이 아태전쟁을 치르기 위해 제국 영역의 민중과 물자, 자금을 동원하는 국가총동원체제를 운영했기 때문이다.

국가총동원체제는 일본이 아태전쟁을 일으키기 이전부터 수립했다. 제1차 세계대전 후 일본은 총력전 체제 운영에 필요한 국가적 과제로 국민동원과 군수생산능력의 질적 양적 충실화를 동시에 높이는 정책을 채택했다. 이를 위해 1918년 물자동원 관련법(4.17 군수공업동원법 제정. 조선과 대만에 적

---

[92] 정혜경, 「국내 소재 아시아태평양전쟁 유적 활용 방안」, 『한일민족문제연구』33, 2017; 정혜경, 『우리 지역의 아시아태평양전쟁유적 활용-방안과 사례』, 도서출판 선인, 2018

용)을 제정하고, 1937년 중일전쟁 개전 후에는 물자동원 제도를 정비해 국가총동원법안준비위원회를 설치했으며(1937.11), 1938년 1월 최초의 물자동원계획을 수립했다.

당국은 이 정책을 조선에도 적용해 1930년부터 조선총독부 차원의 제도를 수립하고 운용했다. 1938년에 제정한 국가총동원법에 동원해야 할 물자의 종류를 규정했고, 당국이 수립한 생산력확충계획 등에 따라 매년 한반도에 물자공출 대상 품목과 규모를 부과했다.[93] 그리고 공출 품목과 규모를 조달하기 위해 연인원 6,508,802명(일본 정부 추산)의 노무자를 동원했다.[94]

〈표 2〉 한반도에 부과한 물자동원 내역

근거	내용
국가총동원법 (1938.4.공포) 총동원 물자 법조문	① 군용물자(병기·함정·탄약 기타) ② 피복·식량·음료·사료(飼料) ③ 위생용물자: 의료품·의료기계기구 등 ④ 운수용 물자: 선박·항공기·차륜(車輪) 등 ⑤ 통신용 물자 ⑥ 토목건축용 물자 ⑦ 조명용 물자 ⑧ 연료 및 전력
제1차 생산력확충계획 (1938~1941년)	○조선의 광물자원(일본에서 거의 생산되지 않는 철광석과 특수광물 등의 군수자원)획득에 주목 • 조선총독부 식산국(광산과·수산과·상공과), 농림국(농무과·축산과·임업과) 담당 ○조선의 생산력확충계획의 주된 산업은 경금속, 비철금속 등의 금속공업과 철강이라 분류된 광공업, 석탄, 철도차량, 전력, 석유 및 대용품 산업
제2차 생산력확충계획 (1942~1943년)	○1941년 7월 이후 선박 부족으로 인한 선박 수송력이 물자동원계획의 큰 틀을 결정했고, 배선(配船) 계획화도 동시에 검토했으나 1942.10 물동계획 실행이 선박부족으로 차질을 빚자 육상수송에 주력해 대륙물자의 중계수송, 조선철도를 이용한 육송 등으로 계획을 수정 ○조선은 생산확충 품목의 22%를 담당

---

93 일본은 이미 아태전쟁 직전인 1930년 6월에 '조선자원조사위원회 규정'을 만들고 250여 개 품목을 대상으로 생산액 등을 조사했다. 1937년 중일전쟁 후부터는 물자를 통제하고 전쟁 수행을 위해서만 사용하도록 했다. 1937년과 1938년에 '중요산업의 통제에 관한 법률' 등 14건의 관련 법률을 제정하고 전담 기구로써 조선총독부에 '자원과'를 설치했다. 상세한 연도별 물자동원 계획 현황은 庵逧由香, 「조선총독부의 총동원체제(1937~1945) 형성 정책」(고려대학교 사학과 박사학위 논문, 2006) 참조

94 大藏省管理局編, 『日本人の海外活動に關する歷史的調査–통권 제10책, 朝鮮篇 제9분책』, 1947, 69쪽, 71쪽

근거	내용
제3차 생산력확충계획 (1944~1945)	○ 조선의 생산력확충계획은 1943년 90% 달성, 1944년 상반기 109%의 성과를 올림 • 1944.4.부터 실시한 군수생산책임제와 중요광물 중점증산 정책, 군수회사법 시행(조선에서는 1944.10 시행)의 결과
생산책임제요강 (1944.3.31)	○ 전매분야(소금·간수·연초·아편·인삼) 추가

당시 일본 당국이 설정한 노무동원 경로는 '관모집(전시모집), 국민징용, 관알선' 등 세 가지였다.[95]

방대한 한반도 노무동원 규모 6,508,802명을 동원경로별로 살펴보면, ⟨표 3⟩과 같다.

⟨표 3⟩ 한반도 조선인 노무동원 경로별 규모

연도별	국민징용	관알선						근로보국대·관모집
		군수	광업	교통	공업	토건	계(관알선)	
1938년		-	41	34		19,441	19,516	74,194
1939년		-	2,735	647		41,907	45,289	113,096
1940년		-	2,714	901		57,912	61,527	170,644
1941년		1,085	1,494	646		43,662	46,887	313,731
1942년	90	1,723	4,943	287		42,086	49,039	333,976
1943년	648	1,328	11,944	186	5,316	40,150	58,924	685,733
1944년	173,505	4,020	14,989	-	3,214	54,394	76,617	2,454,724
1945년	129,581	4,312	2,071	252	-	37,628	44,263	1,636,483*
소계	303,824	12,468	40,931	2,953	8,530	337,180	402,062	5,782,581
계	6,488,467							

*일본 정부 추정치
大藏省 管理局 編, 『日本人の海外活動に關する歷史的調査』통권 제10책, 朝鮮篇 제9분책, 1947, 69쪽, 71쪽; 허수열, 「조선인 노동력의 강제동원의 실태」, 차기벽 엮음, 『일제의 한국식민통치』, 정음사, 1985, 318쪽, 339쪽

한반도 노무 동원을 동원경로별로 보면, 근로보국대·관모집(5,782,581명)이

---

95 노무동원 경로에 대한 상세한 내용은 허광무·정혜경·김미정, 『일제의 전시 조선인 노동력 동원』(동북아역사재단, 2021) 참조

압도적 다수이지만, 국민징용(303,824명)과 관알선(402,062명)도 적지 않았다. 이를 통해 한반도도 다른 지역과 마찬가지로 '관모집과 국민징용, 관알선'의 적용 지역이었음을 알 수 있다.

조선은 곡물을 비롯해 철광석·망간강·코발트·전기동·형석·알루미늄·석면·운모·마그네슘·면화·양모·시멘트·카바이트·공업염·석탄·고무·소다·링거액 등 수십 종의 물자를 공출했다. 한강 이북지역 공장에서 생산한 군수물자는 주로 중국 전선으로, 이남에서 만든 군수물자는 일본으로 수송했다. 이같이 일본이 전쟁을 치르기 위해 식민지 조선에 부과한 의무는 무거웠다. 또한 패색이 짙어진 1945년초에는 본토결전을 위한 총알받이로 한반도를 사용하고자 남해안과 중부지역에 걸쳐 군사유적을 조성했다.[96]

2) 국내 일제 전쟁유적의 분류

(사)전쟁유적보존전국네트워크 기구치 미노루 대표는 전쟁유적을 8종으로 분류했다.[97]

〈 기구치 미노루의 아시아태평양전쟁유적 분류 〉

① 정치·행정 관계: 육군성·해군성 등 중앙 기관, 사단 사령부·연대본부 등의 지방 기관, 육군병원, 육군 학교, 연구소 등
② 군사·방위 관계: 요새, 군항, 고사포 진지, 비행장, 항공기 격납고, 군 연습장, 연병장, 사격장, 통신소, 감시 초소, 동굴 진지, 특공대 기지, 대피호 등
③ 생산관계: 조병창, 비행기 제작소 등의 군사 공장, 경제 통제를 받았던 공장, 지하 공장 등
④ 전투지역·전쟁터 관계: 이오지마(硫黃島), 오키나와(沖繩) 제도 등의 전투가 이루어진 지역과 지점. 도쿄(東京)·오사카(大阪)·나고야(名古屋) 등으로 대표되는 공습피해지, 히로시마(廣島)·나가사키(長崎)의 피폭지 등
⑤ 주거지 관계: 외국인 강제동원 노동자 거주지, 포로수용소, 방공호 등
⑥ 매장 관계: 육·해군 묘지, 포로 묘지 등
⑦ 교통 관계: 군용 철도·도로 등
⑧ 기타: 비행기 추락지, 추도시설 등

---

96 이에 대한 상세한 내용은 조건, 『'영예'로운 패전 - 일제 침략군의 한반도 전쟁기지화와 상처받지 않은 패전』(도서출판 선인, 2023) 참조
97 菊池實, 「近代戰爭遺跡調査の視點」, 『季刊 考古學』72호, 18~19쪽

전쟁유적 분류는 각각의 유적 성격상 엄밀한 구분이 쉽지 않다. 유적별로 서로 유사한 성격을 공유하는 것들이 적지 않기 때문이다. 그러므로 기구치도 8종 분류를 제시하면서 명확한 분류가 불가능하다고 밝혔다.

시미즈 하지메(淸水肇) 등은 5종의 유형으로 분류해 기구치 8종 분류를 보완하고자 했다. 5종의 분류는 오키나와 일대 유적에 초점을 맞춰 군(軍)을 기준으로 한 시도인데, 분류자의 의도와 달리 더 애매하다.

> 유형 1 군이 건축하거나 군 관계 시설 등이지만 전쟁·전투와 관계가 없는 것
> 유형 2 군이 건축하거나 군 관계 시설 등이면서 전쟁·전투에 구체적으로 관계가 있는 것
> 유형 3 유형 2와 4의 성격을 모두 가진 것. 군에 의해 건설되었으나 전시에 민간인 혹은 군과 민 양측이 이용한 것, 비군사시설이 전시에 군에 의해 사용된 것
> 유형 4 군 이외의 민간인과 조직 등에 관련된 장소가, 전시에 파괴되거나 전쟁에 관련된 것
> 유형 5 군에 관련되거나 전쟁·전투가 치르지는 않았지만 전쟁시 사회 상황 등을 전해 주는 것[98]

유적의 분류는 어떤 방식이라도 성격의 중복을 완벽히 피할 수 없고, 모든 전쟁유적을 엄밀히 분류하는 것도 쉽지 않다. 각각의 유형 내에서도 별도로 그 용도 및 성격을 반영한 분류가 가능하기 때문에 연구자별로 유적의 분류 방식은 다양하게 제기할 수 있다.

정혜경은 식민통치유적, 군사유적, 생산관계유적, 기타유적 등 네 종류로 대별했다.[99] 이 분류는 식민기지와 병참기지로서 역할을 했던 식민지

---

98 淸水肇, 村上有慶, 「戰爭遺跡詳細調査と近代化遺産總合調査にみる沖繩縣の戰爭遺跡の把握狀況」, 『日本建築學會技術報告集』 13-25, 2007, 310쪽
99 정혜경, 『우리 지역의 아시아태평양전쟁유적 활용-방안과 사례』, 20~22쪽

조선의 역사적 배경과 상황이 일본과 다르다는 점을 중시하고, 성격에 따른 대분류가 특징이다.

〈표 4〉 한반도 일제 전쟁유적 분류 내용

군사유적	군부대(군과 헌병부대, 군 소속 시설물, 군 소속 작업장, 포로수용소 등), 각종 군사시설물(비행장, 지하시설, 방공초소 등)
생산관계유적	공장, 탄광광산, 철도도로, 일반 토건, 하역수송, 집단 농장, 기타(근로보국대 등)
기타유적	노무자 사택, 소개 공지 등 군사방위 관련, 추도 관련지, 공동 창고 등
식민통치유적	조선총독부 관련 유적, 신사, 경찰서, 세무서, 동양척식회사, 조선은행 등 일본의 식민지 조선 통치 및 경제침탈과 관련한 유적

현재 정혜경이 파악한 국내 일제 전쟁유적 현황은 〈아시아태평양전쟁유적 목록, 이하 정혜경 조사자료. 2024.8. 기준, 남북한 포함〉은 8,837개소이다.[100] KBS가 구축한 지도 사이트(https://news.kbs.co.kr/thirdparty/historic/index.php)를 통해 검색할 수 있다.

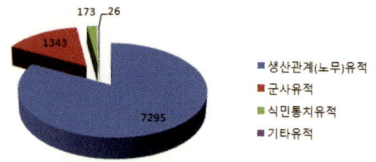

〈그림 40〉 한반도 일제 전쟁유적의 분류 유형별 현황(2024.8 기준)

〈그림 41〉 KBS 일제전쟁유적 검색 사이트 대문

〈그림 42〉 KBS 일제전쟁유적 검색 사이트 (도별 검색)

---

[100] 한반도 일제전쟁유적 현황 파악은 현재도 작업이 진행 중이며, 정혜경은 일제강제동원&평화연구회 일제전쟁유적네트워크 카페(https://cafe.naver.com/gangje#, https://cafe.naver.com/thinknetwork/189)에서 반년마다 수정한 현황을 공개하고 있다.

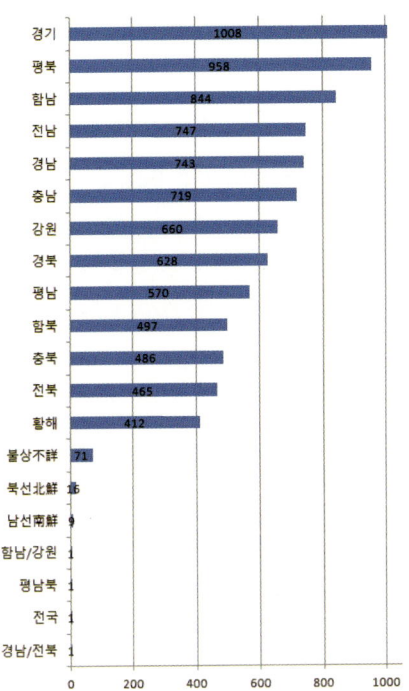

〈그림 43〉 한반도 일제 전쟁유적의 도별 현황
(1945년 행정구역 기준)

〈그림 43〉의 도별 현황은 1945년 행정구역 기준이므로 경기도에는 경성부가, 경남에는 부산부가, 전남에는 제주도가, 평남에는 평양부가 포함되어 있다.

정혜경 조사자료는 본인이 작성한 위원회 활동결과보고서 수록 정보에 추가 정보를 입력하고 수정한 목록이다. 현재 국내 유일의 일제 전쟁유적 목록이지만 정부 차원의 전수조사 결과는 아니다. 이 자료의 작성 과정은 세 단계이다.

〈국내 일제 전쟁유적(정혜경 조사자료) 작성 과정〉

○1단계[기초 자료 작성]
- 총 78종의 일본 공식 발간물 및 자료집·연구서, 당시 신문기사, 위원회 진상·실태조사 보고서 등을 대상으로 아시아태평양전쟁 당시 한반도에서 조선인을 동원한 기업 및 작업장 목록 추출
○2단계[심층 분석 작업]
- 1단계 기초자료를 대상으로 피해조사결과 및 홈페이지 검색, 주요 현장 방문 조사 결과 등을 통한 분석·검증 작업
○3단계[목록 보완 작업]
- 현지 답사 결과 추가 자료 비교 분석을 통해 목록을 보완하고 네이버 카페를 통해 공개
<근거 자료>
- 국무총리 소속 대일항쟁기 위원회(대일항쟁기 강제동원피해조사 및 국외강제동원희생자 등 지원위원회) 피해조사 결과
- 관련 문헌자료: 국무총리 소속 대일항쟁기 위원회 진상·실태조사 보고서, 『일본인의 해외활동에 관한 역사적 조사(조선편)·(일본 대장성 생산), 『광구일람·(조선총독부 생산), 『광업상황·(조선광업회 생산), 조선주요 광산 개황(조선총독부 생산), 사상에 관한 정보(경성지방법원 생산), 일본제철주식회사 등 관련 기업 사사(社史), '구제국육군편제편람' 등 300여 종의 자료집 및 연구서
- 당시 신문 및 홈페이지
- 현지조사 결과(인근 지역민 구술 등)

    정혜경 조사자료는 문헌자료 중심이며 현지 조사 지역도 일부에 불과하다. 또한 네 가지 분류의 용어와 범주에 대한 논의도 필요하다.

    정혜경의 네 가지 분류 가운데 군사유적에 대해 세분화한 연구가 있다. 조건은 2021년 『부평사』에서 해안동굴, 기관총 엄체 및 포대, 비행장 및 격납고, 부대 사령부나 창고·막사를 포함하는 주둔시설 등 네 가지로 세분화했다. 2023년에는 사령부 및 주둔시설, 방어시설, 병참시설, 항공군사시설(비행장·격납고·엄체호·연료 및 탄약고 등) 등 네 가지로 세분화했다. 2025년에는 성격별로 '사령부 및 주둔 시설, 방어 시설, 병참 시설, 항공 군사시설, 통신시설' 등 다섯 가지로 분류했다.[101]

    이 분류는 일본 학계와 달리 일제 전쟁유적을 당대의 군사적인 측면에

---

101 조건, 「일제의 육군조병창과 부평, 그리고 부평사람들」, 부평사편찬위원회, 『제4권 인천 육군조병창과 애스컴시티』, 123쪽; 「아시아태평양전쟁기 일본군의 한반도 내 항공기지 건설과 의미」, 『한국근현대사연구』 104, 96쪽; 「일본의 근대 전쟁유적 유산화 실태와 동향」, 2025, 100쪽

초점을 맞춘 분류이다. 전쟁유적을 지나치게 보수적으로 구분 짓는다는 비판이 있을 수 있지만 분류 기준이 비교적 명확하다는 장점도 있다.

조건은 5종의 분류 중 아시아태평양전쟁 말기 지하화된 것만을 대상으로 더욱 상세한 분류도 제시했다. 아태전쟁 말기 지하화된 전쟁유적은 일제의 본토결전 방침에 따라 군사시설을 보호·은닉해 최후까지 한반도의 인민과 물자를 동원하고 피해를 입혔던 역사적 증거라는 점에서 중요하기 때문이다. 지하화된 전쟁유적에 대한 조건의 분류는 다음과 같다.

1. 사령부 및 주둔지 방공시설 (예: 용산 일대 방공호 등)
2. 주정, 특공용 해안동굴 (예: 전라도와 제주도 해안 일대 동굴)
3. 상륙 저지용 엄체 및 포대 (예: 전라도 및 제주도 내륙 방어시설)
4. 비행기 엄체 등 항공시설 (예: 항공기지 일대 엄체 및 관련 지하시설)
5. 병참용 지하시설 (예: 조병창 지하호, 영동 지하시설 등)

국가유산청 보고서는 유형별로 진지·비행시설·정박시설·통신시설·주둔지·기타로 세분화했다.[102]

이러한 분류는 시론적 성격이다. 그러나 일제 전쟁유적의 성격을 이해하는데 중요하므로 다양한 문제 제기는 매우 바람직하다. 또한 일본 본토 중심의 분류에 그치고 있는 일본 학계의 분류 기준 논의에도 영향을 미칠 수 있다. 향후 연구 교류를 통해 상호 보완할 수 있을 것으로 기대한다.

'군사유적'이나 '생산관계유적' 등 용어에 대해서도 고민과 논의가 필요하다. 이들 용어는 일본에서 사용하는 용어로써, 객관성을 지향하는 용어이지만, 강제동원 피해라는 역사성을 제대로 반영했다고 보기는 어렵다.

일본에서도 (시)전쟁유적보존전국네트워크 구성원이 만든 용어인 '전쟁

---

102 문화재청, 『태평양전쟁유적 일제조사 연구보고서: 태평양전쟁시기 구축된 일본군 군사시설』, 2016, 53쪽

유적'에 대해 일본 정부에서는 '평화교육의 그림자를 가진 용어'로 인식해 '군사유적'이나 '근대유적'으로 대체하려는 움직임도 있었다.[103] '군사유적'도 아태전쟁을 포함하기는 하지만 러일전쟁 시기의 유적으로 한정하려는 경향도 있다.[104] 그러므로 국내에서 '군사유적'을 사용할 경우, 구체적인 기준이나 개념 정리를 통해 일본 정부의 의도와 차별성을 둘 필요가 있다.

정혜경이 사용 중인 '생산관계유적'도 (사)전쟁유적보존전국네트워크의 분류를 차용한 용어인데, 한반도 민중들이 적극적으로 전쟁을 지원하기 위해 생산에 나선 것으로 오해할 수 있다. 그러므로 '경제(산업)침탈유적'이 바람직하다는 의견도 있다. 현재 일본에서는 '생산관계유적'보다 '산업유산'이나 '산업유적'을 많이 사용하고 있다. 그러나 현재 학계에서 유적 분류에 대한 논의가 진행되고 있지 않으므로 이 글에서는 기존 분류를 토대로 기술하고자 한다.

3) 국내 일제 전쟁유적 현황

(1) 생산관계유적(노무동원 작업장)

국내 일제 전쟁유적 현황을 유형별로 살펴보면, 가장 다수는 생산관계유적(노무동원 작업장)이다.[105] 생산관계유적 7,295개소 가운데 기업이나 조선총독부가 운영한 작업장은 2,384개소이다. 이 가운데 조선총독부가 직접 운영한 작업장은 조선총독부 철도국이 운영한 90개소이고, 2,294개소는

---

103 村上有慶, 「전적보존의 현황과 평화교육의 과제」, 『평화연구』29-1, 2019, 77쪽
104 야지마(安島太佳由)는 크게 메이지 이후 러일전쟁까지와 이후 아태전쟁 등 두 시기로 구분했다. 安島太佳由, 『訪ねて 見よう! 日本の戰爭遺産』, 角川SS, 2009, 27~28쪽
105 조병창과 해군 소속 탄광 등 군 작업장과 군 토건 공사장은 일의 성격으로 볼 때 생산관계유적(노무동원 작업장)에 포함할 수 있으나 이 글에서는 작업장 운영 주체를 기준으로 군사유적에 포함했다.

기업이 운영한 작업장이다.106

   기업별로 보면, 일본 3대 재벌로 불렸던 미쓰이계가 82개소, 미쓰비시계가 48개소, 스미토모계가 31개소였고, 하자마구미(間組) 35개소, 아소(麻生)계 6개소 등 현재 일본 유수 기업이 운영한 작업장을 볼 수 있다. 특히 일본의 만주사변 이후 신흥재벌로 떠오른 노구치(野口)계의 니혼(日本)질소비료는 한반도에 86개소의 작업장을 운영했다. 여기에 이들 기업이 자본을 투자해 설립 운영한 합자회사 소속 작업장을 합하면 노무동원 작업장 운영 비중은 매우 높다. 2,294개소 가운데 1944~1945년 군수공장으로 지정된 작업장(1943년 군수회사법에 근거)은 521개소이다.

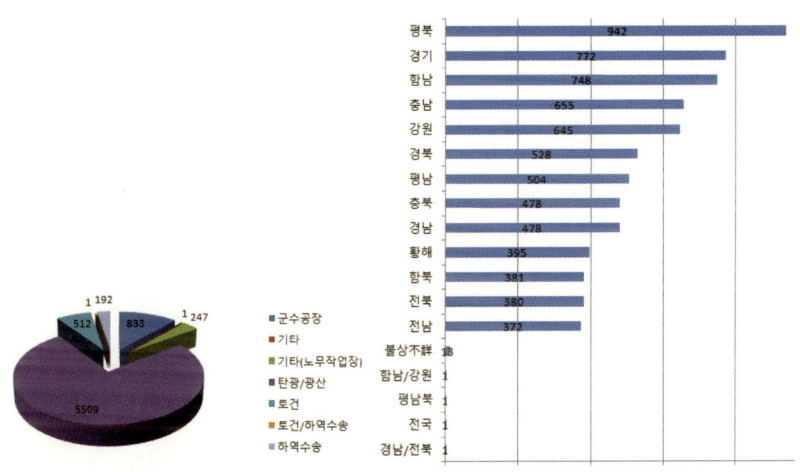

〈그림 44〉 노무동원 직종별 분포 〈그림 45〉 노무동원 도별 분포(1945년 행정구역 기준)

① 탄광산의 주요 현황

   주요 직종별로 살펴보면, 탄광산 5,509개소로 가장 다수를 차지한다.

---

106 구 강제동원위원회 활동결과보고서에 따르면, 한반도에서 강제노역을 주관한 기업은 1,144개에 달한다. 국무총리 소속 대일항쟁기강제동원피해조사 및 국외강제동원희생자 등 지원위원회, 『위원회 활동결과보고서』, 143쪽

탄광산은 전국 13개 도에 분포하는데, 밀집지역(평북, 충남, 강원, 함남, 충북, 경북의 순서)은 한반도 노무동원 작업장 밀집지역과 일치한다.

조선은 무기 재료인 광물자원이 풍부한 땅이다. 조선인 노무동원 작업장 수만 비교하면 일본 탄광산(약 890개소)의 6배에 달했으며, 광물 종류에서도 다양했다. 일본이 석탄, 철광, 구리 중심이라면 한반도의 광종인 명반석(明礬石), 텅스텐, 아연, 니켈, 마그네사이트, 모나즈 등은 모두 군수품과 특수기계의 원료였다.

당국은 일찍부터 한반도의 특수광물에 주목하고 현황을 파악했다. 일본이 1929년 4월 1일 「자원조사법」 공포 후 「자원조사령」 등 관련 법령을 공포하자, 조선총독부도 1929년 4월 11일 조선에 「자원조사령」을 적용하고, 1933년 「조선광업령(개정)」과 「금탐광장려금 교부규칙」 등을 공포하며 대대적인 조사와 개광에 착수했다. 매년 지역별로 광물의 종류와 규모를 파악하고, 연도별 지역별 보고서를 발간했다.

조사 대상 가운데 대표적 광물은 명반석이다. 알루미늄의 원광인데, 알루미늄은 비행기·자동차 몸체, 엔진 부품, 특수기계의 재료 등으로 사용했으므로 군수물자로서 희소성을 인정받았다. 일본은 일찍부터 알루미늄의 원광인 보크사이트와 명반석 광산에 주목했으나 일본과 조선에는 보크사이트 광산이 없었으므로 명반석 광산 조사에 나섰다. 1930년대 경남과 전남 해안 일대에서 명반석 광산을 발견하고 언론에 대서특필했다.

당국이 채광한 명반석 광산은 총 11개소(경남 5개소, 전남 6개소)인데, 중심 광산은 해남의 옥매광산이다. 옥매광산은 1916년 채굴 허가를 받아 1921년과 1929년에 등록하고 납석(蠟石)과 명반석, 고령토(高嶺土) 채굴을 시작했다. 광업권자는 아사다(淺田)화학공업㈜였는데, 1932년 신문기사에는 시카마(飾磨)화학공업㈜로 보도했다.

아사다화학공업㈜는 1901년 효고현(兵庫縣)에서 황산알루미늄 제조를 개시해 1905년 합자회사 아사다명반소를 설립했다. 1917년 자회사로 시카마화학공업㈜를 설립한 후 1937년에 합병해 아사다화학공업㈜가 되었다. 그러므로 1932년 기사는 시카마화학공업㈜를 언급한 것이다. 아사다화학공업㈜는 1944년 4월 25일 군수회사법에 따라 군수회사로 지정되어 소속 광부와 직원들은 모두 징용자의 신분이 되었다.[107]

옥매광산은 노천광산인데, 현재 다이나마이트 보관창고와 광부 숙소의 흔적 외에 거대한 광석운반시설이 두 군데 남아 있다.

〈그림 46〉 해남옥매광산. 노천광산에서 광물을 운반하기 위해 만든 선착장 바로 앞의 광석운반시설1(『전라남도 해남 옥매광산 노무자들의 강제동원 및 피해실태기초조사보고서』, 2012)

〈그림 47〉 노천광산 정상. 현재도 광물 채취가 가능(2013년 6월 촬영)

---

107 국무총리 소속 대일항쟁기 강제동원피해조사 및 국외 강제동원 희생자 등 지원위원회, 『전라남도 해남 옥매광산 노무자들의 강제동원 및 피해실태 기초조사보고서』, 2012, 9쪽

〈그림 48〉 광석운반시설1 내부. 상층의 구멍을 통해 광물을 적재하도록 한 구조(2013년 6월 촬영)

〈그림 49〉 광석운반시설1의 하단(2021년 10월 촬영)

〈그림 50〉 광석운반시설2(2021년 10월 촬영)

〈그림 51〉 광석운반시설2 내부에서 바라본 광산(2021년 10월 촬영)

② 탄광산의 조선인 노무자

아시아태평양전쟁 발발 전부터 조선총독부는 일본 기업들이 조선 각지에서 광산을 경영하도록 했다. 토지매입에 혜택을 주고, 자금을 지원해주며, 수송할 철도를 마련해 주는 등 좋은 조건을 제공했다. 중일전쟁이 일어나자 「조선산금령」(1937년 9월 7일 제정)과 「조선중요광물증산령」(1938년 5월 12일 공포), 「광부노무부조규칙」(1938년 5월 12일 제정 공포) 등 법과 제도를 마련하고, 필요한 인력도 제공했다.

철광석과 특수광물은 빠지지 않는 중요한 공출 품목이었으므로 조선총독부 당국은 광물자원 증산을 위해 동원 대상을 확대했다. 1938년 「광부노무부조규칙」을 통해 14세 소년의 갱내 투입을 규정했고, 1941년에는 「광부노무부조규칙 특례 규정」 제정을 통해 만 16세 이상 여성으로 확대했다. 「광부노무부조규칙 특례 규정」은 '여자광부갱내취업허가제'를 운영하도록 명시한 규정이었다.

조선총독부 조사결과에 따르면 1941년 10월~1942년 3월간 여성을 갱내에 투입한 광산은 37개소인데, 황해도와 평안도, 함경도 등 북부지역에 집중되었다. 허가 인원은 4천 명이었고, 직접 채탄과 채광을 하는 선탄부(先炭夫. 광산은 선광부)를 비롯해 잡부, 운반부, 지주부(支柱夫) 등으로 갱에 투입했다.[108]

채탄과 채광 작업은 고도의 체력을 요구하는 일이었고, 광석을 운반하는 운반부나 갱내에 기둥을 세우는 지주부도 여성이 할 수 있는 수준이 아니었다. 그럼에도 여성을 동원했다는 것은 여성들이 탄광산에서 얼마나 가혹한 상황에 놓여 있었는가를 짐작하게 해준다.

1941년은 여성의 갱내 투입 외에도 당국이 광물자원 확보를 위해 적극적으로 나서기 시작한 해였다. 1941년 3월 국민총력조선연맹이 광산연맹을 결성해 지하자원개발과 광산의 증산 강조에 나서는 등 전 조선 민중을 상대로 광물자원 증산 운동을 벌였다. 1941년은 일본이 난항에 빠진 중국 진신 문제를 돌파하기 위해 대미전쟁을 준비하고 있던 시기였으므로 군수

---

108 조선노무협회, 「조선노무」 2-4, 1942, 47~49쪽

물자 생산에 필수자원인 조선의 광물자원 확보에 주력했다.

〈표 5〉 1944년 9월 말 조선 탄광산 노무자의 내부 구성(단위: 명)

	동·연·아연	중석	제련소	철	제철소	무연탄	유연탄	조선총독부 소관				합계
								광산과	철강과	연료과	경금속화학과	
광산수	418	115	7	48	2	28	47	1,231	85	75	60	1,451
갱내 노무자	30,278	9,296	-	10,386	-	17,692	18,248	74,202	11,002	39,940	573	125,717
갱외 노무자	22,279	9,294	7,808	26,280	10,863	21,339	12,459	83,506	42,199	33,768	2,881	162,354
계	52,557	18,590	7,807	36,666	10,863	39,031	30,707	157,708	53,201	73,708	3,454	288,071

국민총력 조선광산연맹, 『광산종업원조사(鑛山從業員調)』, 1944(곽건홍, 『일제의 노동정책과 조선노동자』, 신서원, 2001, 283쪽 재인용)
* 사무직과 일본인 등을 포함한 전체 탄광산 종업원수는 328,230명이다.

조선의 탄광산에서는 갱외 노무자가 갱내 노무자에 비해 많은 편이다. 그러나 광산은 노천광산을 다수 포함하고 있고, 노천광산에서 갱내·외 노무자 구분은 큰 의미가 없다.

당국의 증산 노력에도 조선인 탄광산 노무자 통계는 늘지 않았다. 1940년 226,000명, 1941년 211,930명, 1942년 6월 212,424명, 1943년 6월 183,296명, 1944년 9월 288,071명으로 1944년 이전에는 감소하기도 했다. 당국의 통계는 조사일 기준과 조사기관이 달랐으므로 단일한 기준으로 분석하기 어렵지만, 감소 원인은 일본 등 다른 지역 노무동원 규모 증가와 관련이 있어 보인다.

인원수와 함께 성별·연령별 구성도 노동실태에서 중요한 분석 대상이다. 조선의 노무동원은 다른 동원지역보다 여성과 노인·아동의 비율이 높은 것으로 알려져 있다. 탄광산도 예외는 아니었다.[109]

---

109 허광무·정혜경·김미정, 『일제의 전시 조선인 노동력 동원』, 동북아역사재단, 298쪽

③ 군수공장 현황

군수공장은 경기와 경남, 평남, 함남, 함북에 집중되어 있었다. 이 가운데 경기·경남·평남은 경성·부산·평양 등 대도시를 포함하고 있었으므로 군수공장 분포 비율이 높고, 당국이 정책적으로 조성한 군수 공장지대이기도 하다.

일본이 총동원 전쟁을 위해서는 기존 공업의 재편성이 필요했으므로 조선총독부는 식민지 조선공업화 과정에서 여러 곳에 공업지대를 조성했다. 함경남북도의 조선 북부 공업지대와 이남의 경인공업지대가 대표적인 지역이다.

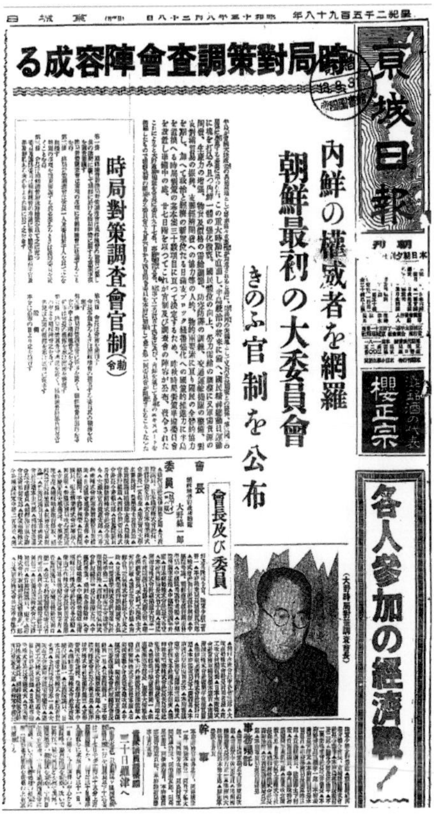
京城日報

時局對策調査會陣容成る

內鮮の權威者を網羅

朝鮮最初の大委員會

きのふ官制を公布

時局對策調査會官制(勅令)

會長及び委員

各人參加の經濟戰

〈그림 52〉 시국대책조사회 설치 보고 기사(『경성일보』1938년 8월 28일)

경인공업지대의 조성은 일본의 국가총동원체제 운영과 깊은 관련이 있다. 일본 정부는 1937년 7월 중일전쟁 발발 직후 「임시자금조정법」과 「수출입품등임시조치법」을 공포하고, 10월에 제1차 세계대전 기간 중 공포했던 「군수공업동원법」을 발효했다. 1938년 「국가총동원법」을 제정·공포하면서 제국 일본 영역은 국가총동원체제로 접어들었다.

일본이 총동원 전쟁을 치르기 위해서는 기존 공업의 재편성이 필요했다. 1938년 8월 조선총독부는 시국대책조사회를 구성해 9월부터 운영에 들어갔다. 시국대책조사회는 총독의 임시 자문기관으로써 조선총독부 내에 설치했는데 정무총감을 위원장으로 총독부 각 국장과 과장·주요 단체 대표·기업 사장·지식인 등 102명의 위원으로 구성했다.

시국대책조사회는 중일전쟁의 확대를 배경으로 "시국의 변화에 따라 제국의 대륙정책에서 조선이 전진기지로써 그 중요성이 날로 더해가고 있음에 비추어 조선의 각종 공업의 진흥을 기대하며 특히 군수공업의 비약적 신장을 꾀하는 일이 긴급하다"는 내용의 조선 공업화 정책의 청사진을 제시했다.

구체적으로는, 첫째 군수공업의 확충(경금속, 석유, 인조석유, 유안, 폭약, 공작기계, 자동차, 철도차량, 선박, 항공기, 가죽), 둘째 이러한 목적 달성을 위한 관계 법규 정비, 기업부지 알선, 기술자·기능공의 양성, 숙련공 양성, 자금 융자, 보조금 지급, 운수시설 정비, 동력 요금 및 운임 경감, 원자재 공급 알선, 하청공업의 확충을 주요한 대책으로 꼽았다.

조선총독부는 시국대책조사회의 결정 사항을 정책에 그대로 반영했다. 특히 군수물자 생산에 필수적인 철강산업의 확충을 위해 일본이 1937년에 제정한 「제철사업법」을 조선에 적용해 제철사업 부문을 소수 독점자본이 완전히 장악하도록 했다. 1939년에는 「제철설비 제한규정」을 제정해 조선의 제철부문에 대한 기업의 독점 지배를 완성했다.[110]

이러한 과정에서 경인공업지대가 탄생했다. 조선총독부는 1934년 「조선시가지계획령」을 제정 공포하고 이 법령에 따라 경성과 인천 중간 지역에 광대한 면적의 공업 용지(998.4만 평)를 조성했다. 경인공업지대는 구로·시흥·소사·부평·서곶·계양·양천지구였는데 그 가운데 부평지구 면적이 272.2만

---

110 梶村秀樹 외 지음, 사계절 편집부 편역, 「한국근대경제사연구」, 1983, 485~487쪽

평으로 경인공업지대 가운데 가장 넓었다. 부평은 인천육군조병창을 비롯해 미쓰비시제강㈜ 등 철강과 기계공장이 중심 직종이었다.

조선총독부가 경인공업지대를 조성한 이유는, 수도권에 위치해 공업제품의 판매시장이 형성되어 있었고 풍부한 노동력이 존재했으며, 경인선 철도의 기점인 역과 항로의 기점인 인천항이 있어 교통의 요지로서 원료와 제품 운송에 편리했다. 1899년 완공한 경인선은 인천, 우각, 주안, 부평, 소사, 오류동, 노량진, 용산, 경성에 정거장(역)을 설치했다. 또한 조선총독부 청사가 멀지 않았으므로 각종 행정 처리를 신속하게 할 수 있었다.

〈그림 53〉 일제 말기 잠수정을 제작했던 인천시 동구 화수동 현대인프라코어(전 조선기계제작소 인천공장) 공장 터(2020년 9월 촬영)

〈그림 54〉 1948년 미쓰비시제강㈜ 공장 건물. 현재 부평공원(Norb Faye 촬영)

경인공업지대가 무기생산과 관련한 철강과 기계공장 중심이었다면, 흥남은 비료나 화학공업 중심이다. 당국이 두 지역을 군수기지로 조성한 이유는 식민통치정책 때문이었다.

1930년대 조선총독부가 공업 도시로 조성한 흥남[111]은 함흥부 관내 운전사(또는 운전면) 시절에는 동해의 조그만 어촌에 지나지 않았다. 흥남이 속한 함흥부는 관북(關北)의 행정중심지였으나 교통이 불편해 도시로서 발전은 더뎠다. 그 후 조선군(조선 주둔 일본군) 주둔지가 되고 1927년 조선질소비료㈜(일본질소비료㈜ 소속. 현재 칫소㈜ Chisso Corporation) 공장이 들어선 후 1929년 부전강수력발전소 완공과 함께 함남공업지대의 중심이 되었다. 인구도 1927년 5만 8,077명에서 1943년에는 16만 5,211명으로 급증했다. 당시 함흥부 인구가 12만 2,760명이었으니 흥남의 인구 증가 정도를 알 수 있다.

　신흥재벌 일본질소를 세운 노구치 시타가우(野口遵)는 '흥남 자체를 만들어냈다'는 평가를 받을 정도로, 작은 어촌 마을을 흥남이라는 거대한 콤비나트로 구성했다. 일본질소는 '일질콘체른' 또는 '노구치 콘체른'이라 불리는 신흥재벌로서 1931년 일본이 만주를 침략하고 중일전쟁으로 확전하는 과정에서 '국책사업'을 수행하면서 성장했다.[112]

　흥남이 공업 도시로 변모하는 과정에도 철도와 항만 개설·확충이 있었다. 1914년 경원선 개통에 이어 1928년 함경선, 1936년 평원선 완공에 따라 원산·서울·평양·함북까지 수송망을 갖추었고, 1933년에는 함흥~장풍(長豊) 간 함남선 개통으로 장진·신흥군 고지대와 물자 반·출입이 활발해졌다. 흥남항은 부전강 수력발전소 완공 당시 길이 115m의 방파제와 1만t급 2척, 3,000t급 4척, 1,500t급 7척을 동시에 접안할 수 있는 동해안 제1의 항구가 되었고, 항구를 통해 공장에 필요한 원료와 생산품을 운송했다.

111　흥남은 흥남읍을 거쳐 1944년 12월 함주군 서호면 일부와 운남면·삼평면 일부를 병합해 흥남부로 승격
112　이 시기에 일본질소 외에 닛산(日産)과 쇼와덴코(昭和電工), 리켄(理硏) 등도 신흥재벌로 성장했다. 차승기, 『식민지 제국의 그라운드 제로, 흥남』, 푸른역사, 2022, 30쪽, 56쪽

④ 군수공장에 동원된 조선인의 노동 실태

조선의 공장에 동원된 노무자의 특징은 아동의 비율이 높다는 점과 함께 여성·아동을 동원한 직종이 늘었다는 점이다. 화학공장이나 무기 생산에도 아동·학생 동원 사례를 볼 수 있다.

조선총독부와 조선상공회의소 자료를 통해 공장 노무자의 업종별 구성 현황을 보면, 1936년에 148,799명이었던 노무자는 1940년 230,688명을 넘어 1943년에는 337,269명으로 급증했다. 여성은 방직과 화학, 식료품에서 다수를 차지했다.

〈표 6〉 군수공장 노무자의 업종별 구성 현황(단위: 명)

	방직	금속	기계	요업	화학	제재·목재품	인쇄	식료품	가스전기	기타	총계
1936	33,830	6,787	7,939	8,269	41,972	4,906	6,273	32,617	812	5,394	148,799
1939	47,384	13,672	24,745	11,310	52,293	9,465	6,491	35,547		13,118	212,459
1940	46,278	14,319	28,971	13,739	63,229	10,058	6,828	30,466	5,275	16,800	230.688
1942	74,202	31,297	36,678	30,270	50,823	26,263	9,430	36,542	5,333	11,339	312,174
1943	78,190	36,161	43,657	35,961	54,690	26,841	9,832	30,595	5,871	15,471	337,269

곽건홍, 『일제의 노동정책과 조선노동자』, 276쪽 재인용

여성 노무자는 매년 증가했으나 성비(性比)에서는 감소 추세를 보였다. 1936년 50,550명(33.9%)였는데, 1939년 68,054명(32.3%), 1940년 73,202명(31.73%), 1942년 82,190명(26.32%), 1943년 86,313명(25.6%)이다.

이같이 여성의 비율은 줄어들었으나 여성 유년 노무자, 즉 소녀 노무자는 급증했다. 유년 노무자(15세, 16세) 비율은 1937년 9.7%에서 1939년 11.2%, 1940년 13%, 1942년 16.4%, 1943년 15.8%로 매년 증가추세를 보였다. 1942년 통계를 나이대별로 보면, 11세 이하의 어린이가 1,847명이었는데, 이 가운데 여성이 1,528명을 차지했다. 방직이 다수였으나 화학과 제재·목재업 등 위험한 분야에서도 11세 이하 아동을 확인할 수 있다.[113]

---

[113] 곽건홍, 『일제의 노동정책과 조선노동자』, 신서원, 2001, 277~278쪽

이 통계는 노무자 30인 이상을 고용하는 공장을 대상으로 한 조사 결과였으므로, 30인 이하의 업체에서는 더 많은 소녀 동원 사례가 있었을 것이다. 당시 조선은 「공장법」의 적용을 받지 않았으므로 일본과 달리 유년 노무자를 동원할 수 있었다. 더구나 일본 당국이 노무동원 관련 법령에서 설정한 동원 나이 하한선을 지키지 않는 경우가 많았다.[114]

일본 정부가 제정 공포한 관련 법령은 조선총독부 훈령이나 제령을 통해 조선에도 적용되었다. 법령에서 동원 대상의 나이를 지정했음에도 지키지 않았던 가장 큰 원인은 노동력 조달에 어려움이 있었기 때문이다. 그러나 그에 그치지 않고, '조선인에게는 법을 지키지 않아도 무방하다'는 인식이 크게 작용한 것으로 보인다.

> 전북 옥구에서 태어난 정열(1930년 6월생)은 1944년 2월, 전남 광주부의 방적공장으로 떠났다. 열두 살의 소녀였다. 고향에서 멀지 않으니 다행이라고 생각했다.
> 큰오빠는 규슈 탄광으로 동원되었다가 사망해 화장한 재만 돌아왔고, 둘째 오빠는 북한으로 징용 간 상태였다. 자식을 잃은 어머니는 동네 이장에게 '하나 남은 막내는 멀리 보낼 수 없다며' 간곡히 부탁했다. 이장은 큰 선심이나 쓰듯 광주로 가라고 했다.
> 고향을 떠난 막내딸 정열은 이듬해 8월 집으로 돌아왔다. 북한으로 징용 간 둘째도 돌아왔다. 부모님은 다행이라고 했다. 큰아들은 잃었지만 그래도 남은 자식이 둘이니 다행 아니냐고 했다. 그런데 다행이 아니었다. 비극이었다. 둘째 오빠는 결핵에 걸린 상태로 돌아와 이내 숨을 거두었다. 그리고 막내딸도 공장에서 얻은 이질을 이기지 못하고 그 해 10월 세상을 떠났다. 겨우 열 세 살이었다. 다행이라던 부모님은 일본의 침략전쟁으로 자식을 모두 잃었다.[115]

조선의 군수공장 현황을 파악할 수 있는 연구는 있으나 노무자 실태와 관련한 연구 성과는 드문 편이어서 방직공장 외에는 찾기 어렵다. 일반적으로 군수공장은 탄광산·토건 작업장에 비해 노동실태가 양호하다고 알려져 있다. 그러나 기술직이 아닌 경우에는 다른 직종보다 양호하다고 보기 어렵다. 군수공장에서 조선인 기술직은 매우 적었으므로 대다수 군수공장

---

114 허광무·정혜경·김미정, 『일제의 전시 조선인 노동력 동원』, 314~315쪽
115 정혜경, 『아시아태평양전쟁에 동원된 조선의 아이들』, 섬앤섬, 2019, 142~143쪽

노무자가 처한 실태는 열악했다.

군수공장에서 기술직이었던 피징용자의 일관된 구술은 '자신과 같은 처지의 숙련공이 아닌 조선인 노무자의 비참한 상황'이었다. 경성공업학교 출신으로 1944년 경성방직에서 실습생으로 있었던 민석기는, 동료 여공의 일상을 '감옥 생활'로 표현했다.[116]

(2) 군사유적

① 군사유적 실태

현재 파악한 군사유적은 1,343개소이다. 군사유적에 관해 많은 연구 성과를 낸 조건은 성격별로 사령부 및 주둔시설, 방어시설, 병참시설, 항공군사시설(비행장·격납고·엄체·연료 및 탄약고 등) 등 네 가지로 구분했다.[117] 이 글에서는 선행 연구 성과를 토대로 다섯 가지로 분류했다.

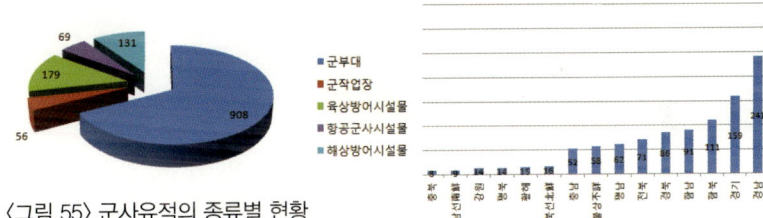

〈그림 55〉 군사유적의 종류별 현황

〈그림 56〉 군사유적 도별(1945년 행정구역 기준)

〈그림 56〉에서 지역을 특정하지 못한 사례(불상, 남선, 북선)는 군부대이다. 부대의 소재지를 확인하기 어려운 경우가 있기 때문이다. 육상방어시설물, 항공군시시설문, 해상방어시설물은 비행장이나 진지 구축 등 군사시설물

---

116 서울특별시 시사편찬위원회, 『영등포 공장지대의 25시』, 2013, 144~146쪽
117 조건, 「아시아태평양전쟁기 일본군의 한반도 내 항공기지 건설과 의미」, 96쪽

공사가 대부분이다.

〈그림 55〉에서 가장 다수를 차지하는 것은 육상방어시설물이다. 주로 전남과 경남 등 한반도 이남에 밀집했다. 이유는 1945년 1월 20일 대본영이 일본 본토 결전에 대비한 「제국육해군작전계획대강」을 수립하고, 3월 20일 결7호 작전을 하달해 조선군 병력을 한반도 이남 지역으로 집결하면서 제주를 포함한 남해안에 군사시설물 공사를 집중했기 때문이다. 경북과 충북도 연합군 상륙에 대비한 대공·상륙작전 방어(경북)와 군수물자 저장(충북) 목적으로 군사시설물 공사를 했으나 49개소에 그쳤다.

해상방어시설물은 전남과 경남에서 찾을 수 있다. 육상방어시설물과 같은 목적에서 구축했다.[118]

〈그림 57〉 여수 신월동 한화화약㈜ 공장 내에 있는 항공기지시설물 중 비행기 격납고(2013년 6월 촬영)

〈그림 58〉 여수 한화화약㈜ 인근의 수상비행장(2013년 6월 촬영)

---

118 한반도 이남 지역 군사시설물 현황에 대해서는 문화재청, 『태평양전쟁유적(부산·경남·전남지역) 일제조사 연구용역 보고서』(2013); 문화재청, 『태평양전쟁유적(대구·경북·충북지역) 일제조사 연구용역 보고서』(2014) 참조. 1945년 일본 당국의 본토결전과 한반도의 역할에 대해서는 조건, 「일제말기 조선 주둔 일본군의 대전주둔과 군사령부 이전 계획」(『역사와 담론』,92, 2019); 조건, 「일제말기 인천육군조병창의 지하화와 강제동원 피해」(『한국근현대사연구』,98, 2021); 조건, 「일제의 육군조병창과 부평, 그리고 부평사람들」, 부평사편찬위원회, 『제4권 인천육군조병창과 애스컴시티』(2021); 조건, 『영예'로운 패전』(도서출판 선인, 2023) 등 참조

〈그림 59〉 부산 가덕도 포진지(2020년 2월 촬영) 〈그림 60〉 경남 남해 선구리 암벽동굴(2013년 6월 촬영)

　군사시설물 공사장 가운데에서 제주도는 다른 지역의 광부를 전환배치한 특징을 가진 곳이다. 전환배치란 당국이 필요에 따라 노무자의 근무지를 변경해 배치함을 의미한다. 제주도는 1945년 2월부터 102개소의 방어진지와 비행장, 해군용 특공기지를 구축했는데, 제주도민만으로 공사를 마칠 수 없었다. 인원수도 부족했지만, 공사에 필요한 기술력도 부족했기 때문이다. 방어진지나 특공기지 공사에 필요한 기술은 광부들이 가진 광산 굴착 경험이었다. 그러므로 제주도민을 포함해 경기·경남·경북·전남·전북·충남·충북 등 한반도 이남의 조선인을 동원했다. 구 강제동원위원회 조사결과에서 제주도 외 지역 출신으로 제주도 군사시설물 구축공사장에 동원된 피해 신고자는 232명인데, 다수가 광부였다.[119]

　제주도로 전환배치된 광부들은 아사다화학공업㈜ 소속 옥매광산(전남 해남군), 스미토모 소속 금주광산(경기도 포천군), 닛치쓰광업 소속 다덕(경북 봉화군)·광양광산(전남 광양), 조선형석㈜ 소속 형석광산(전북 금산군), 조선광업진흥㈜ 소속 단제광산(충북 옥천군), 중촌(경남 함안군)·내동(전북 금산군)·청성광산(충북 옥천군) 등 소속 광부이다. 이들은 어승생악, 알뜨르비행장, 한경면, 대정읍,

---

119 국무총리 소속 일제강점하 강제동원피해진상규명위원회,「제주도 군사시설 구축을 위한 노무병력동원에 관한 조사」, 2007, 61쪽;「전라남도 해남 옥매광산 노무자들의 강제동원 및 피해실태 기초조사보고서」, 2012, 33쪽

안덕면, 서귀포시 등지의 군사시설물 공사장으로 동원되었고, 일부는 일본 쓰시마(對馬島) 다케시키(竹敷) 특공기지로 동원되었다.[120]

〈그림 55〉의 5개 분류 가운데 '군 작업장'은 조병창 및 병기창(14개소)과 일반 작업장(36개소), 토건(5개소)이다. 여기서 토건은 인천육군조병창의 확장공사나 조병창 시설 관련 공사를 의미한다.

가장 대표적인 '군 작업장'은 일본 육군이 부평에 세운 인천육군조병창이다. 인천육군조병창은 조선군관구부대 육군병기행정본부 소속의 무기생산공장이다. 인천육군조병창을 관리하던 육군병기행정본부(정리번호-다6399)는 1940년 12월 2일에 편성한 부대이다. 이 때 평양병기제조소도 육군병기행정본부 소속이 되었다.

육군조병창은 육군에서 사용하는 각종 무기를 생산하는 기관이고, 인천육군조병창은 일본이 식민지에 설치한 유일한 조병창이다. 조병창은 무기를 생산하는 곳이므로 대본영(大本營)[121]이 있는 일본 본토에 두는 것이 일반적이었다. 그러나 예외적으로 한반도의 부평과 평양에 조병창을 설치하고 각종 무기를 생산했다.

1923년 당시 일본 육군의 무기 생산은 조병창 산하에 설치한 각종 공창(도쿄공창, 화공창, 나고야공창, 오사카공창)과 제조소(고쿠라병기제조소, 평양병기제조소)가 담당했다. 1940년 육군병기창과 함께 육군병기행정본부로 통합했고, 이 과정에서 무기 생산을 담당한 '공창'들은 '조병창'으로 변경했다. 이후 각 조병창은 독립적으로 무기를 제조했고, 자체 생산이 어려울 경우에는 육군

---

120 상세한 내용은 정혜경, 「일제말기 제주도 군사시설공사에 전환배치된 조선인 광부의 경험 세계 – 한반도 내 강제동원 피해에 대한 인식과 배경을 중심으로」(『한일민족문제연구』35, 2018) 참조
121 전시 중이나 사변(事變) 중에 설치된 일본 제국 육군 및 해군의 최고 통수 기관. 천황의 명령(봉칙 명령, 奉勅命令)을 대본영 명령(대본영 육군부 명령(大陸命), 대본영 해군부 명령(大海令))으로 발하는 최고 사령부로서 기능을 담당. 청일전쟁과 러일전쟁 때도 설치했으나 종전 후 해산했다. 그 후 1937년 중일전쟁 때 설치해 아시아태평양전쟁 패전까지 존속했다.

관리공장인 민간 군수공장을 지정해 하청생산을 하도록 했다.[122]

당국은 1939년 중반부터 인천육군조병창 설립을 추진했다. 중국 전선 상황이 심각했기 때문이다. 1937년 중일전쟁을 일으킨 일본은 중국 국민당 정부의 수도였던 난징(南京)을 점령하면 중국 정부가 항복해서 전쟁은 끝날 것이라 예상하고 3개월 이내 승리를 장담했다. 그러나 예상과 달리 1939년에도 전쟁은 끝나지 않았다. 오히려 전쟁은 교착상태가 되었고, 200만 명이 넘는 일본군은 넓은 전선에서 빠져나오지 못하고 있었다. 이러한 상황에서 이들에게 시급한 것은 무기 보급이었는데, 무기를 일본 본토에서 조달하기에는 어려움이 있었으므로 한반도에 무기공장이 필요했다.

1939년 8월 9일, 일본의 육군조병창 장관인 고스다(小須田勝造)는 육군대신에게 '조선공창(朝鮮工廠)' 신설을 위한 토지매입 예산을 신청했다. 고스다 장관은 이미 이관받은 제20사단 경리부가 관리하던 부평연습장 72만 8천여 평과 함께 조선공창 부지에 총 115만 8천여 평 규모의 제조소를 건설하기로 했다.

고스다 장관은 제조소를 신설해야 하는 목적에 대해 '만선(滿鮮, 만주와 조선), 북지(北支, 중국 관내) 수송의 신속, 안전과 조선 병기공업 능력의 비약적 발전을 꾀하기 위해 경성 부근에 총기류 생산을 주 임무로 하는 일(一)제조소를 설치'한다고 밝혔다. 중국 전선에 필요한 무기 보급을 위해 한반도에 제조소가 필요하다는 점을 명확히 한 것이다.

1940년부터 평양병기제조소를 '조선공창'(인천육군조병창을 의미)의 예하에 둔다고 구상했다. 평양병기제조소는 1918년 도쿄(東京)포병공창 소속의 조선병기제조소로 출발했다.

---

122 심재욱, 「'공원명표'를 통해 본 전시체제기 구일본육군조병창의 조선인 군속동원」, 『한국민족운동사연구』66, 2011, 233~234쪽

9월 1일, 육군대신이 토지매입을 허가하자 고스다 장관은 곧바로 공장 건설에 들어갔다. 공사는 2년 후인 1941년 초 총검공장과 견습공 연습공장 등 두 건물을 완공하면서 일부 완료했고, 1941년 5월 5일 인천육군조병창이라는 이름으로 공식 개창했다.

〈그림 61〉 1948년 미군이 촬영한 인천육군조병창 전경
(출처 : Norb Faye)

〈그림 62〉 조병창의 주물공장 외관(2019년 8월 촬영)

일본 당국이 조병창을 부평에 설치한 이유는 지리적으로 유리했기 때문이다. 넓은 분지였으므로 안개로 인해 연합군의 공습을 피하기에 적합했다. 조선에서 공업이 발달한 경성과 인천의 중간에 위치해 인천항과 경인선을 통해 곧바로 물자를 수송할 수 있었고, 경성의 우수한 기술력과 학생 등 노동력을 조달할 수 있다는 점도 유리한 조건이었다.

인천육군조병창은 조병창 본부와 제1제조소(부평), 평양제조소, 경성감독반, 부산감독반, 성진감독반을 관할했고, 1942년 4월 15일에는 평양병기보급창 부평분창을 가토리마치(香取町, 현 일신동)에 설치했다.[123]

---

123 第1復員局, 「陸軍兵器行政本部直轄出張所竝造兵部常置員現況表(1944.4.22.)」, 『中央直轄補給諸廠調査表』(일본 방위청 방위연구소 도서관 소장 자료)

<표 7> 인천육군조병창 조직

명칭	주요 업무	당시 위치
본부	-	경기도 부천군 부내면 대정리
제1제조소	소총, 총검 생산	경기도 부천군 부내면 대정리
평양제조소	탄환, 항공탄약, 차량기구 생산	평안남도 평양부
경성감독반	감독 검사	경성부 광화문통 경기도청 내
부산감독반	감독 검사	경상남도 부산부 수정가
성진감독반	감독 검사	함경북도 성진부 쌍포정 일본고주파공업 성진공장 내
평양병기보급창 부평분창		경기도 부천군 가토리마치

 인천육군조병창은 1939~1941년간 시설공사부터 조선인을 동원했다. 그러나 시설 공사는 1941년으로 끝나지 않았다. 일본이 1941년 12월 7일 미국령 하와이의 진주만을 기습공격하면서 시작된 미국과의 전면전은 결국 일본이 '패배를 껴안는' 계기가 되었다. 진주만 공격으로 2천 명 이상의 사상자를 내며 쾌거를 올렸던 일본군은 1942년 미드웨이 해전의 패배로 '패퇴'의 길로 접어들었다. 이미 중국 전선이 고착된 상태에서 태평양의 해상권까지 빼앗긴 일본은 1944년 여름 티니안과 사이판 등 구 남양군도 지역에서 철퇴하면서 제공권마저 빼앗겼다.

 미군은 태평양지역을 회복하기 직전인 1944년 6월 15일, 기타큐슈(北九州) 지역의 군사시설 및 군수공장을 폭격했다. 미군이 사이판에 상륙한 다음 날이었다. 이 폭격을 계기로 일본 본토 공습의 막이 올랐다. 티니안을 점령한 미군은 8월 10일부터 거의 매일 일본 본토를 폭격하기 시작했다. 미군의 공습 지역은 군수공장 밀집 지역이었다. 미군의 폭격기는 민간인 거주지역에 인접한 군수공장과 군이 운영하던 공창(工廠)과 수송로를 공격하기 위해 1945년 일본 패전 당일까지 일본 상공을 누볐다. 비행기와 무기를 생산하던 일본 전국의 군수공장과 조병창은 더 이상 버틸 수 없었다. 그렇다면 포기하고 무기 생산을 중단할 것인가. 그렇지 않았다. '지하로 가자!'

공습의 위험을 감지한 육군조병창은 공습에 대비해 위험지역의 시설을 소개(疏開, 공습에 대비해 분산하는 일)하기 시작했다. 1945년 3월 도쿄제1육군조병창도 공습에 대비한 설비이설 계획을 수립했는데, 이전할 곳은 인천육군조병창이었다. 그러나 도쿄제1육군조병창의 이전은 계획대로 이루어질 수 없었다. 4월 미군의 공습으로 모두 사라져 버렸기 때문이다.

일본 전역의 조병창 6개소 가운데, 5개소가 공습으로 잿더미가 되었다. 그러나 무기 생산을 중단할 수 없었던 일본 육군은 일본 본토에서 공습으로 사라진 조병창의 기능을 인천육군조병창의 시설 확대를 통해 채우려 했다. 또한 지상에 있던 인천육군조병창 소속 무기공장을 지하로 옮기는 계획도 함께 수립했다.

인천육군조병창은 미군의 상륙 예정지와 비교적 멀리 떨어져 있었으나 일본은 전쟁 수행을 위한 지속적인 무기 생산 계획에 따라 지하화를 결정했다. 일단 미군이 상륙하게 되면 제일 먼저 수백 대의 미군 항공기가 부평의 군수기지를 목표로 할 것이 명확했기 때문이다. 이러한 일본 육군의 계획에 따라 1945년 3월부터 함봉산과 선포산 일대에서 지하공장 건설공사가 시작되었다. 현재 부평문화원이 확인한 지하시설은 총 33개소이다.[124]

〈그림 63〉 인천육군조병창 지하시설 중 일부 〈그림 64〉 지하시설에서 바라 본 입구 (김규혁 제공)
(김규혁 제공)

---

124 상세한 내용은 정혜경, 「인천육군조병창과 애스컴시티」, 『한권으로 읽는 부평사』(부평사편찬위원회, 2022); 허광무, 『부평 – 조선 병참의 별이 되다』(동북아역사재단, 2023) 참조

② 군사유적 구축에 동원된 조선인 노무자의 실태

군사시설물 공사장에 동원된 조선인 노무자의 실태에 관한 정리된 자료는 찾을 수 없고 관련 구술기록집은 제주도나 부평 등 일부 지역에 불과하며, 연구 성과도 제한적이다.[125]

구술기록에서 광부들을 제주도 군사시설물 공사장으로 전환 배치한 사례를 4건 찾을 수 있다. 4명 가운데 장한종을 제외하면 모두 16세 이하 유년 노동자였다.

○ 장한종: 1922년 1월 전남 광양 출생. 1940년 닛치쓰광업개발㈜ 소속 광양(光陽)광산에서 화약출납업무(광원부장)를 담당하다가 1945년 1월경 제주도 성산포 군사시설물구축공사장(해안동굴 구축공사장, 특공기지)에 동원
○ 주덕만: 1928년 전남 광양 출생. 1944년 2월경 닛치쓰광업개발㈜ 소속 광양광산에 동원되었다가 1944년 12월 당국의 결정으로 광산 채광이 중지되어 폐쇄된 후 1945년 2월 말경 제주도 성산포 군사시설물구축공사장(해안동굴 구축공사장, 특공기지)에 동원
○ 문봉주: 1928년 경남 함안 출생. 1943년경 함안 소재 군북(郡北)금산에 동원되었다가 1945년 3월 제주도 한라산 관음사 부근 갱도구축공사장에 동원. 광산 동원일자 불상
○ 김백운: 1928년 전남 해남 출생. 1944년 12월경에 해남 소재 아사다화학공업㈜ 소속 옥매광산에 동원되었다가 1945년 3월 하순 제주도 한림 부근(대정리 군사시설물구축공사장)에서 갱도를 지탱하는 갱목 이음쇠 만드는 일에 동원

이들은 광산에서 일하던 중 1945년 초에 '징용'되어 제주도로 떠났다.

"광산에서 첨에 동원될 적에 우선, 회사 광장으로 집합하라고 했어요. 제주도로 간다는 말은 안 하고, 그러니까 종업원들한테 회사에서 본사에서 무슨 일이 있다 모이라고 하니까 모일 거 아니에요. 모여 놓고 보니까 주위에 경찰하고 헌병이 포위되어 있는 거예요. 그래 가지고 배 타는 데로 이제 끌려간 거지."

---

[125] 구술기록집은 조성윤·지영임·허호준, 『빼앗긴 시대 빼앗긴 시절』(도서출판 선인, 2007); 국무총리 소속 일제강점하 강제동원피해진상규명위원회, 『구술기록집: 일하지 않는 자는 황국신민이 아니다-제주도 군사시설구축에 동원된 민중의 기억』(2008); 국사편찬위원회, 『일제의 강제동원과 인천육군조병창 사람들』(역사비평사, 2019) 등이나. 권련 연구 성과는 제주대학교 탐라문화연구소·한라일보사, 『일제하 제주도 수둔 일본군 군사유적지 현장조사보고서1』(제주대학교 탐라문화연구소, 2008); 조성윤 편, 『일제말기 제주도의 일본군 연구』(보고사, 2008); 정혜경, 「일제말기 제주도 군사시설공사에 전환배치된 조선인 광부의 경험 세계 – 한반도 내 강제동원 피해에 대한 인식과 배경을 중심으로」,『한일민족문제연구』35, 2018)가 있다.

"일체 뭐 서류상도 뭣도 없고 아무것도 없고 그냥 무조건 짐승 잡아다가 그렇게 된 거예요. 뭐 어디 간다 뭣도 없어. 그러니까 그 때 그 일본 놈들이 상황이 제주도가 이렇게 되니까 너그 광산 전부 동원시켜라. 뭐 이렇게 지령을 내렸던 모양이에요."

"아무래도 그래도 노동할 줄 아는 사람이라 낫죠. 그리고 그 일일이 가가호호 다니면서 잡으러 다니기는 힘들잖아요. 그러니까 집단으로 있으니까 너그 전부 모이라 해놓고. 딱 모이니까 포위되니까 못 가잖아요. 그러니까 쉽지, 잡아가기가…"

"일본 놈 회사. 그러니까 군인이여. 군인이 인솔해서 간 거여. 그 5명(*일본 놈 회사 사람)이 간 것은 전직 그 인부들. 소위 광산 종업원을 관리하기 위해서 자기네들이 따라간 거지. 군인들이 몇 명인지는 모르고 헌병들 한 … 여남은 명 더 될걸. 아마 그때 우리 도망가지 못하게끔 헌병들. 군인이 아니라 헌병이 왔어. 헌병."(*-인용자)[126]

당국은 "화산 줄기라서 돌도 깨기 쉽고, 타지도 아니고 우리나라 땅인 제주도"로 보내는 것을 특혜인 듯 강조했다. 그 과정은 당국의 일방적 통보나 강압이었다.[127]

이들은 "군대에서 굴 파는 공사를 하는데, 광산 사람들이라야 굴을 뚫을 수 있다"고 해서 제주도에 갔다. 이 가운데 옥매광산 소속 광부들은 해방을 맞아 돌아오는 과정에서 선박화재사고로 수백 명이 사망하는 지옥을 경험했다.[128]

군사시설물 공사장은 탄광산만큼이나 위험하고 노동강도가 강한 직종이어서 여성이나 아동, 노인이 하기에 적합하지 않았다. 그럼에도 노인과

---

126 국무총리 소속 일제강점하 강제동원피해진상규명위원회, 『구술기록집: 일하지 않는 자는 황국신민이 아니다-제주도 군사시설구축에 동원된 민중의 기억』, 2008, 98~99쪽, 237쪽, 248쪽, 257~258쪽
127 정혜경, 「일제말기 제주도 군사시설공사에 전환배치된 조선인 광부의 경험 세계 - 한반도 내 강제동원 피해에 대한 인식과 배경을 중심으로」, 『한일민족문제연구』35, 2018, 29쪽
128 옥매광산 광부 선박화재사고 사례는 국무총리 소속 일제강점하 강제동원피해진상규명위원회, 『제주도 군사시설 구축을 위한 노무·병력동원에 관한 조사』; 『전라남도 해남 옥매광산 노무자들의 강제동원 및 피해실태 기초조사보고서』 참조

여성, 아동을 동원한 사례를 많이 볼 수 있다. 그러므로 노동재해가 빈번했고, 사망자도 많았다. 통계를 제시할 수는 없으나 사진이나 구술기록을 통해 일부 실태를 알 수 있다.

인천육군조병창에 동원된 조선인 노무동원은 세 종류였다. 첫 번째는 1939~1941년간 조병창을 조성하는 과정에서 발생한 동원이다. 두 번째는 조병창에서 무기를 생산하는 과정에서 동원한 인력이다. 세 번째는 1945년 조병창의 지하화와 관련해 동원한 인력이다.

첫 번째에 해당하는 시설공사는 조병창 본부와 제1제조소 소속 각종 공장 공사였다. 일본 육군은 하자마구미·간토구미(關東組)·다다구미(多田組)·다마모구미(玉藻組)·시미즈구미(淸水組) 등 5개 건설회사에 공사를 의뢰했고, 건설회사는 근로보국대를 동원해 공사에 들어갔다. 생존자 구술기록에 따르면, 건설회사는 공사에 필요한 노동력을 부평, 김포, 강화, 멀리는 경상남북도와 전라남북도 일대에서 동원했다. 동원된 이들의 규모는 정확히 알려지지 않지만, 공사 규모가 컸던 만큼 최소 수천 명의 인력이 동원되었을 것으로 짐작한다. 직접 공사에 투입된 인원만 수천 명이고 관련된 여러 설비와 수송 인력까지 더하면 더욱 많은 인원이었다고 추산할 수 있다.

두 번째 동원은 공장에서 직접 무기를 생산하거나 관련 설비 등을 담당한 경우이다. 얼마나 될까. 1945년 3월 당시 일본 당국이 밝힌 인천육군조병창 소속 노무자는 총 1만 1,300명이었다. 일본인이 12% 정도였고 88%가 조선인이었다.

현재 국가기록원이 소장한 강제동원 관련 명부 가운데 인천육군조병창에 동원된 조선인의 사료를 찾을 수 있다. 『유수명부』와 『임시군인군속계』이다. 이 가운데 가장 많은 인원을 담고 있는 자료는 『유수명부』이다. 이 자료에는 총 1만 2,584명이 인천육군조병창 소속이라 기재되어 있다. 이들은 모두 군무원 신분이다. '군이 동원한 민간인'이라는 의미이다. 중복자가 포함되어 있으므로 실제 숫자는 약 1만 명 정도일 것으로 보인다. 그런데 명부에 누락된 경우가 적지 않았다는 점을 감안하면 명부 수록 인원은 최소치라 보아야 한다.

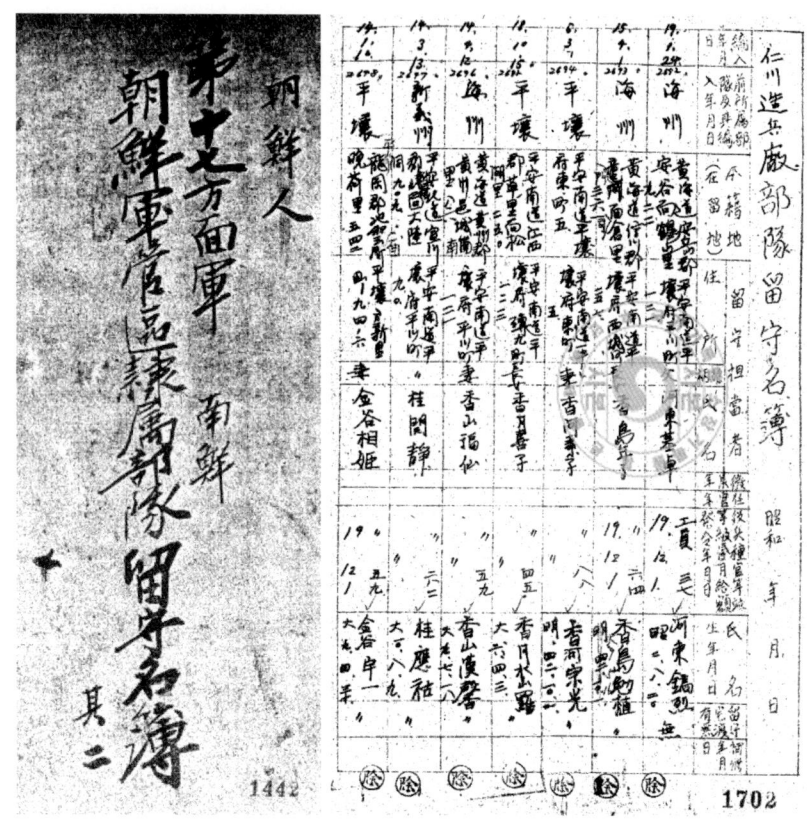

〈그림 65〉 『유수명부』 해당 부대 〈그림 66〉 『유수명부』 인천육군조병창 해당 명부 표지(국가기록원 소장)

당국은 어린 학생들도 조병창 생산 공정에 투입했다. 전쟁 초기에는 신문 기사를 통해 모집(견습공)하는 경우도 있었으나 일제 말기에 오면서 학생 동원이 다수를 차지했다. 매일신보 기사(1944년 5월 7일, 5월 10일)는 제1차로 경성공업·인천중학·인천상업·인천공업·인천고녀·소화고녀 등 6개 학교 360명의 입창식(5월 8일)과 현장 소식을 전하고 있다. 이 기사를 통해 여학생들이 새벽 5시 50분부터 일어나 무기를 만들었음을 알 수 있다.

〈그림 67〉 매일신보 1944년 5월 10일, 1면   〈그림 68〉 매일신보 1944년 5월 10일, 3면

세 번째 동원은 현재 학봉산과 제3보급대 부지에 조성한 지하시설공사이다. 이 공사도 가지마구미(鹿島組), 니시마쓰구미(西松組), 도비시마구미(飛島組), 다다구미, 다케나카구미(竹中組), 다마모구미 등 일본 굴지의 건설회사가 참여했다. 그러나 공사는 완공을 볼 수 없었다. 공사 도중에 일본이 패

전하고 한반도는 광복을 맞았기 때문이다.

"3월 1일 현재 노무자는 약 11,300명으로 이 중 내지인(일본인)은 약 12%이다. 1945년도 노무 요원은 제2제조소 신설 요원 약 1,500명, 지하공사 등에 따른 임시적 요원 약 3,500명, 합계 약 5,000명을 증원하고, 결원 보충을 위해 약 3,000명, 총계 약 8,000명의 취득을 필요로 한다. 지하 공사 등에 필요한 임시 요원은 모두 징용에 의거하고, 그 외는 관알선 및 학도 동원에 따라 충족하도록 시책 중이다."

1945년 3월 일본 육군이 작성한 극비문서 『예하부대장 회동시 병기 생산 상황보고』(방위청 방위연구소 소장 자료)이다. 이 문서는 시설 공사를 위해 동원할 인력 계획을 명확히 기재했다. 이 문서에 따르면, 당국이 지하시설 공사를 위해 투입할 조선인은 약 8,000명이었다. 확보 방법은 징용과 관알선, 학도근로 등이었다. 공사 도중 일본이 패전을 맞이하면서 8,000명까지 동원하지 못했다.

> 1930년 경성 석관동에서 태어난 전진수는 1944년 경신중학교에 입학했다. 그는 일본 패전이 임박한 1945년 7월 함봉산 지하공사장에 동원되어 지하시설에서 해방을 맞았다. 어느 날 담임 교사가 침구를 가지고 경성역(지금 서울역)으로 나오라고 해서 학생복을 입은 채로 나간 것이 부평행이었다. 가족에게 알리지도 못하고 갔다.
> 전진수는 중학교 2학년 나이로 제22부대 현역 군인들과 함께 충북 충주농고 4학년생, 청주 상업고등학교 4학년생과 혼성작업팀 소속으로 작업했다. 산을 양쪽에서 뚫어나가는 작업이었는데, 긴 정과 해머로 물을 부어가며 돌에 구멍을 뚫었다. 물을 부으면 돌이 약간 부드러워져서 해머가 들어갈 수 있었기 때문이다. 이렇게 만든 구멍에 군인들이 TNT 폭약을 넣어 폭파하면 학생들은 주머니에 가마니 띠를 매고 돌과 흙을 실어 날랐다. 기계 하나 없이 맨손으로 굴을 파는 셈이었다.
> 숙소 바로 앞에 경인선이 다니는 길이었는데 어느 날 점심 먹기 전에 보니 기차 화통에 깃발을 십자로 걸고 달리는데 일장기가 아니었다. 갑자기 만든 태극기였다. 태극기를 들고 기차에서 사람들이 만세를 부르고 있었다. 그래서 세상이 달라졌다는 것을 알았다. 담임 교사가 '경성역으로 갈 준비를 해라'고 해 함께 기차를 타고 집으로 돌아왔다. 그러나 교사는 해방되었다고 말해주지 않았다.

지하시설물 가운데에는 1945년 8월 일본이 패전하기 직전까지 학도근로대를 동원해 구멍을 판 흔적이 남아있다. 다이나마이트를 설치하기 위해 구멍을 낸 흔적이다. 경성역에서 갑자기 기차를 타고 부평에 온 학생들은 광복을 맞이하던 순간까지 망치와 징을 들고 구멍을 파고 흙을 날랐다. 이 흔적은 일본이 부평의 땅속에 남긴 동굴의 깊이만큼 아니 그보다 훨씬 깊이, 동원되었던 조선인 피해의 흔적이기도 하다.

〈그림 69〉 지하시설 가장 안쪽에 남은 흔적. 마지막까지 폭약을 넣기 위해 팠던 구멍이다.

(3) 식민통치유적

식민통치유적은 조선통치기관이었던 조선총독부 관련 유적은 물론, 조선은행과 동양척식주식회사 등 경제기관을 비롯해 신사 등 종교기관, 경찰 사법 기관 등 일본의 식민지 조선 통치와 관련한 유적, 인력과 물자를 수송했던 역과 항구를 의미한다. 이들 유적은 일제 말기에 한반도의 민중과 물자를 동원하고 수탈하는 데 핵심적인 역할을 했던 장소이기도 하다. 현재 확인한 유적은 173개소이다.

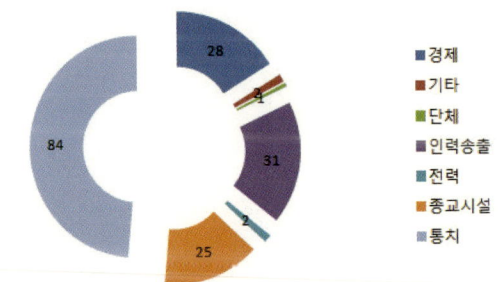

〈그림 70〉 식민통치유적의 유형별 현황(2024.8 기준)

(4) 기타유적

기타유적은 거주지(노동자 사택 등), 소개(疏開) 공지(空地) 등 군사방위 관련, 추도 관련지(일본인 공동묘지 터) 등이다. 현재 확인한 유적은 26개소이다.

4. 국내에서 활용하는 일제 전쟁유적을 찾아

1) 국내 일제 전쟁유적의 활용 현황

광복 후 80년을 거치면서 국내 일제 전쟁유적은 새로운 한국현대사의 역사를 축적하는 곳이 되었다. 그 과정에서 개인 사유화, 미군기지나 한국군 부대로 사용, 방치와 훼손·철거, 활용의 네 가지 길을 걸어왔다.

국내 일제 전쟁유적의 활용 사례는 극히 일부인데, 그나마 본래 담고 있던 역사와 기능을 중시한 활용은 찾기 어렵다. 대부분 공원, 카페와 전시장 등으로 형태는 남아 있으나 그곳이 담고 있던 행위와 감성의 흔적이 사라진 방향으로 활용되고 있기 때문이다.[129]

연구 대상 유적을 미처 일제 전쟁유적이라고 생각지 못해서 나타난 사례도 있다. 얼마 전까지 대통령집무실로 사용했던 청와대는 식민통치유적인 '조선총독관저(경무대)'이다. 청와대의 활용에 대한 연구는 다양한 교육프로그램과 생태적 방안 등 다양한 활용 방안을 제시하고 있으나 활용 방향은 '현대의 사회적, 경제적, 환경적 요구'에 부응하는 지속 가능한 문화 랜

---
129 이광표, 『근대유산, 그 기억과 향유』, 현암사, 2021, 27쪽

드마크'로서 전략에 그쳤다.[130]

이같이 대부분의 유적이 일제 전쟁유적이 가진 본래의 역사와 기능을 토대로 한 활용을 하지 못하거나 방치와 훼손·철거로 가는 이유는 크게 다섯 가지로 볼 수 있다.

첫째, 연구의 미비이다. 연구가 미비한 가장 큰 이유는 자료 부족이다. 일제 전쟁유적은 실태를 파악해야 하는 단계, 즉 자료수집을 시작해야 하는 기초조사단계이다. 그러나 이 단계가 초보적 수준에 불과하므로 연구로 이어지기 위한 토대 구축이 마련되지 않은 상황이다. 연구 토대가 마련되지 않은 상황에서 연구 성과를 기대하기는 어렵다.

둘째는 일제 전쟁유적에 대한 한국 사회의 인식이다. 최근 근대유적에 대한 관심은 조금씩 높아가고 있으나 널리 확산되었다고 보기 어렵다. 일제 전쟁유적은 근대유적에 비해서도 관심이 낮거나 외면되는 편이다. 일제 전쟁유적은 35년 식민 지배의 역사를 보여주는 산물이다. 그러므로 한국 민중이 적극적으로 극복한 역사의 한 과정으로 받아들이기보다 외면하고 싶은 경험을 상기시키는 불편한 장소이다. 미미한 평화교육의 현실도 일제 전쟁유적 보존의 필요성으로 이어가지 못하고 있다.

셋째는 사유화이다. 광복 후 미군정의 적산(敵産) 처리 과정에서 개인 자산으로 둔갑한 곳이 적지 않다. 사유화는 실태조사의 걸림돌로 작용하고 있다. 군사유적 가운데에는 등록문화유산임에도 개인이 점유하고 있어서 연구자나 조사기관의 접근성이 어려운 곳이 있다.

군수공장의 접근성은 더욱 어렵다. 당시 대규모 군수공장들이 현재 기업 소유의 산업 현장으로 가동 중이기 때문이다. 대부분 지역 유지들이 적

---

[130] Ja-young Eunice Kim1 and Yong-hwan Shim2, Cheong Wa Dae: The Sustainability and Place-Making of a Cultural Landmark, Reflecting Its Role in History and Architecture, 2025(buildings-15-00155.pdf)

산 처리 과정에서 기업을 인수했으므로 기업의 역사에 대한 자긍심보다는 '수탈기업' '전범기업'의 이미지가 겹치지 않을까 전전긍긍한다. 광주광역시 소재 구 가네가후치 방적공장(현재 전남방적, 일신방적), 인천광역시 소재 구 동양방적공장(현재 동일방적) 자리 등 현존하는 군수공장 유적은 공장 내부에 등록문화유산이 있거나 등록문화유산 대상 유적이 있음에도 일반인의 출입을 엄격하게 금하고 있다. 모두 사유화의 결과이다.

넷째, 안전성과 접근성이 떨어지는 등 현실적 문제이다. 일반주택지에서 멀리 떨어진 탄광산 터는 접근성이 떨어지고 개발에 비용이 많이 소요되므로 활용이 어렵다. 사고 위험에 노출되어 안전성 조치가 시급한 곳도 있다. 토양오염 문제로 철거가 시작된 군사유적(인천육군조병창 유적)도 있다. 탄광산의 오염 피해는 지역의 현안이다. 강원도의 폐광지대에는 아직도 중금속이 함유된 갱내수가 쏟아지고 있다.[131] 오염 문제를 해결하는 광해광업공단이 있으나 폐광지의 문제를 해결하기에는 역부족이다.

다섯째, 활용이나 보존을 담당하는 추진 주체(지자체나 국토부 등 정부기관)이 문화적 재생이 아닌 물적 개발을 추진하기 때문이다. 문화적 재생을 위해서는 큰 그림의 마스터플랜을 세우고 주민 등 이해관계자의 설득과 전문인력이 필요하고 소요 기간도 적지 않다. 그에 비해 철거나 공원화 등 물적 개발은 수행 과정 자체가 상대적으로 간단하고, 단기간에 마무리할 수 있다. 물적 개발이 속도감을 내는 이유이다.

국내 일제 전쟁유적의 몇몇 구체적인 활용 사례를 살펴보면 다음과 같다.

---

131 https://www.yna.co.kr/view/AKR20230605035300062

2) 군사유적

■ 지심도 포대

경남 거제시 일운면 옥림리에 자리한 지심도는 국방부 소유의 작은 섬이었다. 고사포대 4대 및 탄약고 3개소, 경비행기 활주로, 방향 지시석, 서치라이트 보관소, 게양대, 망루, 일본군 전등소, 병사들의 막사, 선착장, 전등소 소장 사택 등이 남아 있다.

지심도에 남은 시설은 일본군이 섬에 거주하던 주민을 쫓아내고 구축한 군사시설이다. 일제강점기 때 건설된 선착장은 일본군 식량·군수물자·포대 신축을 위한 자재 등의 수송을 담당하던 곳이다. 지심도는 1945년 8월 일본이 패망할 당시 부산요새사령부 소속 1개 중대가 주둔했던 곳으로 패전 직전까지 최후 방어진지로 사용했다. 진해만 일대에 속해있었으므로 대륙으로 교두보 역할을 담당한다는 지정학적 이유로 군사시설을 구축했다.

지심도의 여러 군사유적 가운데 지심도 포대는 현재 지심도 역사문화관으로 조성되어 있다. 일본 육군이 1935년 11월 수립한 계획에 따라 1936년~1938년까지 18개월간 조성한 군사시설이다.[132]

일본 육군이 점령하던 섬은 1945년 8월 광복 이후 국방부 소유가 되었고, 15가구는 가옥과 토지를 국방부로부터 임대해 민박과 어업에 종사했다. 이 가운데 1가구는 연중 상주하고, 14가구는 민박과 식당을 운영하기 위해 관광객이 있는 일정 기간만 거주했다.

2006년 국방부가 국방과학연구소를 제외한 지심도의 모든 땅을 매각하기로 확정하면서 2017년에 거제시가 인수했다. 거제시는 2021년 지심도 개발 계획을 수립해 지심도의 군사유적을 역사문화자원으로 활용하고자

---

132 이지영·서치상, 「지심도의 일본군사시설에 관한 연구」, 『건축역사연구』22-5, 2013, 40~41쪽

계획하고 있다. 거제시가 지심도의 군사유적을 활용하고자 계획하게 된 것은 한려해상국립공원 자연환경지구인 지심도가 이미 관광지로서 명성을 갖고 있기 때문이다. 반나절 코스인 지심도의 관광지로서 상품성을 높이는데, 군사유적의 활용이 긍정적 역할을 할 것이라는 판단이 보존이라는 방향으로 이어진 것으로 보인다.

〈그림 71〉 지심도 군사유적 분포도(문화재청, 『태평양전쟁유적(부산·경남·전남지역) 일제조사 연구용역』, 2013, 103쪽)

〈그림 72〉 지심도 탄약고 입구(2013년 7월 촬영)

〈그림 73〉 지심도 탄약고 내부 전시관(2013년 7월 촬영)

〈그림 74〉 제1 포대와 탄약고(2021년 11월 촬영)   〈그림 75〉 전시실로 만든 탄약고 출구(2021년 11월 촬영)

■ 광주광역시 지하시설물

광주광역시 화정4동에 있는 광주학생독립운동기념관과 광주시 청소년수련원 사이에는 세 개의 지하시설이 있다. 모두 직선형인데, 보존 상태는 매우 양호하다. 2013년 광주 화정4동이 마을지『화사한 마을 화정4동』을 발간하면서 알려졌다. 마을지는 주민 김준호의 구술(당시 81세)를 인용해 이 시설물을 판 주체가 일본이며 강제노역의 현장임을 밝혔다.133

이곳은 광복 당시 마을 사람들의 관심사이자 동네 꼬마들의 담력 테스트 장소이기도 했다. 6.25 전쟁 당시에는 국군이 탄약고로 사용했고, 3개월간 인민군이 주둔할 시기에는 인민군 광주전남본부가 되었다. 그 후 국군이 사용하다가 1974~1981년간 육군화학학교가 연막탄 체험화생방 훈련장으로 사용했고, 이후에는 육군보병사격장으로 사용했다. 1990년대 상무대가 이전한 후에는 자물쇠로 굳게 잠겼다. 이곳을 주민들은 '방공호'라 여겼으나 전문가들은 비행장 연료 저장소로 추정했다. 판단 근거는 인근

---

133 화정4동,『화사한 마을 화정4동』, 2013, 23쪽

지역에 군 비행장과 군부대가 있었기 때문이다.

〈그림 76〉 화정동 일제 군사용 동굴이 위치한 투시도. (A)와 (B)동굴은 광주학생독립운동기념관 진입로와 주차장 방향으로 설치돼 있으나 절개된 흔적이 있으며, (B), (C)동굴은 서로 입구를 마주하고 있다.(2014년 7월 촬영)

〈그림 77〉 동굴(B), 동굴(C) 입구. 동굴 입구를 마주하고 있다.
(2014년 7월 촬영)

화정4동의 지하시설이 알려지면서 2014년 광주광역시교육청은 활용 방안을 논의하기 시작했다. 4월 18일에 교육청 주최로 회의를 열었고, 8월 26일 광주광역시와 공동 주최로 '광주 중앙공원 내 일제 군사시설 역사교육 활용 방안 시민토론회'를 개최해 역사성을 찾는 작업을 했다. 학술발표회는 2015년 8월 13일에도 열렸다.

〈그림 78〉 내부의 모습(2014년 7월 촬영)

〈그림 79〉 동굴(C) 입구에서 바라본 내부 모습. 양쪽 출입구가 뚫려 있다. (2014년 7월 촬영)

〈그림 80〉 2021년에 발견된 지하시설 입구 (2022년 2월 촬영)

〈그림 81〉 2021년에 발견된 지하시설 내부. 여러 개의 공간으로 구성(2022년 2월 촬영)

2015년 6월 광주학생독립운동기념관은 『일제강점기 동굴 추정시설물 연구조사 결과보고서』를 발표해 화정4동의 연료고 동굴이 4개이며, 이 가운데 3개가 광주학생독립운동기념회관 부지에 있다고 밝혔다. 이후 광주광역시교육청은 '학생독립운동 역사 공원(가칭) 조성을 위한 TF팀을 구성하고 활용 방안에 대한 논의를 몇 차례 했다. 이 과정에서 지하시설물 3개 가운데 정밀안전진단을 거친 1개를 '뚜껑 없는 박물관'으로 조성하는 구체 방안도 나왔다. 그러나 이후 활용 소식은 들을 수 없었다. 그리고 2021년 6월, 광주광역시는 5.18 사적지 복원작업 중 인근 505보안부대 자리(서구 쌍촌동)에서 또 다른 지하시설을 발견했다.

■ 군산대 교내·대전 보문산 지하시설물

최근에 새로 발견되는 군사유적은 광주 외에도 여러 곳이 있다. 그 가운데 하나는 군산대학교(미룡동) 교내에 있는 지하시설물들과 대전광역시 보문산에 산재한 지하시설물들이다.

2009년 군산문화원이 처음으로 군산대학교 교내에서 지하시설물 2개소를 발견한 후 군산대학교 박물관이 7개소의 존재를 확인했다. 이곳에서 일제 전쟁유적을 발견한 이유는, 아태전쟁 말기에 일본이 본토 결전을 위해 남선 서해안을 유력한 미군 상륙예상지역으로 설정하고 군산에 보병 제160사단을 배치해 육군비행장과 여러 군 시설지를 조성했기 때문이다. 군산대학교 박물관은 2023년부터 지하시설물 7개소에 대해 기본조사와 굴삭조사를 진행했다.[134]

대전시 보문산에 산재한 지하시설물은 중도일보 임병안 기자가 2023년부터 '대전지역 일제강점기 방공호 전쟁유산 조사'를 실시하면서 찾아낸 곳이다. 2024년 3월 말 현재 확인한 지하시설은 총 12개소이다.[135] 이곳에 군사유적이 집중된 이유는 1945년 일본이 본토결전이라는 최후의 전쟁계획을 수립하는 과정에서 경성부 용산에 있던 조선주둔군 사령부를 대전으로 이전하기 위한 시설공사를 했기 때문이다.[136]

---

134 연합뉴스 2023년 1월 26일자 "일제강점기 무기고 추정' 군산대 인공동굴 기본조사 착수".
135 『중도일보』 2024년 4월 5일 「대전서 일제강점기 동굴 12개 최종 확인…"우리역사 파악 노력 필요"」.
136 이에 대한 상세한 내용은 조건, 「일제말기 조선 주둔 일본군의 대전 주둔과 군사령부 이전

〈그림 82〉 군산대 교내 지하시설물 내부(2022년 9월 촬영)

〈그림 83〉 대전시 석교동 아쿠아리움 뒤에 남은 시설물 흔적 (2024년 2월 촬영)

〈그림 84〉 대전시 신상동의 지하시설(2024년 2월 촬영)

〈그림 85〉 대전시 신상동 지하시설에서 바라 본 입구(2024년 2월 촬영)

계획」(『역사와 담론』92, 2019) 참조

〈그림 86〉 대전시 호동의 지하시설(2024년 2월 촬영) 〈그림 87〉 식당 창고로 사용 중인 지하시설(신상동, 2024년 2월 촬영)

광주와 군산, 대전의 사례는 어떤 과정을 거쳐 무슨 목적으로 조성했는지를 파악하는 과정에 있다. 기본적인 현장조사만을 거친 상태이다. 그러므로 문헌과 구술기록 수집을 통해 역사성을 확보하고, 이후에 활용 방안을 고민하는 과제가 남아 있다.

■ 가양동 궁산터널과 상암동 일본군 관사

역사성을 확보하기도 전에 무리하게 활용을 추진하다가 폐쇄시설로 전락한 사례가 있다.

첫 번째 사례는 서울특별시 강서구 가양동 궁산터널(궁산근린공원)로서 활용 과정에서 현장을 훼손했다. 궁산터널은 일제강점기 경기도 김포시 양동면에 있었던 화강암 70미터 길이, 폭 2미터, 높이 2미터의 지하 시설로써 1940년대 굴착한 것으로 추정한다. 김포비행장 관련 군사유적이다.

2008년 발견되었는데, 구청이 시설물 공사를 하면서 원형을 일부 훼손했다. 강서구는 2010년에 공원으로 조성하면서 개방하려 했으나 안전성 검사를 하지 않고 추진하다가 안전성 문제로 결국 폐쇄했다. 2015년 말 동아일보 보도 후 서울시가 활용 방법을 살펴보았으나 답을 찾지 못했다.

〈그림 88〉 2008년 4월 구 강제동원위원회 조사 당시 지하호 내부   〈그림 89〉 2015년 폐쇄 후 입구 모습(2015년 8월 촬영)

두 번째 사례는 상암동 일본군 관사(마포구 상암동 810, 서울미래유산)이다. 일제 전쟁유적에 대한 우리 사회의 인식을 잘 보여주는 사례이기도 하다. 아파트 단지 안에 자리하고 있는데 소유는 SH공사(서울도시개발공사)이지만 관리는 마포구가 담당하고 있다.

이 일본군 관사는 조선군 경성사단이 주둔했던 지역으로 알려진 상암동 일대(당시 수색)에 1930년대에 건립되어 해방 후 국방부로 소유권이 이전되었다가 1960년대에 민간에 매각된 지역에 남아 있었다. 1970년대 초에 개발제한구역으로 지정된 결과, 옛 모습을 남기게 되었다. 2005년에 SH공사가 상암월드컵파크 단지 조성 과정에서 22개 동의 관사를 발견했다.

문화재청은 지표조사를 통해 2006년 1월에 근대문화유산으로 보존할 가치가 있다고 결정하고, 4월에 근대문화재분과 문화재위원회 검토를 거쳐 등록문화재로 신청했다. 22개 동의 관사 가운데 상태가 양호한 2개 동(대위급 숙소와 소위·중위급 장교 숙소)을 이축·복원했다. 2010년에 11억 원을 들여 복원한 후 건물 내부에 역사전시관을 조성했다. 마당에는 우물과 정원 등을, 건물 2개 동 사이에 방공호도 복원했다.

〈그림 90〉 일본군 관사 전경. 마당에 우물과 정원을 복원했다.(2015년 8월 촬영)

〈그림 92〉 아파트 단지 내 공원에 조성(2015년 8월 촬영)

〈그림 91〉 건물 사이의 방공호(2015년 8월 촬영)

    일본군 관사의 이축과 복원은 문화재청의 공식적인 과정을 거쳐 추진했다. 문화재청의 목적과 의도는 역사적 유산을 적극 보존 활용하려는 방향이었다. 그러나 문제는 지역 주민들의 반발 여론을 간과했다는 점이다. 주민들은 '건물을 복원 전시하는 데 주민의 의견이 전혀 반영되지 않았다는 점, 자랑스럽지 않은 역사의 흔적을 문화재로 등록해 관리 보존할 필요가 없다는 점'을 주된 이유로 들었다.[137]

    문화재청은 주민설명회를 열었으나 설득하지 못했다. 오히려 주민들은

---

137 『동아일보』 2012년 2월 22일자 「보존 가치있는 교훈의 장, 치욕의 흔적 굳이 왜……」

문화재등록 반대 탄원서를 제출할 정도였다. 더구나 전시물의 하나인 인형이 독립지사로 알려지면서 거부감은 더욱 커졌다. 문화재청은 '국내 유일한 역사적 유적'이라는 점을 들어 전시관을 조성했으나 주민들의 반발 속에서 현재는 임시 폐쇄 상태이다. 당시 문화재청이 이 관사를 '국내 유일한 역사적 유적'이라고 평가한 근거는 찾을 수 없다.

■ 부산의 장교숙소 터

부산역 건너편, 밀면집이 즐비한 골목에는 '브라운 헨즈-백제'라는 카페가 자리하고 있다. 2012년에 부산근대건조물로 지정되었다. 1922년 재일동포 최용해가 세운 부산 최초의 근대식 종합병원 백제병원 건물인데 군사유적이기도 한다. 1932년 중국음식점을 거쳐 1942년 아카쯔키(赤月)부대 장교숙소로 사용되었기 때문이다. 1945년 해방 후 치안대 사무실로 사용하다가 중화민국영사관과 임시 대사관으로도 사용했다. 1953년에 개인 소유가 되었고, 현재 카페로 운영 중이다.

건물 입구에 부착한 표지판은 이 건물의 유구한 역사를 언급했지만 일본군 장교숙소였다는 점은 찾을 수 없다. 소유자가 내부 시설을 거의 개조하지 않고 조명도 최소화해 비교적 원형을 잘 보존한 곳이므로 현재 보존 상태만으로도 훌륭하다. 이바구길 앱으로 검색도 가능하다. 그러나 현재 이 건물이 일제 전쟁유적이라는 점을 인식하는 시민들은 없다. 부산 최초의 근대 병원 자리로 알고 있을 뿐이다.

〈그림 93〉 건물 입구에 부착된 안내문
(2017년 3월 촬영)

〈그림 94〉 옛 모습을 유지하고 있는 내부 모습
(2017년 3월 촬영)

■ 경성 재근 해군무관부 건물

원래 장소에서 이전해 미술관으로 사용 중인 곳도 있다. 서울특별시 관악구 남현동에 있는 서울시립미술관 남서울분관(남서울 생활미술관)이 주인공이다. 원래 장소는 경성부 남산 자락(당시 욱정 2정목 78번지, 현재 서울특별시 중구 회현동 우리은행 본점)에 있었다. 당초 벨기에영사관 건물이었는데, 현재 사적 제245호로 지정된 문화유산이다. 벨기에영사관 건물을 군사유적이라 판단한 이유는 일제 말기에 일본 해군성 무관부 관련 건물이었기 때문이다.

1903년 착공해 1905년 완공한 벨기에영사관 건물은 건축면적 1,569.58m², 지하 1층, 지상 2층 벽돌구조이다. 벽돌과 석재를 혼용했고 고전주의 양식의 현관과 발코니의 이오닉오더(Ionicorder) 석주 등 매우 아름다운 건축물이다. 1919년에 영사관이 충무로 1가 18번지로 옮긴 후 일본 요코하마(横濱)생명보험회사 사옥으로 사용하다가 일제 말기에 '경성 재근

무관' 또는 '경성 재근 해군 주재 무관'이라 불리던 해군 무관들이 근무한 경성 재근 해군무관부 건물로 사용되었다.

총독부 재근 무관제도란 조선총독부 관제(1910년 9월 공포)에도 '무관 2인과 전속 부관 1인 설치 가능'하다는 근거에 따라 설치 했다. 총독의 참모로써 육해군 소장이나 좌관급에서 임명되었고 급여도 조선총독부가 지급했다. 1920년대 문화통치 시행으로 폐지했다가 1937년 중일전쟁 이후 부활했다. 조선총독부에 전비와 병참 관련한 사항을 협의하기 위해 육군과 해군 장교들을 촉탁 형식으로 배속했다. 특히 해군은 진해를 중심으로 주둔했으므로 경성부에 무관 협의 기관을 둘 필요성이 높았다.

이들은 주로 국방헌금이나 군수품 헌납 업무를 담당했다. 그러다가 총동원기에 들어서는 총독부와 협의 아래 해군에 필요한 조선인 노무자를 동원하는 일도 담당했다. 1944년 4월에 작성한 「오미나토(大湊)경비부 전시일지」에 따르면, 해군성 병비국장 경성 주재 해군무관부 소속 무관에게 지시마(千島)와 홋카이도의 해군시설물 건축을 위해 조선인 요원 9천 명을 동원하는 건에 관해 조선총독부와 '엄중 교섭'하라는 내용의 문건을 작성했다.[138] 해군성 병비국장의 지시를 받은 이는 바로 이 건물에서 근무하던 경성 재근 해군 무관이었다.

이 건물은 해방 후 해군 헌병대로 사용했고, 1970년 상업은행이 불하받아 사용하다가 1982년 8월 남현동으로 이전해 한국상업은행(현 우리은행) 사료관으로 사용했으며, 현재는 관악구 남현동 1059-13번지로 이전해 서울시립미술관 남서울분관으로 활용하고 있다.

---

138 조건, 「전시 총동원체제기 조선 주둔 일본군의 조선인 통제와 동원」, 동국대학교 사학과 박사학위논문, 56쪽

〈그림 95〉 안내 표지판에서 해 〈그림 96〉 서울특별시 관악구 남현동 소재 '경성재근 해군
군무관부에 대한 언급은 찾을 무관부 건물'(2016년 7월 촬영)
수 없다. (2016년 7월 촬영)

〈그림 97〉 원형을 그대로 간직한 실내 공간(2016년 7월 〈그림 98〉 바닥 장식(2016년 7월
촬영) 촬영)

■ 진해 장천동 해군시설 터

    오랫동안 방치되어 있다가 공원으로 조성한 사례가 있다. 진해 장천동 해군시설(창원시 진해구 진해대로 벚꽃공원)이다.

    일제강점기 내표직 군시지역인 진해의 군사시설물은 러일전쟁을 전후 한 1905년 1월 진해방비대를 설치하면서 구축하기 시작해 1945년 8월까지 축적해 온 시설물이다. 동굴 시설물을 중심으로 일대는 해군의 군수시설인

항공창(항공 관련 생산 공장), 해병단, 설영대(일종의 공병대) 등이 자리하고 있었다. 그러므로 여러 군수물자와 화약을 보관했던 곳이었다.

   2013년에는 창고나 버섯 재배지 등으로 방치되어 있었으나 이후 공원을 조성하면서 방치된 지하호를 목책으로 둘러서 안전성을 확보했다. 그러나 일부만을 공원으로 조성했으므로, 여전히 많은 지하시설물은 방치된 상태에 놓여 있다.

〈그림 99〉 2013년 방치된 상태의 동굴 (2013년 6월 촬영)　〈그림 100〉 공원으로 조성한 후 모습. 벚꽃공원 산책로에 있는 동굴들(2021년 2월 촬영)

〈그림 101〉 동굴 입구에 목책을 둘렀다. (2021년 2월 촬영)　〈그림 102〉 여전히 방치된 벚꽃공원 뒷산 중턱의 동굴(2021년 2월 촬영)

■ 충북 영동군 매천리 군사유적

   충북 영동군 매천리의 군사유적은 오랫동안 와인저장고로 사용하다가

레인보우 힐링관광지 영동와인터널(2018 개장)의 일부가 된 사례이다.[139]

1998년 영동군이 작성한 『매천리 토굴현황 조사결과 보고』와 2014년 문화재청이 발간한 『태평양전쟁유적 일제조사 연구용역』 보고서에 따르면, 충북 영동군 매천리와 부용리에 일제강점기 조성한 군사유적이 있는 것으로 알려져 있으나 부용리는 국군 탄약 관련 부대가 주둔 중이어서 접근할 수 없으므로 현재는 매천리 현황만 파악할 수 있다. 매천리 군사유적은 1945년 일본 당국이 수립한 본토 결전에 대비한 시설로써 약 104개소를 조성한 것으로 알려져 있다.

〈그림 103〉 레인보우힐링관광지의 설명문
(2023년 7월 촬영)

〈그림 104〉 '와인터널'이라는 이름으로 흔적만 남은 군사시설물(2023년 7월 촬영)

■ 비행기 격납고

군사유적 가운데 일부 시설물은 버섯 재배지나 식당, 기도원, 종교시설 등으로 사용되고 있다. 그러나 대부분 훼손과 방치 상태에 놓여 있다. 특히 비행장의 비행기 격납고(엄폐호)의 훼손도는 매우 높다.

전남 무안비행장과 경북 영천비행장의 격납고(엄폐호)는 현재 토지 점유자(또는 사용자)에 의해 지속적으로 철거되고 있다. 철거를 면한 곳은 사용자

---

139 충북 영동군은 국내 대표적인 와인 생산지인데, 생산한 와인은 영동 와인터널 외에 경기도 광명동굴에서도 판매하고 있다.

가 공장이나 여러 용도로 사용하는 경우이다. 일부는 원형을 보존하고 있으나 원형 훼손이 심한 곳도 적지 않다.140

〈그림 105〉 전남 무안비행장 격납고 안내판(2022년 9월 촬영)   〈그림 106〉 주거 보조시설로 사용 중인 무안비행장 격납고(2022년 9월 촬영)

〈그림 107〉 주거시설로 사용 중인 김해비행장 격납고(2022년 9월 촬영)   〈그림 108〉 격납고 위에 집을 지은 김해비행장 격납고(2022년 9월 촬영)

■ 인천시 부평구 함봉산 지하시설물

대부분의 군사유적이 훼손과 방치상태에 놓인 데 비해 부평의 지하군사유적(인천광역시 부평구 함봉산 인근 산곡1,3동 일대)은 부평문화원 담당자(김규혁)의 헌신적인 노력으로 시민들의 역사교육 현장으로 활용하는 사례이다.

부평의 지하군사유적은 인천육군조병창 지하시설물이다. 이 지하시설은

---

140 〈그림 107〉의 경우에는 거주자의 협조로 조사가 가능했으나 공장이나 창고로 사용하는 경우에 접근이 불가능하다.

2015년 김규혁이 부평문화원의 해설사양성프로그램 진행 중 화랑농장을 지나 장고개로 넘어가는 길목에서 새우젓 굴을 발견하면서 일제 군사유적으로서 세상에 알려지게 되었다. 이 새우젓 굴이 일제강점기와 관련된 굴이라는 사실을 알게 된 김규혁은 2016년 어르신문화콘텐츠 사업(한국문화원연합회)에 신청해 지역 주민 10명과 함께 부평의 지속가능한 문화콘텐츠로 만들기 위한 기획 사업을 시작했다.

부평문화원이 기획 사업을 시작할 당시에는 6개를 파악한 상황이었는데, 2016년 사업을 통해 18개소를 추가 발굴해 24개소를 확인했다. 이어서 추가 발굴을 통해 확인한 지하시설물은 2022년 말 현재 총 33개소(함봉산 24개소, 제3보급단 7개소, 507여단 2개소)이다.[141]

부평문화원은 2016년 어르신문화콘텐츠 사업 당시 부평 새우젓 토굴로 알려졌기에 '부평토굴'로 불렸고, 사업 결과자료집에도 『토굴에서 부평을 찾다』로 표기했다. 그러나 일제강점기 전쟁유적의 역사적 의미를 담아 '지하호' 또는 '지하시설'이 적절하다는 전문가들의 의견에 따라 2019년도 사업부터 '부평지하호(富平地下壕, Bupyeong Underground Facility)'로 변경했다.

이후 2020년 초에 일본 방위성 자료에서 인천육군조병창 문서인 『예하부대장 회동시 상황 보고(隷下部隊長会同の際の兵器生産状況報告, 1945)』를 발견하면서 이 지하시설물 조성이 기존의 인천육군조병창을 확장하기 위한 계획임을 확인하게 되었다. 이 문서는 '도쿄조병창을 인천육군조병창으로 옮기기 위해 내폭 설비를 갖춘 시설이 필요했으며 부평지하호가 만들어지게 되었다'는 사실을 기재하고 있었다.[142]

---

141 부평사편찬위원회, 『한권으로 읽는 부평사』, 2022, 306쪽
142 부평사편찬위원회, 『제4권 인천육군조병창과 애스컴시티』, 2021, 157쪽

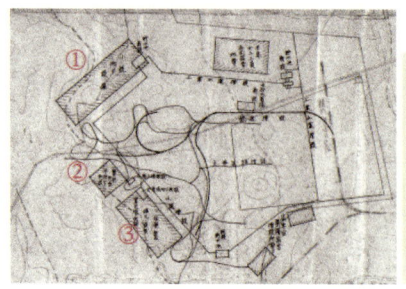 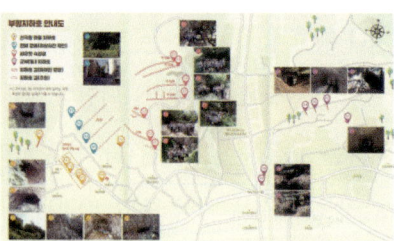

〈그림 109〉 1945년 3월 일본 육군이 작성한 「실포·소총 이설 분산방호 전개도(1945.3)」 중 일부. 붉은 번호는 부평문화원 김규혁 추가(아시아역사자료센터 소장 자료)

〈그림 110〉 부평문화원이 파악한 함봉산 지하시설물 현황(부평사편찬위원회, 『제4권 인천육군조병창과 애스컴시티』, 161쪽)

〈그림 111〉 지역 주민의 지하호 기억 활동(부평사편찬위원회, 『제4권 인천육군조병창과 애스컴시티』, 160쪽)

〈그림 112〉 VR과 특강으로 만나는 지하호

〈그림 113〉 지하호 내부에 설치한 전시물(2024년 8월 촬영)

〈그림 114〉 지하호 야간 연주회(2024년 8월 촬영)

〈그림 115〉 대금과 해금 공연(2024년 8월 촬영)

부평문화원은 2016년말 보고서를 출간하고, 현장에 입간판을 세우며,

2017년부터 일부 지하호 내부를 개방한 탐방프로그램과 그림자인형극, 연극, 토크콘서트 등 다양한 프로그램을 통해 지하호의 역사를 알리고 있다. 지하호 현장에서 여는 여름밤 음악회인 달빛기행은 많은 사람들의 호응을 얻는 프로그램이다. 필드워크 프로그램은 코로나 팬더믹 시기를 제외하고 매달 이어가고 있다. 2021년부터는 VR 콘텐츠(https://gcamvr.synology.me/bpcc_a/)를 제작 운영하고 있다.

3) 생산관계유적(노무동원 작업장)

방치상태라는 점에서는 생산관계유적(노무동원 작업장)도 사정이 다르지 않다. 탄광산 중에는 위험성이 높아 시민의 안전을 위협할 위험이 있는 유적도 있다. 대표적인 사례는 통영시 동호동 장자도에 있는 통영광산(금광)이다. 통영광산은 일제 말기에 일본광업㈜가 운영하던 만주(滿洲)중공업 소속 광산이었다.

1914년 장자도의 통영광산이 처음 발견되었으나 지하로 들어갈수록 물이 많이 나면서 배수 곤란 등의 문제가 발생해 채광을 일시 중지했다. 1929년 운영자였던 구하라(久原)광업이 명의를 일본광업㈜로 이전한 후, 일본광업은 1930년대 후반 남망산과 장자도에 걸쳐 분포된 금광맥을 발견하고 해저 200m에 이르는 갱도를 형성했다.

통영광산은 크게 아랫 동굴과 윗 동굴로 이루어져 있는데, 아랫 동굴은 바다로 이어져 있다. 1980년대 말까지 운영하다가 폐광했는데, 입구에 '위험경고'는 있으나 문이 열려 있어 누구나 들어갈 수 있다. 갱도 입구는 총 세 곳을 확인힐 수 있는데, 10m 정도를 진입하면 바로 바다로 연결된 수직갱이다. 깊이를 가늠하기 위해 돌을 던져 보았으나 소리를 들을 수 없었다. 매우 깊다는 의미이다. 갱구가 어두워 발아래 수직갱을 인지하기 어려우므로 실족하면 사고로 직결되는 위험한 곳이다.

〈그림 116〉 통영광산 입구(2021년 4월 촬영)   〈그림 117〉 바다로 이어진 아랫 동굴 (2021년 4월 촬영)

〈그림 118〉 입구에 위험경고가 있으나 문은 열려 있다. (2021년 4월 촬영)   〈그림 119〉 다른 갱구도 출입이 가능하다.(2021년 4월 촬영)   〈그림 120〉 입구에서 10m 지점 아래가 수직갱(2021년 4월 촬영)

지자체의 노력으로 방치 상태를 벗어난 유적도 있다. 경기도 광명시 소재 광명동굴(http://cavern.gm.go.kr/site/cavern/main.do)이다. 전신은 이다(飯田)시흥광산이다. 1912년 개광해 일제 말기에 금·은·동·아연 등을 공출한 광산은 1972년 폐광 후 소래포구의 젓갈 보관창고로 사용되다가 2011년 광명시가 45억 원에 매입해 문화예술단지로 개발했다. 2014년에는 50만 명이 다녀갈 정도로 관광명소가 된 후 지금도 명성을 이어가고 있다.

동굴아쿠아월드와 와인동굴이 있고, 금을 테마로 한 황금길·황금폭포·황금궁전·황금의 방이 있으며, 광부샘물과 광차(수압手押궤도) 등을 복원한 테마파크이다. 광산의 역사를 볼 수 있는 코너도 있고, 제련장의 흔적도 남아 있다. 내부에 공간을 조성해 각종 문화행사를 개최하는 공연장으로 사용하고 있으며 가학산 근린공원과 전망대 등 산책코스도 조성되어 가족 단위 나들이에 적합하다. 그러나 이곳에서 아태전쟁의 흔적은 찾을 수 없다. 관람객(학생)의 그림 한 점이 유일한 아태전쟁 관련 전시물이다.

〈그림 121〉 수압궤도(밀차) 모형을 전시한 광산 입구(2015년 7월 촬영)

〈그림 122〉 천정 위 갱구(2015년 7월 촬영)

〈그림 123〉 갱내 역사코너에 재현한 채광 모습(2015년 7월 촬영)

〈그림 124〉 역사성을 담은 그림(2015년 7월 촬영)

여수 넘너리 동굴(신월동)도 현장은 잘 보존되어 있으나 역사성을 확보하지 못한 유적이다. 이 동굴은 미평~신월리 간 군수물자 수송용 철도를 부설하기 위해 만들었던 철도 터널이다. 1930년대부터 광주형무소의 수형자를 동원해 굴착하다가 해방으로 중단되었다고 한다. 정확히 언제부터 누가 공사를 발주했고, 얼마나 많은 노무자들이 동원되었는지 알 수 없다. 현재 면허시험장 개인 소유이다. 면허시험장 측에서 전기나 출입문을 갖추었지만 설명문이 없으므로 정체불명의 장소가 되었다.

〈그림 125〉 여수 신월동 넘너리 동굴 입구. 〈그림 126〉 넘너리 동굴 내부(2013년 8월 촬영) 휴게실과 맞닿아 있다.(2013년 8월 촬영)

4) 식민통치유적

식민통치유적은 경성을 비롯한 대도시에 집중되어 있고, 경성이 다수를 차지한다. 경성이 당시 조선을 통치하는 행정기구와 주요 기구가 포진한 곳이었기 때문이다. 조선총독부와 경성부청, 경기도청, 경찰서, 형무소, 은행, 동척, 병원 등 통치 관련 유적이 가장 많지만, 조선신궁과 경성신사, 경성호국신사 등 종교시설, 사법시설(경성재판소) 외에 인력송출 관련 유적도 포함하고 있다.

은행과 동척 건물을 식민통치유적에 포함하는 이유는 경제침탈의 본산지였기 때문이다. 실제로 3.1운동 당시에서 조선 민중의 만세 행진 경로를 보면, 가장 먼저 몰려간 곳은 조선은행이었다.

〈그림 127〉 옛 조선은행. 현재 화폐박물관으로 활용하고 있다.(2016년 11월 촬영) 〈그림 128〉 구 서울역사의 모습(2024년 4월 촬영)

　식민통치유적의 대표적인 사례는 서울역(당시 경성역)이다. 서울역은 일제 말기에 수많은 조선 민중과 수탈한 물자를 보낸 인력과 물자의 송출지이기 때문이다. 서울역의 역사는 1900년 7월 5일 경인선의 한강철교 개통과 함께 7월 8일 신문외(新門外)역을 설치하면서 시작되었다. 신문외역사는 10평 크기의 목조 바라크 건물을 염천교 아래 논 한 가운데 가설했는데, 경부선(1905)과 경의선(1906) 개통으로 교통량이 늘었으나 규모가 작았으므로 1922년 기존의 남대문 정거장을 개량하기로 하고 경성역사 건설에 착공했다. 경성역사는 1925년에 완공함으로써 당시 도쿄역에 이어 동양 제2 규모의 역사(驛舍)가 되었다.

　일제 말기 경성과 인근 지역에서 노무자와 군인, 군속, 일본군'위안부' 등으로 동원되던 조선 민중은 경성역사(서울역)를 통해 고향을 떠났다. 부평의 인천육군조병창 지하군사시설물 공사를 하던 경성의 경신중학교 학생들도 교사의 인솔 아래 기차를 타고 함봉산으로 향했다.

　또한 서울역은 생산관계유적(노무동원 작업장)이기도 하다. 물자를 상하차하던 소운송, '조선운송' 경성지점의 작업장이었기 때문이다. 1930년 일본 통운회사 등이 합자해 설립한 조선운송㈜는 '조선총독부 지정 운송취급인'의 자격을 얻었다. 조선운송은 경성을 비롯한 17개 대도시에 지점을 두었고, 각 철도역이나 항만에 출장소·영업소 등 설치해 물자를 수송했다.[143] 각 역사(驛舍)에 자리한 조선운송 소속 하역 작업장에서 노무자들은 각종 군수물자를 나르고 화물열차에 실어야 했다.

이같이 서울역은 보통의 열차역이 아니다. 단지 열차가 섰다 출발하고, 열차를 타고 내리는 공간이 아니다. 100년 이상의 역사 속에서, 20세기 한반도와 여기 살았던 사람들의 정치적·경제적·사회적·문화적·일상적 삶의 흔적들이 다층적으로 축적되어 있는 공간이다. 1981년 사적 284호로 지정된 후 역의 기능을 마감하고 방치 상태에 있다가 2011년 복원했다. 그러나 형태만 남아 있고, 서울역이 담고 있던 행위와 감성의 흔적은 사라진 보통의 전시·공연 장소가 되었다.[144]

서부지방법원(마포구 공덕동 105번지)은 경성형무소(경성감옥, 당시 공덕정)이 있던 곳이다. 서대문구에 지은 경성감옥의 부족한 수형 시설 문제를 해결하기 위해 1912년 9월 3일 신설했는데, 방사형으로 4개 동을 배치했다. 마포에 형무소를 신설하면서 기존의 경성감옥은 서대문감옥으로, 마포에 세운 형무소는 경성감옥으로 불리기도 했다.[145] 수감자는 조선인과 중국인이 대부분을 차지했으며, 여성 죄수는 없었다. 경성감옥은 1946년에 마포형무소로, 1961년에 마포교도소로 각각 개칭했으나 1963년부터 형무소로 사용하지 않게 되었다.[146]

경성감옥은 자체적인 노역장을 운영했다. 1913년 4월 마포연와제조소(도

---

143 정희윤, 「식민지 시기 일제의 조선 소운송업 통제 과정」, 『한일민족문제연구』23, 2012, 37쪽
144 이광표, 『근대유산, 그 기억과 향유』, 25~27쪽
145 이종민, 「제국 일본의 '모범 감옥'」, 291쪽
146 경성형무소는 1963년 부천으로 옮겨 부천교도소와 합쳐졌으며, 1968년부터 교도소 부지가 서울의 영등포구로 편입되자 '영등포교도소'로 개칭되어 2011년까지 명칭을 유지했다. 이후 교도소를 구로구로 이전하면서 '서울남부교도소'로 변경되어 오늘에 이르고 있다.

화동 마포삼성아파트)를 설치하고, 1일 평균 200명의 수감자를 작업에 투입했다. 1943년에 중국 하이난섬(海南島)으로 동원한 남방파견보국대 파견 형무소 가운데 하나이고, 1944년부터 수형자들을 의정부의 농경 축산과 저수지 공사장에 동원하기도 했다.

경성감옥 터에는 현재 게시판이 설치되어 있다. 그러나 개인사업장이나 관공서를 불문하고 대부분의 식민통치관계유적에서 표지판이나 표지석은 찾기 어렵다. 식민지 흔적을 남기지 않으려는 이유 때문일 것이다. 조선신궁과 같이 흔적 자체를 찾아보기 어려운 유적도 적지 않다.

일제강점기 당국은 조선신궁을 비롯해 한반도 전역에 신사(神社)를 설치했다. 신사는 조선신궁이나 경성호국신사와 같이 당국이 설립한 곳이 있지만, 대부분 일본인들이 거주지에서 자생적으로 만든 후 당국이 정식 신사로 인정하면서 사격(社格)을 부여하는 방식이었다. 당국이 '1면1사' 정책을 펴면서 신사 건립에 나섰으므로 지역마다 신사가 없었던 곳은 드물었다.

그러나 이렇게 전국적으로 설치된 신사 터는 거의 흔적을 찾을 수 없다. 35년간 식민 지배와 통치의 상징적 존재이자 굴욕의 장소였기 때문이다. 신사는 조선 민중에게 신사참배(神社參拜)와 궁성요배(宮城遙拜)를 강요한 장소였다. 신사 앞에서 복장을 갖춰 입은 조선인이 90도로 허리 굽혀 절하는 사진을 볼 수 있다. 강제로 일본의 궁성을 향해 최경례(最敬禮)를 해야 했던 궁성요배의 경험이 굴욕으로 남았기에, 해방을 맞은 조선 민중이 가장 먼저 한 일은 신사에 몰려가 파괴하는 일이었다. 신사의 남은 건물은 광복 후 주로 호국·헌창시설로 사용하다가 이후 다른 용도가 되었다.

〈그림 129〉 조선신궁 표지석 (2016년 11월 촬영) 〈그림 130〉 조선신궁 뒤편 방공호 입구(2024년 10월 촬영) 〈그림 131〉 배전터(2024년 10월 촬영)

　　조선신궁(현재 남산한양공원)은 일본의 국가의례를 거행하는 관폐대사(官弊大社)이자 제국 일본의 식민지에 설치한 유일한 칙제사(勅祭社)였다. 칙제사는 일본 본토에도 16개소에 불과할 정도였다. 일본 천황가의 조상신인 아마테라스 오미카미(天照大神)와 메이지천황(明治天皇)을 제신(祭神)으로 모셨다.

　　1912년 설립 준비를 시작해 1919년 「일본내각고시 제12호」로 조선신사 창립을 확정 공포함에 따라 1920년 5월 기공식을 했다. 이 당시에는 조선신사라는 명칭이었다. 총 부지 127,900평의 방대한 규모였는데, 1925년 조선신궁으로 격상하면서 3종 신기(神器)를 일본에서 가져와 설치했다. 신사참배를 강요한 대표적인 참배터로서 1942년 참배객은 265만여 명에 달했다. 1945년 해방 직후인 8월 16일 신궁측은 폐쇄행사 승진식을 한 후 9월 7일 해체 작업을 진행해 신물을 일본으로 보내고 10월 6일에 철거했다. 이튿날인 7일에 남은 시설을 모두 소각해 현재 남은 흔적은 방공호 정도이다. 조선 민중의 철거를 피해 미리 조치한 것이다.[147]

---

147 조선신궁에 대한 주요 연구 성과는 다음과 같다. 菅浩二, 『日本統治下の海外神社: 朝鮮神宮·臺灣神社と祭神』, 弘文堂, 2004; 국성하, 「일제 강점기 동화정책 수단으로서의 "조선신궁"의 건립과 운영」, 『한국교육사학』 26, 2004; 김대호, 「1910~20년대 조선총독부의 朝鮮神宮 건립과 운영」, 『한국사론』 50, 2004; 김백영, 「식민지 동화주의의 공간정치: 조선신궁의 건설과 활용을 중심으로」, 『인천학연구』 11, 2009; 안창모, 「식민지배체제의 구축과 도시 그리고 건축의 변화. 2, 남산」, 『건축사』 540, 2014; 비온티노 유리안, 「日帝下 서울 南山 地域의 日本 神道·佛敎 施設 運營과 儀禮 硏究」, 서울대학교 박사학위논문, 2016; 한현석, 「사진그림엽서로 본 식민지조선에서의 국가신도 체제 선전과 실상: 조선신궁 사례를 중심으로」, 『일본문화연구』 63, 2017; 이지선, 「조선신궁 진좌제(鎭座祭)와 악무: 조선총독부 통치이념의 선전」, 『국악원논문집』 39, 2019; 김현아, 「식민지 조선에서의 식민권력에 의한 내선일체화: '조선신궁'과 '부여신궁'

경성호국신사(용산구 신흥로 22~26번길)도 당국이 설립한 신사로서 일본 제국 시기 일본군 전몰자를 기렸던 곳이었다. 제신(祭神)은 아태전쟁 전사자들의 영령(英靈) 7,447주(柱)인데, 일본군 외 조선인 전사자도 포함되어 있다.[148]

1938년, 침략전쟁의 확대 과정에서 국가신도를 관장하는 주무 부서인 일본 내무성은 전사한 일본군에 대한 '국가적 차원의 위령제'를 위한 공간으로 기존의 초혼사를 도쿄의 야스쿠니신사(靖國神社)를 정점으로 하는 '지방호국신사'로 바꾸기로 결정했다. 이 결정에 따라 1939년에 호국신사와 관련된 법을 제정하자 조선에서도 경성의 용산(제20 사단)과 나남(제 19사단)에 새로 호국신사를 만든다는 방침을 수립하게 되었다. 두 지역은 모두 당시 조선군 사단 본부가 있던 곳이었기 때문이다.

1940년 10월 26일 기공식을 거쳐 1943년 11월 26일에 완공했는데, 당시 삼판통 용중 리산(三坂通 龍中 裏山)에 총 21,971평 규모였다. 공사를 위한 건립 예산 70만원 마련을 위해 국고보조 20만원과 헌금 형식 50만원을 계획했다. 그러나 공사가 진행되면서 비용이 증가해 총 110만원(국비 15만원, 공동단체 및 기타 기부금 각각 40만원)으로 증가했다. 헌금 등 재정 확보 업무는 당시 총독부 내무국 지방과가 담당했고, 공사에 근로보국대를 동원했다.

해방 후 방치된 상태의 경성호국신사 부지는 이후 미군정의 적산 처리 과정에서 보성여자중고등학교 소유가 되었다. 지금은 그저 남산으로 이어지는 동네 계단인 서울 용산구 후암동 108계단이 경성호국신사의 흔적이다. 빌라 '해오름빌' 옆에 경성호국신사의 옹벽인 듯한 벽이 보일 뿐, 이 외

을 중심으로」, 『한림일본학』 42, 2023; 문혜진·김현석, 「근현대 용산기지를 둘러싼 神社의 변천사」, 『서울과 역사』 117, 2024

148 경성호국신사의 건립 과정에 대해서는 다음과 같은 연구 성과가 있다. 안종철, 「1930~40년대 남산 소재 경성호국신사의 건립, 활용, 그리고 해방 후 변화」, 『서울학연구』 42, 2011; 비우티노 유리안, 「日帝下 서울 南山 地域의 日本 神道·佛敎 施設 運營과 儀禮 硏究」, 서울대학교 박사학위 논문, 2016; 김현아, 「전시기 경성호국신사의 건립과 전몰자 위령·현창」, 『일본사학회』 47, 2018; 문혜진·김현석, 「근현대 용산기지를 둘러싼 神社의 변천사」, 『서울과 역사』 117, 2024; 박연주·서현, 「일제강점기 용산 경성호국신사 조영에 관한 연구」, 『건축역사연구』 33-4, 2024

다른 흔적은 찾을 수 없다.

〈그림 132〉 경성호국신사의 모습(서울역사박물관 전시)

〈그림 133〉 후암동 108계단으로 더욱 잘 알려진 경성호국신사의 일부(2024년 10월 촬영)

〈그림 134〉 계단 위 안내판(2024년 10월 촬영)

   1917년에 정식으로 문을 연 광주신사 터는 현재 광주공원이다. 1945년 8월 15일, 광주서중(현 광주일고) 졸업생 1백 명이 학교 강당에서 화랑단을 결성하고 시민들과 함께 광주신사로 몰려와 건물을 파괴했다. 해방을 자축하는 첫 행사가 신사 파괴였다. 이 때 파괴되지 않은 건물들은 1947년 9월, 대성대학[149]의 강의실로 사용되었다. 그 후 영광원(시각장애인 수용시설)과 경찰전수학교(경찰관 양성시설) 등도 신사의 남은 건물을 사용했다. 1960년대에는 신사 터에 충혼탑을 세워 현대판 호국시설의 역할을 담당했다.[150]

   신사 터를 학교로 사용하는 경우도 있는데, 마산신사는 제일여고가 사용 중이다. 제일여고의 정문에는 마산신사의 상징적 조형물인 도리이(鳥居) 모습의 기둥이 남아 있다. 대전신사도 성모초등학교가 사용하고 있는데, 신사의 흔적은 전혀 찾을 수 없다.

---

149 사립대학. 광주향교 등 전남지역의 유림이 설립했다. 현재 전남대 인문과학대학
150 정혜경, 『우리 마을 속의 아시아태평양전쟁유적-광주광역시』, 도서출판 선인, 2014, 68쪽

〈그림 135〉 1935년 광주공립중학교 학생들의 신사참배 모습(광주광역시, 『사진으로 본 광주 100년』, 1989)

〈그림 136〉 여러 호국기념물이 자리한 광주공원(2013년 5월 촬영)

〈그림 137〉 마산신사 제일여고 자리(2021년 1월 촬영)

    이에 비해 각 지역별로 설치한 동양척식주식회사 건물 가운데 목포와 부산, 군산의 동척 건물은 역사관이나 박물관으로 활용 중이다. 은행이나 도청, 경찰서 건물도 다양한 용도로 활용하는 경우가 있다.

    대전의 옛 충남도청사와 충남도지사 관저, 동양척식 건물도 모두 활용하고 있다. 옛 충남도청사는 현재 대전근현대전시관이 들어서 있다. 2012년 충남도청이 내포신도시로 이전하면서, 2013년 4월 옛 청사 1층에서 특별전 '충남도청사와 대전'을 개막한 후 10월에 대전근현대사전시관으로 개관했다. 2019년 '대전근현대전시관 대전시립박물관'이 된 후 지금에 이르고 있다. 1922년에 설립한 동척 건물도 오랫동안 방치되면서 일부 변형되었으나 2024년에 복합문화공간 대전 헤레디움으로 개관했다.

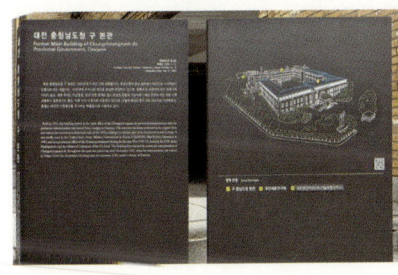 

〈그림 138〉 옛 충남도청사, 현재 대전근현대전시관(2022년 6월 촬영)

〈그림 139〉 옛 충남도지사 집무실 앞 복도(2022년 6월 촬영)

    그 외 대표적인 식민통치유적의 모습을 보면 다음과 같다.

■ 달성초등학교(대구시 서구 원대동 1가 12번지)

　일본 도야마현의 후지코시강재㈜로 여자근로정신대를 동원한 학교이다. 동원된 소녀는 1명으로 다른 학교에 비해 적은 편이다. 당시 이 학교의 교사였던 스기야마 토미는 구술을 통해 어떤 과정으로 여학생을 후지코시강재로 동원했는지 밝혔다. 스기야마 토미는 강제동원을 막으려 했으나 파견근무로 인해 막지 못했다. 이후 일본에서 열린 일명 '관부(關釜)재판에 증인으로 법정에 서서 여자근로정신대 동원의 실태를 증언했다.

■ 대전형무소(현재 중구 중촌동 현대아파트 자리)

　대전형무소는 일제강점기의 수형시설로 그치지 않고, 6.25전쟁 과정에서 또 다른 아픈 역사를 남긴 곳이다. 총독부령 제36호에 의해 1919년 5월 대전감옥소로 신설한 후 1923년 대전형무소로 개칭했다. 일제 말기에 진천작업대(보국대)를 운영해 진천면 소재 댐건설공사에 동원(150명)하고, 중국 하이난섬에 300명의 수인을 남방파견보국대라는 이름으로 파견했다. 6.25 당시 민간인 집단학살지였다. 대전형무소는 1984년에 유성구로 이전하고, 현재 자유총연맹이 사용하고 있다. 당시 담장과 우물터 등이 남아 있다.

〈그림 140〉 달성초등학교 운동장(2011년 12월 촬영)　〈그림 141〉 대전형무소 우물터(2022년 6월 촬영)

5) 기타 유적

　서울역사박물관 주차장 뒤편 공터에 아치형 출입구가 있다. 경희궁 숭정문 우측 언덕 너머에 해당하는데, 방공호 성격의 지하시설물이 있다. 왼쪽 끝부분은 숭정전을 둘러싼 회랑과 만나게 된다. 지하시설물이지만 굴을 파는 방식이 아니라 지상에 흙을 쌓는 방식으로 축조했다. 이 지하시설물이 기타유적인 이유는 행정기관의 비상용 이전 장소였기 때문이다.

　조성 시기는 1942년 또는 1944년으로 추정한다. 시설물 조성 공사에는 경성제일고보 학생도 동원되었다. 벽돌과 콘크리트 구조물, 화장실 겸 세면장, 큰 환기구, 물탱크, 긴 통로, 고창(高窓), 발전기 설비, 조명기구, 전기배선을 갖추었다. 지하 1층 1,121평방미터, 지하 2층 258평방미터 등 총 1,379평방미터의 대규모 2층 구조물이다. 길이 107미터, 폭 9.3미터, 높이 5.8미터이고, 10개의 방으로 구성되어 있다.[151]

　공습에 대비해 특정 기관(조선총독부나 경성부청, 경성전신전화국 등)을 이전하기 위한 지하시설 가운데 하나로 보인다. 서울역사박물관에서도 경성중앙전신국의 비상용 이전 장소로 추정한다. 해방 후 현대건설이나 서울역사박물관에서 창고 등으로 사용하면서 격벽을 설치했으나 원형을 크게 훼손하지는 않았다.

　1980년대 경희궁 복원을 위한 발굴조사 과정에서 발견한 서울시는 이 유적이 알려지자 적극적인 보존 활용 방안을 고민했다. 2010년 12월 건설안전기술협회 정밀 점검을 받았고, 2015년 4월에는 서울시 도시안전본부 소방재난본부 점검도 받았다. 정밀 점검 결과, C등급으로 주요 부재의 기능 저하 방지를 위한 정도의 보수는 필요하지만 안전에는 지장이 없는 것

151　서울역사박물관 작성, 「경희궁과 일제 강점기 방공호 현황」(2016년 10월 8일), 2쪽

으로 확인되었다. 그러나 학술적 고증은 충분히 하지 못했다.

〈그림 142〉 서울역사박물관 지하시설 2층 바닥의 구조물(2017년 10월 촬영) 〈그림 143〉 서울역사박물관 지하시설물 외형(2017년 10월 촬영)

이 유적 활용과 관련해 가장 큰 문제는 경희궁 내전(內殿)인 회상전(會祥殿)을 훼손한 시설물이라는 점이다. 경희궁은 1980년 9월 국가 지정 사적 제271호로 지정된 문화유산이다. 일본이 100여 동의 전각을 파괴한 후 일본인 자녀를 위한 경성중학교를 건립하는 등 심각하게 훼손되었다. 1988년부터 경희궁 복원 사업을 시작하면서 여러 시설물을 복원하고 개방했으나 회상전은 이 지하시설물로 인해 완전한 복원을 하지 못하게 되었다.

그 외 대표적인 기타유적의 모습을 보면 다음과 같다.

■ 조선운송 사택(일명 마루보시 마을): 공덕동 7번지

조선운송 노무자들이 거주하던 일명 마루보시 마을은 당시 경성 청파동, 염리동, 양평동, 공덕동 등지에 있었다. 영등포구 양평동 사택은 광복 직전에 조선운송에서 안양천 뚝 밑에 지은 사택 마을이다. 이들 조선운송 마을 가운데 공덕동 7번지에 있던 곳에는 공덕동 주민센터에 다음과 같은 내용의 설명자료(프린트물)을 비치한 적도 있다. 그러나 지금 이 자료는 찾을 수 없다.

〈그림 144〉 공덕동 주민센터 안내문에 제시한 마루보시 마을 장소. 흔적을 찾을 수 없다.(일제강제동원&평화연구회 뉴스레터 49호, 2017년 4월, 허광무 작성)

"공덕동 7번지 일대의 도로변에 있던 마을로 일제강점기 때부터 광복 후 상당기간까지 서부역의 소화물을 우마차로 운송업을 하던 사람들이 모여살던 곳이다. 당시 운수업을 하던 우마차꾼들이 쓰고 다니던 둥근 모자를 마루보시라고 했는데, 거기에서 운수업을 마루보시라 불렀고, 운수업을 하는 우마차꾼들이 모여 살던 곳을 마루보시촌이라 하였다."

■ 미쓰비시제강㈜ 사택: 당시 지명 부천군 부내면 소화정, 현재 부평구 부평2동

1937년 히로나카(弘中)상공㈜가 부평공장 설립에 나선 후 1939년부터 설치하기 시작한 노무자 사택으로, 1942년 6월 말 미쓰비시중공업㈜가 인수해 1942년 10월 1일 미쓰비시제강

〈그림 145〉 미쓰비시 졸시택(2016년 1월 부평 역사박물관 촬영)

4. 국내에서 활용하는 일제 전쟁유적을 찾아 | 167

㈜를 설립하고 부평공장을 미쓰비시제강㈜ 인천제작소로 재편하면서 미쓰비시제강㈜의 노무자 사택으로 사용되었다.

1940년 당시 사택 면적은 2만 3천 평 규모였으나, 1942년 6월, 미쓰비시중공업㈜가 인수할 당시 사택 용지는 총 54,664평으로 두 배 이상 확장되었다. 미쓰비시제강㈜는 사택 규모를 더욱 확장해 1943년에 직원사택 3동, 공원사택 6동, 합숙소 및 공동욕장 2동을 늘렸고, 1944년에는 직원사택 6동, 공원사택 10동을 추가로 설치했다.

이 규모는 1960년대까지 그대로 유지되었으나 1960년 북인천중학교(현재 북인천여자중학교) 건립 과정에서 일부 합숙소가 철거되는 등 개발 사업 등으로 상당수가 철거되고 2018년 말에 줄사택(공원사택) 9개 동만 남았다. 부평구는 줄사택 일부를 보존해 박물관을 조성하는 방안을 검토했으나 인근 주민들이 "낙후된 지역 이미지를 굳히려 한다"며 반발하자 박물관 조성 계획을 철회했다. 구는 주민공동이용시설과 행정복지센터를 짓겠다며 2018~2019년 2차례에 걸쳐 줄사택 9개 동 가운데 3개 동을 철거했다. 이후 추가 철거가 이어지면서 모든 줄사택이 철거될 위기에 놓였으나, 국가유산청의 권고와 전문가들의 의견에 따라 남은 4개 동(약 1329㎡에 해당하는 34필지)가 2024년 6월 국가등록문화유산이 되었다.

■ 제20사단 조선군 사령관 관저 터: 현재 용산미군기지 내 드래곤힐 호텔

조선시대 지명은 '신촌'이었다. 1915년 일본이 경성에 제20사단을 배치한 후 조선군 사령관 관저로 사용하다가 1950년 6.25 전쟁 당시 폭격으로 철거되었다. 관저 터는 이후 미 장교를 위한 클럽과 수영장, 테니스장 등을 조성해 사용하다가 1991년 지상 10층 규모의 드래곤힐 호텔을 건축해 사용하고 있다.

〈그림 146〉 제20사단 조선군 사령관 관저 터, 현재 드래곤힐 호텔(2019년 11월 촬영)

■ **일본인 공동묘지: 당시 지명 곡정, 현재 부산광역시 서구 아미동 산 19번지**

감천고개에서 산상교회까지 이어지는 감천고갯길 일대를 지칭한다. 1929년 곡정 2정목(현재 아미동 천주교 아파트 자리)에 부영 화장장을 신설했다. 해방 후 부산시내에 거주하던 일본인이 귀환하는 과정에서 아미동 화장장 근처에 유골과 위패, 과거장 등을 방치했는데, 주민들이 방치된 비석과 석물 등을 축대 등으로 사용하다가 현재는 거의 철거해 흔적을 찾기 어렵다.

〈그림 147〉 비석을 축대로 사용한 아미동 유적(2014년 8월 촬영)

1959년 아미동 화장장을 폐쇄하고 부산진구 당감동으로 이전하면서 당시 부산시장(김현옥)이 시내에 산재한 일본인 유골과 과거장(사망자 기록)을 모아 당감동 화장장 옆에 비석(日本人塚移安之碑)와 닙골당을 건립했다. 1969년에 부산의 일본국

총영사관과 부산시가 협의해 '부용회(芙蓉會) 부산본부'가 환경 관리하도록 했다. 1987년 당감동 화장장이 폐쇄되면서 1991년 금정구 두구동 시립공원묘지(현재 영락공원)으로 이전했다. 2010년까지 1,528위의 위패를 안치했다.

5. 일제 전쟁유적, 어떻게 활용할 것인가

1) 활용 방향

　국내 일제 전쟁유적을 활용하기 위해서 가장 먼저 할 일은 활용 방향의 수립이다.

　현재 근대유적에 대한 세계적 추세는 보존이다. 전쟁유적도 보존이라는 방향은 동일하다. 전쟁유적을 보존하는 국가는 피해국만이 아니라 독일이나 일본 등 전쟁 가해국도 있다. 제2차 세계대전 후 독일 시민들은 유대인 집단학살의 역사를 기억하고 공유하는 방법의 하나로 유적을 보존했다. 패전 후 옛 수용소 자리의 용도가 바뀌고 방치되자 시민들은 '족적 찾기'에 나섰다. 1970년대 후반부터는 '기억의 터' 또는 '기억하지 않으면 안 되는 역사적 장소'에 표식을 남겨 보존하는 운동을 펼쳤다. 독일 조각가 군터 템니히(Gunter Demning)가 1992년부터 유럽 전역에 놓기 시작한 걸림돌(stolpersteine)이다. 군터는 사망한 유대인, 독일인 사회주의자, 동성애자, 집시 희생자가 있었던 장소에 놋쇠로 이름을 새긴 보도블록을 깔았다. 20년 간 5만 6천 개를 놓았고, 지금도 걸림돌 깔기는 계속되고 있다.[152]

---

[152] 정병호, 「기억과 추모의 공공인류학」, 『한국문화인류학』50-1, 2017, 37쪽

세계적으로 근대유적과 전쟁유적을 보존하는 이유는, 이들 유적이 과거이면서 현재이고, 과거의 연속이면서 거기에 새로운 변화를 축적하는 곳이기 때문이다. 즉, 국내에 산재한 일제 전쟁유적은 현재 우리의 삶과 역사를 지탱하는 토대이다.

보존이라는 전제 아래 활용의 방향은 크게 세 가지이다.

첫째, 보존의 방향이다. '지속가능성, 도시재생, 공간 재활용, 경제활성화, 기억공간'과 같은 키워드가 보존의 방향이 되어야 한다. 일제 전쟁유적은 식민 지배와 일제 침략전쟁의 역사를 보여주는 증거물(見證)이다. 그러므로 보호하고 공유해야 할 대상이다. 그러나 아직 한국 사회가 환영하는 장소라 할 수 없다.

사회로부터 외면당한 유적은 기억공간으로서 우리 사회 속에 자리하기 어렵다. 이를 해결하기 위해서는 지속가능성이 제시되어야 하며, '도시재생, 공간 재활용, 경제활성화'가 지속가능성의 요건으로 필요하다. 전 세계적으로 근대유산 보존에서 도시재생은 중요한 키워드이다. 유럽은 물론 일본의 산업유산 등재도 도시재생의 관점에서 추진되었다. 유적의 보존이 쇠퇴한 지역을 재생시켜 도시의 부가적인 가치를 생산하기 때문이다.[153]

이치하라는 '근대화 산업유산'의 활용 요소를 네 가지로 파악했다. 또한 대만의 탄광 분야 산업유산 활용을 소개하면서 한국 강원도의 삼척탄광(삼척 아트마인)과 동원탄좌 활용을 소개했다.

국제산업유산보존회가 2003년에 제정한 헌장은, 산업유산의 국제적 규범은 미적·이벤트적 가치 외에 '계속 활동해 나가는 매력'과 산업이 가진 가치를 명료하게 표현하는 것의 중요성을 강조하고 있다. 그러한 점에서 이

---

153 고병욱, 「근대문화유산 보존과 토양오염 정화」, 동북아역사재단 기획연구 심포지엄 『일제 육군조병창 유적의 역사적 가치와 활용 방안' 자료집』, 2023, 47쪽

치하라는 대만이나 한국 석탄 분야의 활용, 밀차 열차로서 궤도의 이용을 좋은 사례로 제시했다. 그러나 강원도 탄광지대의 경우에 가능성을 모색하는 모델로서 흥미롭지만, 아시아에서 산업의 흔적을 어떻게 자신들의 자원으로 활용해 갈 수 있는가에 대한 고민이 필요하다고 제안했다. 특히 지금까지 산업에 관계해 온 세대가 은퇴함에 따라 산업유산이 산업이나 노동에 대한 가치평가뿐만 아니라 구조물로서 객관적 가치를 판단할 수 있게 되었으므로 산업유산을 활용해 문화적 생활을 풍요롭게 하는 지혜가 필요하다는 주장이다.154

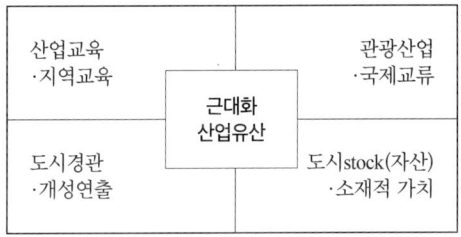

두 번째로 생각해야 할 활용 방향은 추진 주체이다. 일반적으로 건축물을 통해 공적인 기억을 남기는 과정은 정부 방침, 국민감정, 전문가의 의견(역사학, 건축학 등), 인정 기관 내 권력관계 등이 관여한다. 현재 한국의 추진 주체는 정부 및 지자체이다. 국민감정이나 전문가의 의견은 배제되고, 정부 방침으로 추진한다. 이러한 방식이 사회적 공감대를 얻기는 어렵다.

이제는 정부 및 지자체가 전담하는 방식을 탈피해 전문가와 시민이 중심이 되고 정부와 지자체가 지원하는 파트너쉽 시스템으로 전환해야 한다. 이러한 시스템으로 전환하기 위해서는 조례나 규정을 통해 안정적인 운영을 보강해야 하며, 전문인력의 확보가 필요하다. 추진 주체를 거버넌스로

---
154 市原猛志, 「東アジアにおける建築係産業遺産の保存と活用」, 191~192쪽

함으로써 전문성을 토대로 한 지속가능성을 가진 추진 과정을 확보할 수 있을 것이다. 이 방식은 현재 유럽이 수십 년 간 이뤄 온 방식이며, 공동체적 성격을 토대로 일본이 걸어온 길이다.[155]

셋째, 일제 전쟁유적과 기억의 맥락을 설정하는 것이다. 여기에는 두 가지가 필요하다. 유적을 어떻게 바라보는가 하는 역사적 기억과 어떻게 기억하는가 하는 현재적 기억을 담을 방법의 고민이다.

이광표는 근대유적을 기억하는 유형으로 기억의 통일, 기억의 단절, 맥락의 상실, 기억의 단절과 맥락의 상실 등 네 가지를 제시하고, 기억의 통일을 지향점으로 설정했다. 기억의 통일은 실물을 보존하고 본래 용도와 의미를 지키며 현재의 용도를 가미하는 방향이다.[156]

이상 세 가지 방향을 수립한 후 세 단계를 통해 활용 방향을 구체화할 수 있다.

■ 제1단계 : 사고의 영역을 확장하는 단계 네 가지

첫째, 유적이 자리한 공간에 대한 인식의 확장이다. 단지 유적이라는 장소 하나가 아닌, 장소와 장소의 관계를 중시하는 인식이다. 부평의 인천육군조병창을 예로 든다면, 조병창이라는 무기공장 외에 노무자 숙소(영단주택), 조병창에 원료를 납품하던 미쓰비시제강 공장, 조병창의 지정공장으로써 잠항정을 제작했던 인천기계제작소, 수송을 위해 설치한 철도 등 관련 유적을 아우르는 것이다.

두 번째는 시간적 연속성의 추구이다. 일제 전쟁유적을 일제강점기로 한

---

155 유럽 사례에 대한 상세 내용은 김정후, 『발전소는 어떻게 미술관이 되었는가 - 유럽 산업유산 재생 프로젝트 탐구』, 돌베개, 2013, ; 고병욱, 「사회적 합의가 낯선 사회-도시재생에서 갈등관리는 핵심 과제다」 http://www.incheonin.com/news/articleView.html?idxno=83669 참조
156 이광표, 『근대 유산, 그 기억과 향유』, 46~48쪽

정하는 것이 아니라 이전 시기인 조선 후기와 이후 시기인 해방 및 현재까지 쌓은 역사의 더께를 포함하는 것이다. 인천육군조병창의 예를 들면, 우리가 대상으로 하는 시기는, 1941년 5월 조병창의 개창 시기가 아니라 일제강점기 육군연습장에서 시작해 광복 후 미군기지인 에스컴으로 이어진 한국현대사의 전체 시기이다. 그렇게 할 때 조병창 유적이 갖고 있는 역사성은 '일제강점기 무기공장+냉전의 현장'이 된다.

세 번째는 인문지리적 환경을 고려한 인식이다. 철도와 하천, 산맥 등 유적을 둘러싼 인문지리적 환경을 사고의 영역에 넣어야 한다.

네 번째는 기존 개념에 대한 재인식이다. 대표적인 것은 '환경'의 대상을 확장하는 것이다. 일반적으로 환경이라고 하면 토양 환경에 국한해서 생각하기 쉽다. 그러나 토양 환경보다 포괄적인 환경은 문화환경이고, 문화환경은 근대유산을 의미한다.[157]

그렇다면 토양오염이라는 현실적인 문제는 고려할 필요가 없는가. 그렇지 않다. 먼저 보존 대상인 유적에 대한 정밀조사를 통해 보존 가치의 역사성과 크기를 판단하고, 그에 따른 현장 보존, 부분 보존, 이축 보존, 기록 보존 등을 결정해야 한다.[158] 이 과정에서 토양오염을 확인했다면, 오염 정도에 따라 개선 가능한 기술을 적용하면 된다. 지중정화나 토양경작법, 굴착정화기술 등 토양오염 정도에 따라 현장을 보존하면서 토양오염 문제를 해결할 수 있는 기술을 적용하는 것은 어렵지 않다. 이미 국내에서도 이들 기술을 적용해 성공한 사례는 적지 않다.

대표적인 사례는 충남 장항읍의 장항제련소이다. 1936년 설립 후 1989

---

[157] 부평문화원 수관, 한국문화원연합회 주최) 심포지엄 '일제강점기 한반도 전쟁유적의 현황과 과제 – 부평이 가야 할 방향'(2021.10.22.) 송합토론 내용 중
[158] 안창모, 「문화재 지정을 통한 근대유산 보존과 활용 방안」, 동북아역사재단 기획연구 심포지엄 '일제 육군조병창 유적의 역사적 가치와 활용 방안' 자료집, 55쪽

년 폐쇄된 후 50여 년 간 분진 및 중금속이 쌓이면서 주변 지역의 환경오염이 심했다. 그러나 정화 작업을 마친 결과, 지금은 장항송림산림욕장이라는 관광지가 되었다.

또한 2023년 3월 14일자 국방부 주한미군기지이전사업단 환경팀장이 국회 배진교의원(정의당)에게 제출한 자료에 따르면, 경기도 동두천 소재 미군기지 캠프캐슬 건물은 TPH(석유계총탄화수소)에 오염된 상태였는데, 2015년부터 정화 작업을 완료해 2023년부터 동양대학교 기숙사와 학생 식당, 도서관 등으로 활용하고 있다.[159] 이같이 토양오염은 두려움의 대상이 아니라 충분히 해결할 수 있는 사안이며, 현재 충분히 해결하고 있다.

- **지중정화**[160]
건물을 철거하지 않은 상태에서 오염토양을 이동하지 않고 원위치에서 처리하는 방식. 땅을 파거나 건물을 철거하지 않아 비용이 적게 드는 기술
오염된 토양 미생물 또는 영양분 등을 넣어서 미생물 분해 반응을 통해 오염물질을 제거하는 정화기술을 의미. 건물 하부 토양오염원이 옆으로 번지거나 흙 밖으로 나가지 않게 함
유럽에서는 1980년대부터 지중정화를 사용했고 현재 널리 사용하는 정화기술. 현재 한국에서는 장항제련소 송림숲과 동양대학교의 건물이 지중정화로 토양을 정화

- **토양경작법**
밖으로 옮긴 오염토양을 1.5m 이하로 얇게 펼치고 정기적으로 뒤집어줌으로써 공기를 공급하여 미생물이 활성화되도록 하고 영양물질, 유기물질, 물 등을 첨가해 오염물질을 처리하는 방식
국방부에서 주로 건물 철거 후 토양경작법으로 미군 반환 부지를 정화하는데 사용. 정화작업이 단순해 비용이 적게 드는 장점이 있지만 건물을 철거해야 하는 단점이 있어 최근에는 건물을 철거하지 않고 정화하는 지중정화나 강관삽입법 등을 적용
대표적인 예가 현재 동두천시의 동양대학교 건물. 현재 이곳은 지중정화와 강관삽입법을 적용해 철거하지 않고 정화해 학생들이 식당, 도서관, 기숙사로 사용 중

- **굴착정화**
건물 하부의 오염토양을 굴착해서 밖으로 옮겨 정화하는 방식
건물을 철거하는 방식이 있고 철거하지 않고 정화하는 방식이 있음

---

159 일본육군조병창역사문화생태공원추진협의회, 『진실과 거짓 – 일제무기제조공장 인천육군조병창병원건물(1780호) 백서』, 2023, 33~34쪽, 223쪽
160 토양오염 관련 기술은 일본육군조병창역사문화생태공원추진협의회, 『진실과 거짓 – 일제무기제조공장 인천육군조병창병원건물(1780호) 백서』, 2쪽

- **압입말뚝공법**

건물이 무너지지 않도록 말뚝을 땅속으로 밀어 넣어 기초를 보강한 후 오염토양을 굴착해 밖으로 옮겨 정화하는 방식. 문화유산청이 조병창 병원(1780) 건물을 철거하지 않고 정화하기 위해 제안한 방식. 강관삽입법, 플로팅공법에 비해 비용이 적게 소요

- **강관삽입법**

건물 하부에 강관을 수평방향으로 밀어 넣어 건물을 지지하는 동시에 강관 내부 오염토양을 굴착해 밖으로 옮겨 정화하는 방식. 건물을 철거하지 않고 정화가 가능한 방식

- **플로팅공법**

건물을 부유(浮游)시켜 오염된 토양을 굴착해 밖으로 옮겨 정화하는 방식. 건물을 철거하지 않고 정화가 가능한 방식. 구(舊) 서울시청사(1926년)가 보존 및 지하 확장 사업에서 적용

■ 제2단계 : 활용을 위한 토대를 구축하는 단계 세 가지

첫째, 역사성을 확보하는 일이다. 이 점은 우리가 보존하고 활용해야 하는 일제 전쟁유적이 무엇인가에 대한 광범위한 조사연구와 합의 과정이기도 하다. 부평의 인천육군조병창 및 관련 유적의 사례를 살펴보자.

이 사례에서 가장 큰 문제점은, 학술적 조사에 앞서 사회적 논의가 우선하는 불균형 상태라는 점이다. 그 결과 조사도 하기 전에 철거를 진행하는 모순이 발생하고 있다.

인천육군조병창 유적 관련 연구는 적은 데다가 정확하지 않은 정보를 담은 연구 성과도 있다. 인천육군조병창의 터를 닦기 전 부평연습장 시기까지 포함하면 연구의 부족은 더 심각하다. 연구가 미비한 이유는 문헌자료의 한계 때문이다. 문헌자료의 한계는 자료가 없는 것이 아니라 발굴하지 못한 것이다. 인천육군조병창은 육군이 조성했으므로 관련 문서가 없을 수 없다. 부지를 선정하고, 터 파기 공사를 하고 건물을 올리고, 무기공장을 가동하고, 지하화 계획을 수립하는 모든 과정은 일본 국가권력(일본군, 일본 정부, 조선총독부 등)이 주도했다. 이 가운데 극히 일부의 문헌자료가 발굴되었다. 2021년 11월에 출간한 『부평사』 제4권에, 그리고 2023년 말 동북

아역사재단이 발간한 『부평 – 조선 병참의 별이 되다』(허광무 지음)에서 육군이 작성한 인천육군조병창 관련 문서의 발굴 성과를 찾을 수 있다. 2024년에 인천광역시가 발주한 연구용역사업에서 일부 추가되었다. 지속적인 자료 발굴에 나선다면, '문헌자료의 한계'라는 꼬리표는 사라질 수 있다.

이같이 문헌자료는 발굴 중에 있고, 발굴이 가능하다. 발굴 노력을 하지 않은, 무책임한 '주장'의 확산은 문제의 본질을 흐리는 결과를 낳는다. '주장'보다 앞서 관심과 노력을 기울여야 하는 것은 자료의 결락을 메워가는 일이다. 자료의 발굴 성과는 곧바로 연구의 활성화로 이어질 것이다.

둘째, 유적의 활용 방안에 관한 고민을 거시적으로, 심도 있게 해야 한다. 일반적으로 유적의 활용에 대해서는 기능의 변화에 대한 고민, 규모에 대한 고민, 이해관계를 줄이기 위한 고민이 있다. 이러한 고민은 현실적인 고민이다.[161]

2017년 OECD 개발원조위원회는 한국 정부에 '정부의 이행파트너인 시민사회의 다양한 역할을 인정하고 협력관계를 명확히 받아들이는 틀을 마련하라'고 권고했다. 한국 정부가 시민사회와 논의-숙의-합의의 과정을 통해야 하는 협업을 잘 하지 않고 있으며, 정부의 논의가 일방적으로 하층부 네트워크로 전달되는 경향이 심각하다고 판단했기 때문이다. 이는 한국 사회에서 정부와 시민사회가 수평적으로 소통하며, 합의적으로 정책을 마련하고 실행하는 민관협치가 제대로 이루어지지 않다는 근거이다. 유럽의 여러 나라는 토론, 협상, 타협, 공론화, 합의 등을 초·중등 교육과정에서 체득하고 있다. 이에 비해 한국에서는 노사 간의 합의가 대부분이다. 국내 현실은 근대유산을 보존하기 위한 명확한 법·규정도 없으며 예산도

---

161 부평문화원 주관, 한국문화원연합회 주최) 심포지엄 '일제강점기 한반도 전쟁유적의 현황과 과제 – 부평이 가야 할 방향'(2021.10.22.) 종합토론 내용 중

부족하고 보존 가치에 대한 인식도 모호하다.[162]

한상정은 인천시를 대상으로 한 기고문에서 "논란을 막기 위한 즉자적인 대처가 아니라, 긴 호흡으로 시 전체의 문화자산 관리에 대한 단계별 설계 방향을 제대로 수립"하기 위한 구체적 방안으로 네 가지를 제안했다. 첫째, 우리가 꼭 보존하고 잘 활용해야 하는 문화자산이 무엇인가에 대한 광범위한 조사연구와 합의 과정, 둘째, 지정된 문화자산의 보호·관리·활용에 대한 제도적 장치, 세 번째, 시민의 일상에 문화자산의 경험을 확장시키는 것, 넷째 아카이브이다.[163]

현재 근대 문화유산의 보존과 활용을 둘러싼 갈등 문제는 도시재생 과정에서 나타나는 보편적 현상이다. 도시재생은 재개발이 아니다. 도시재생은 대도시의 외연적 확산을 억제하되 쇠퇴한 도시의 문제를 종합적으로 해결하는 방향으로 나아가야 한다. 물량 위주가 아닌, 삶의 공간으로서, 각 지역의 독특한 문화·역사를 살려 증대하는 문화 수요를 충족시켜야 하는, 쉽지 않은 과제를 안고 있다. 이 과정에서 필요한 것은 사회적 합의이며, 사회적 합의는 협치의 선행 과정이다. 그러나 한국의 사회적 합의나 협치의 경험은 매우 부족하다. 그러므로 사회적 합의와 협치의 경험을 축적해 나갈 필요가 있다.

세 번째로 가치평가에 대한 부분이다. 먼저 일제 전쟁유적에 대한 포괄적 가치를 추구하고 이를 토대로 구체적 가치로 좁혀가야 한다. 유적에 대한 포괄적 가치란, 유적이 갖는 역사성을 이해하고 사회적 가치를 인식하는 것이다. 이에 비해 구체적 가치란 한상정이 제안한 '시민의 일상에 문화

---

162 고병욱 기고문 「사회적 합의가 낯선 사회 도시재생에서 갈등 관리는 핵심 과제다」http://www.incheonin.com/news/articleView.html?idxno=83669
163 한상정 기고문 「시민은 문화자산을 구분해서 경험하지 않는다」http://www.kyeonggi.com/news/articleView.html?idxno=2380374

자산의 경험을 확장시키는 것'이다. 즉 일제 전쟁유적이 시민의 생각과 일상에서 얼마나 소중한가를 구체적으로 제시하는 것이다.

■ **제3단계 : 구체 방안을 수립하고 실천하는 단계 구체 방안 수립에 필요한 요건 네 가지**

첫째는 시민 공감대 형성이다. 시민의 공감대를 형성하는 가장 기본적이고 필수적인 방법은 공개적이고 투명한 관련 정보를 제공해 시민들의 판단에 도움을 주는 것이다. 여기서 중요한 것은 특정 지역에 소재한 유적이라 해서 해당 지역 주민의 공감대만으로 결정할 수 없다는 점이다. 일제 전쟁유적은 해당 지역의 유적만이 아니라 한국 사회 전체의 유적이기 때문이다.

두 번째는 기록화 단계(Documentation)를 추진하는 것이다. 기록화 단계는 자료수집(문헌과 비문헌자료)과 생산(구술자료, 사진, 영상 등 비문헌자료), 기초 Map 작성, 필드워크 등을 의미한다. 다음 장에서 상세히 설명하도록 하겠다.

셋째는 문화유산보호법에 근거한 등록문화유산 제도(50년 이상 경과)나 건축자산제도를 적용하는 것이다. 이와 함께 문화유산으로 지정(등록)된 문화자산의 보호, 관리, 활용에 대한 제도적 장치도 마련할 필요가 있다. 혜택 없는 규제만으로 시민의 공감대나 호응을 불러일으키기는 어렵기 때문이다. 특히 소유자의 보존 의지를 격려하기 위해 도입된 등록문화유산 제도가 시도등록문화유산 신설 이후 오히려 도입 취지를 무색하게 만들고, 경직된 체제로 운영되는 경향에 대한 고민과 제도 개선이 필요하다.[164]

---

164 안창모, 「문화재 지정을 통한 근대유산 보존과 활용 방안」, 동북아역사재단 기획연구 심포지엄 '일제 육군조병창 유적의 역사적 가치와 활용 방안' 자료집, 57쪽

> **건축자산제도**
> 2015년 6월 제정한 「한옥 등 건축자산 진흥에 관한 법률」에 근거한 제도이다. 이 법에서는 '건축자산'을 "현재와 미래에 유효한 사회적·경제적·경관적 가치를 지닌 것으로서 한옥 등 고유의 역사적·문화적 가치를 지니거나 국가의 건축문화 진흥 및 지역의 정체성 형성에 기여하고 있는 건축물, 공간환경, 기반시설"로 정의한다. 대상으로서 '건축'의 범주는 건축물뿐만 아니라 건축물로 이루어지는 공간구조·공공공간 및 경관을 아우르는 공간환경을 포함하고 있으며, '자산'이라는 용어에서 알 수 있듯이 대대로 이어져 오는 것을 그대로 전승 또는 계승하는 의미보다는 현재와 미래에 유효한 다양한 가치에 초점을 두고 있다. 등록문화유산과 달리 건축자산은 조성 시기의 제한이 없어 현대건축물까지 포함하는 개념이다.

네 번째는 앞의 과정을 통해 수집하고 축적한 자료의 아카이빙(기록관리)에 대한 고민이다. 자료는 개인의 사유물이 아니라 그 사회가 활용할 공공재(公共材)이다. 자료를 공공재로 활용하기 위해서는 기록관리를 해야 한다. 기록원이나 역사관 등 아카이브를 통해 기록을 관리하고 시민이 공유할 수 있는 토대를 갖추어야 한다.

이상 제시한 네 가지 요건을 토대로 활용을 위한 구체 방안을 수립하고 실천할 수 있다. 구체 방안은 크게 교육과 역사문화콘텐츠를 통한 활용 방안으로 나눌 수 있다.

> **국내 일제 전쟁유적 활용 과정**
> 추진 주체 설립 → 실태조사(전수조사) → 연구 → 기초 Map 작성 → 필드워크(워킹투어) → 계획 수립 → 활용 가능 대상 유적 선정 → 건축자산제도 및 문화유산 등록제도 등 활용, 적용할 문화콘텐츠 선정 → 다양한 콘텐츠 구축 → 시민사회 공유 및 활용: 교육과 역사문화콘텐츠 활용, 세계유산 등재

국내 일제 전쟁유적의 활용 대상을 넓게 본다면, 세계시민이 될 것이며, 세계시민과 공유하는 방법 가운데 하나는 세계유산 등재이다. 이를 위한 적극적인 전망도 한국 사회의 몫이다.

2) 역사문화콘텐츠를 통한 활용 방안

(1) 역사문화콘텐츠 구축의 방향[165]

국내 일제 전쟁유적은 지역의 역사성과 유적 발생 배경, 해방 후 쌓은 한국현대사의 더께(공간의 계보학), 기존 근대유적과 연계, 보존 환경 등 고려할 점이 다양하다. 활용 방안의 핵심은 다양한 문화콘텐츠를 만들어 사회가 공유할 수 있도록 활용도를 높이는 것이다. 그러므로 이를 토대로 적합한 문화콘텐츠 구축 및 활용 방안을 적용할 필요가 있다.

일반적인 문화콘텐츠 구축 단계는 크게 세 단계로 구분할 수 있다.

> 기획(콘텐츠 대상 및 유형 결정) → 기록화(사례분석 및 소재 조사, 소재의 자원화) → 문화콘텐츠 구축(콘텐츠 설계, 개발, 재현 및 평가)

세 단계 가운데 가장 중요한 것은 기록화 단계이다. 기록화 단계는 향후 문화콘텐츠 활용 과정에서 생산된 자료와 콘텐츠가 다시 다양한 문화콘텐츠에 피드백되는 순환구조로 작동된다.

기록화 단계의 자료수집을 위해서는 전략이 필요하다. 기록학에서 제시하는 기록화 전략은 자료수집과 생산 및 관리 전략이다. 기록화할 영역을 도출하고 진행 중인 사안과 관련해 실재하는 기록을 대상으로 상태를 분석해 생산을 포함한 적절한 기록 확보 계획을 진행하며, 그러한 계획을 복수의 주체가 협동하는 다기관 수행방식(multi-institutional approach)으로 접근해 추진하는 것이다.[166]

---

[165] 문화콘텐츠 구축의 구체적인 단계에 대해서는 정혜경, 『우리 지역의 아시아태평양전쟁유적 활용-방안과 사례』(도서출판 선인, 2018), 58~59쪽 참조
[166] 한국기록학회, 『기록학용어사전』, 역사비평사, 2008, 85~86쪽

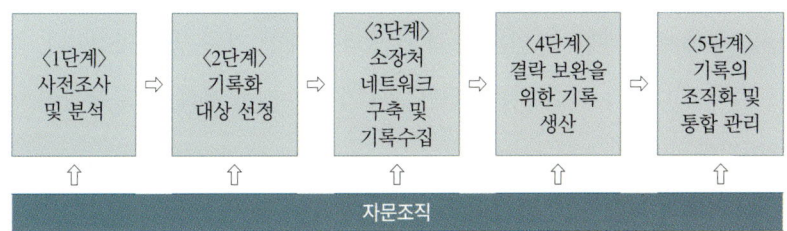

기록화 전략 구현 단계(권미현 설계)

○ **사전 조사 및 분석 단계:** 기록화 대상을 선정하기 위한 기초 작업 단계이다. 어떤 대상의 어떤 활동을 기록으로 남길 것인가에 대한 구체화를 위해 잠재적 대상과 관련한 기록·사건·활동 등에 관한 각종 분야를 조사하고 분석해야 한다. 조사 대상은 관련 기록(공공기록, 민간기록, 신문 등 매체 보도 등), 관련 분야 연구, 관련 인물의 구술 등이 될 것이다.

○ **기록화 대상 선정 단계:** 분석 결과를 토대로 기록화 대상을 구체화하게 된다. 기록화 전략이란, 대상으로 선정한 분야에 대해 재현 가능한 기록을 적절하게 수집하는 것인데, 그 범주를 '객관적인' 기준으로 정하기는 어렵다. 기록화 전략을 추진하는, 또는 대상 선정의 주체가 되는 기관이나 아키비스트(Archivist, 기록관리전문가), 역사가 등의 주관이 개입되지 않을 수 없기 때문이다. 그러므로 대상 선정 및 범주의 구체화, 명확화는 기록화 전략을 성공적으로 이끌기 위해 어렵고도 중요한 일이다. 큰 틀에서 기록화 대상이 선정되고 나면, 어떠한 영역에 대해 수집할 것인가에 대해 우선순위를 정할 필요가 있다.

○ **소장처 네트워크 구축 및 기록 수집 단계:** 앞 단계에서 선정한 기록화 대상과 영역, 하위 주제에 맞는 기록 수집을 위한 소재 정보를 파악하고 협력적 공유가 가능하도록 하며 실제 기록 수집 작업도 진행하는 단계이다.

○ **결락 보완을 위한 기록 생산 단계:** 사전조사와 기록 대상 선정 시, '생산'을 통해서 파악할 수 있는 '누락'된 영역에 대한 기록 생산 과정이다. 주로 기록화 대상과 관련한 관련인의 구술기록 수집을 통해 기록 생산이 이루어진다.

○ **기록의 조직화 및 통합 관리 단계:** 1~4단계를 거쳐 소재 정보를 파악하거나 직접 수집한 기록을 정리 및 기술(description)해 이용할 수 있는 자료로 관리하는 단계이다. 계획 단계에서부터 수집 기록을 어떻게 관리하고, 지속적으로 이용할 것인가를 결정하고 실행계획을 마련한다.

이 5단계 과정에는 자문조직이 모두 관여해 기록화 전략이 성공적으로 수행될 수 있도록 한다. 자문조직은 관련 분야 전문가, 기록 생산자, 아키비스트, 이용자 집단, 활동가 등으로 구성하는데, 기록화 대상 및 범주 설정에 관여하며, 수집한 기록물 평가 역할을 한다.[167]

그렇다면, 일제 전쟁유적 활용에 왜 역사문화콘텐츠 방법을 적용해야 할까. 역사문화콘텐츠 방법을 적용한 활용 과정을 통해 일제 전쟁유적은 역사 경험을 축적하고 축적된 경험을 다시 시민의 역사교육으로 순환할 수 있기 때문이다.

테사 모리스 스즈키(Tessa Morris Suzuki)는 『우리 안의 과거-미디어, 메모리, 히스토리』를 통해, 역사문화콘텐츠를 '일반 시민들이 역사와 만나는 창구'로 설정했다.[168] 일반인들은 학자처럼 사료를 뒤적이는 것이 아니라 다른 사람들이 해석하고 상상력이라는 필터(소설가의 말, 사진가의 렌즈, 만화가의 그림)로 걸러서 전달한 과거의 표현을 접한다. 그런 점에서 일제 전쟁유적 관

---

167 권미현, 「일제말기 강제동원 기록의 수집과 활용을 위한 제언-기록화 전략(documentation strategy)과 문화콘텐츠 구축 방법론」, 『한일민족문제연구』26, 2014, 238~242쪽
168 상세한 내용은 테사 모리스 스즈키 지음·김경원 옮김, 『우리 안의 과거』(휴머니스트, 2006) 참조

련 역사문화콘텐츠는 역사의 진지함과 만나려는 시민들에게 도움을 줄 것이다.

앞에서 간략히 언급한 국내 일제 전쟁유적 활용 방안이라는 큰 틀을 토대로 문화콘텐츠 구축 방안을 제시해 보도록 하겠다.

첫 번째, 체계적인 활용 방안 수립이다. 민간 차원에서 할 수 없으므로 정책적 차원에서 해야 한다. 지자체에서 정책을 수립해 장기 계획 아래 단계별로 추진해야 한다. 이 때 필요한 요소는 실태조사(전수조사), 주민 공감대, 기획과 기록화 단계의 3종 세트이고, 출발점은 전수조사이다.

현재 국내에서 전수조사를 제대로 실시한 지자체는 찾기 어렵다. 전수조사를 실시한다면 현재 파악한 일제 전쟁유적보다 많은 유적을 찾을 수 있고, 안전성 여부도 판단할 수 있어 주민 안전예방 차원에서도 효과가 있다.

두 번째, 전문인력의 확충과 적극적 활용이다. 앞에서 제시한 실태조사(전수조사), 주민 공감대, 기획과 기록화 단계라는 3종 세트는 가장 많은 기간과 예산, 전문인력이 필요한 작업이다. 이 가운데 핵심은 전문인력을 키우고 적극 활용하는 일이다. 초기에는 외부 전문가가 기획이나 실태조사에서 자문 역할은 할 수 있으나 내용을 채우고 추진하는 것은 지역의 역사와 문화를 잘 아는 이들이다. 지역 문화원 구성원, 기억기관의 종사자(학예사, 문화해설사 등), 교사나 교수를 적극 활용함은 물론, 지역 언론인이나 관심을 가진 시민들의 전문성을 강화해 전문인력을 배양해야 한다.

세 번째, 연차별 추진이다. 문화콘텐츠 구축 과정에서 가장 많은 기간이 소요되는 단계는 '기록화'와 '장소콘텐츠 구축'이고, 가장 많은 예산이 필요한 단계는 '장소콘텐츠 구축'이다. 기간과 예산을 무한정 확보할 수는 없으므로 집중과 선택이 필요하다. 일단 '기록화'가 완료되면, 예산 사정에 따라 선택적으로 다른 문화콘텐츠 추진이 가능하다. 그러므로 기록화 단계부터 구축까지 전 단계는 연차별로 추진해야 한다.

네 번째, 콘텐츠별 구축 및 활용 방안이다. 문화콘텐츠로 구현할 수 있는 콘텐츠는 사진·영상콘텐츠, 출판콘텐츠, 장소콘텐츠, 웹·모바일콘텐츠 등 다양하다. 이들 콘텐츠의 성격을 파악하고, 기능과 용도에 따라 적절하게 적용할 필요가 있다.

다섯 번째, 기존의 역사문화 시스템(기억기관)과 적극적인 연계 추진이다. 기억기관은 역사박물관, 사료관, 기념관 등을 의미한다. 기억기관과 연계 방안은 전시콘텐츠와 연계 방안, 프로그램 공동 운영 등이 있다.[169]

(2) 콘텐츠별 활용 방안[170]

콘텐츠별 활용 방안에서 방향은 네 가지이다.

첫째, 기록화 단계를 거쳐야 한다는 점이다. 기록화란 각종 자료를 모으고, 기초적인 Map을 만들며, 필드워크(현장답사)를 하는 것이다. 필드워크는 현장에서 새로운 자료를 수집하는 과정의 하나이다. 그러므로 기록화 단계에서 중요한 역할을 한다.

[문화지도 제작]

문화지도는 일제 전쟁유적을 지역의 문화유적 또는 근대화 유적과 같은 유적으로 수용하고, 대외홍보·지역민들의 공감대 형성·지역민들에게 직접 현장 탐방 기회를 제공한다는 점에서 필요하며 효과가 높다.

---

169 구체적인 내용은 정혜경, 「국내 소재 아시아태평양전쟁유적의 현황과 활용」, 『미군기지 캠프마켓과 인천육군조병창 유적』(2021년 인천광역시립박물관 학술회의 자료집. 2021.11.5) 참조

170 QR코드나 인터렉티브 미디어, 파고라, 인포메이션그래픽 등 문화콘텐츠의 다양한 기법에 대한 용어 설명과 콘텐츠 유형별 성격, 구체적인 콘텐츠별 구축 방법에 대해서는 정혜경, 『우리 지역의 아시아태평양전쟁유적 활용-방안과 사례』(도서출판 선인, 2018) 참조

■ 제작 방법 및 활용 사례

- 도별 혹은 시군 단위별 전쟁유적 지도 제작
- 도청 홈페이지나 지역 문화유적 관련 홈페이지에 탑재
- 한국문화원연합회 포털사이트(지역N문화) 활용

※ 지역N문화(https://www.nculture.org/man/main.do)는 전국 232개 지방문화원 소장 자료와 구술기록, 유적 정보를 담은 포털사이트로서 전국 단위의 지역사 관련 자료를 담은 유일한 아카이브이다.

〈그림 148〉 지역N문화 검색 화면

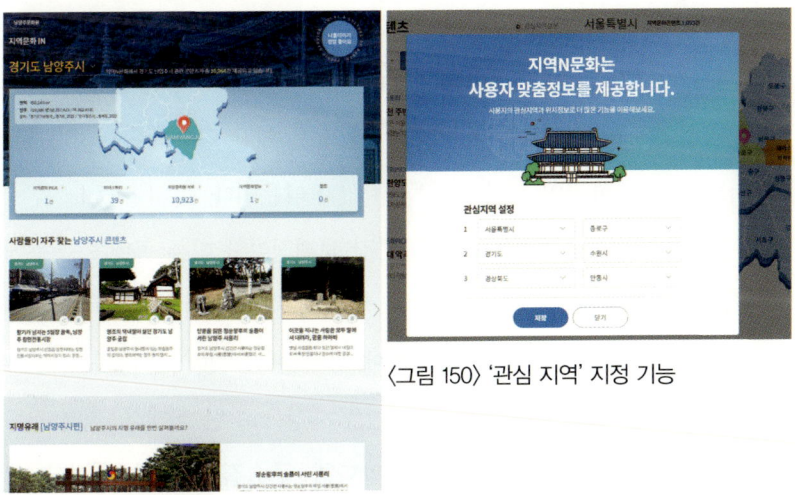

〈그림 149〉 남양주시 검색 결과

〈그림 150〉 '관심 지역' 지정 기능

둘째, 콘텐츠별 호환성을 높여 활용도와 효율성을 높이는 것이다. 이를 위해서는 개별적인 콘텐츠로 인식하지 않고, 하나의 콘텐츠를 통해 다른 콘텐츠 제작이 가능한 방향을 고민할 필요가 있다.

셋째, 쌍방향성 지향이다. 별도의 장치 없이 현장에 설치한 게시판에 QR코드를 부여한다면, 훌륭한 쌍방향성 콘텐츠가 된다. 쌍방향성은 웹(모바일) 콘텐츠에만 국한하지 않는다. QR코드는 출판콘텐츠에도 적용할 수 있다.

넷째, 아날로그와 디지털 방식의 적극적 연동이다. 이를 위해서는 단계별 제작이 필요하다. 아날로그 콘텐츠(출판콘텐츠)에서 시작해 디지털 방식인 웹(모바일)콘텐츠로 확대하는 방식이다. 부평문화원은 2022년부터 '부평 지하호'라는 웹·모바일콘텐츠 VR을 운영하고 있다. 이 VR은 2017년부터 출간한 각종 보고서 등 출판콘텐츠와 구술기록 수집, 현장 답사프로그램이 있었기에 나올 수 있었다.

① 출판콘텐츠

출판콘텐츠가 다양한 문화콘텐츠에 미치는 영향을 생각할 때, 한국에서 가장 주력해야 할 콘텐츠이다. 그러나 출판콘텐츠는 생산에 많은 시간과 노력이 필요하다. 핸드북이나 인포그래픽 등 얇은 규모라도 마찬가지이다. 자료 축적과 학술연구 없이 만들 수 없기 때문이다.

출판콘텐츠는 문화콘텐츠 가운데 가장 보편적이자 다른 콘텐츠 구축에 토대가 되는 콘텐츠이다. 비용이 비교적 적게 들지만 이후 웹(모바일) 콘텐츠 구축의 토대를 이루는 기록화 단계에 속하는 결과물이기도 하다. 전문적인 연구서, 조사보고서를 비롯해 시민을 대상으로 한 실태서, 지역 필드워크 핸드북, 답사기, 그림책, 동화책, 만화책, 구술집, 에세이, 논픽션, 회

고록이나 자서전, 사진집, 도면집, 인포메이션그래픽 등 다양한 출판콘텐츠가 가능하다. 형식도 종이책과 전자책(E-Book)을 병행 생산할 수 있다.

〈그림 151〉 국가기록원이 발간한 사진집(출판콘텐츠)

〈그림 152〉 국가기록원이 사진집을 토대로 만든 웹콘텐츠 (https://theme.archives.go.kr//next/forcedMob/viewMain.do#mainPage)

국가기록원이 2020년에 출간한 사진집 『강제동원, 김광렬, 기록으로 말하다 – 기억해야 할 사람들』은 대표적인 일제 전쟁유적 관련 출판콘텐츠이다. 고 김광렬 기록물에서 발췌한 전쟁유적 현장 사진과 메모를 담았다. 이 사진집은 인쇄물로 출간했으나 웹(모바일)콘텐츠와 전시콘텐츠로 사용할 수 있다. 국가기록원은 사진집의 인쇄물을 토대로 홈페이지에 팝업존을 만들어 웹콘텐츠로 제공하고 있다.

② 장소콘텐츠

장소콘텐츠는 전시관이나 복합문화공간, 현장에 설치한 뚜껑 없는 박물관, 표지물 등 하드웨어(구조물)이다. 장소콘텐츠 구축은 간단한 표지물 설치에서 출발한다. 그러나 일제 전쟁유적 가운데, 전쟁유적임을 알 수 있는 표지물을 설치한 사례는 매우 드물다. 표지물은 간단한 시설이지만 여러 정보를 알려주는 기능을 하므로 다양하게 활용할 수 있다. 표지물 설치에서 출발해 표지물에 QR코드를 설치해 쌍방향 콘텐츠로 활용할 수 있으며, 동영상이나 사진을 추가해 이용자들이 다양하고도 쉽게 정보에 접근할 수 있도록 할 수 있다.

[표지물]

표지물은 기본적인 구조물로써 바닥 표지판이나 표지석, 게시판 등 다양한 형태가 있다.

■ 바닥 표지판(디딤돌), 표지석 사례

〈그림 153〉 서울시청 앞마당에 놓인 4.16세월호 참사 디딤돌(2017년 8월 촬영)

〈그림 155〉 서울시에 있는 강제동원 사망자 현종익의 평화디딤돌(2017년 8월 촬영)

〈그림 154〉 일본 오사카부 다치소 가와사키항공기 지하공장 표지석. 조선인 강제동원 사실을 기술(2015년 8월 촬영)

■ 일반적인 게시판 형태

가장 만들기 쉽지만, 몇 가지 장치를 추가하는 방법으로 쌍방향 콘텐츠로 전환할 수 있다.

〈그림 156〉 옛 경성지방법원 수원지청 터 게시판(2024년 8월 촬영)

〈그림 157〉 경성감옥 터였던 서부지방법원에 설치한 게시판 형태의 표지판.(2019년 8월 촬영)

※ 현행: 일방성 콘텐츠

⇒ 게시판에 QR코드를 추가해 쌍방향 콘텐츠로 전환

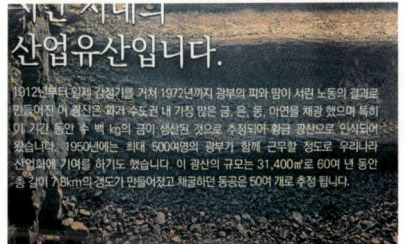

〈그림 158〉 광명동굴의 게시판(2015년 7월 촬영)

■ 게시판을 이용해 디지털 콘텐츠로

모든 게시판은 디지털 콘텐츠를 추가해 전시콘텐츠로 활용하거나 쌍방향성 콘텐츠로 활용할 수 있다. 평면적인 게시판에 디지털 기법(스크린 터치)을 추가하면, 훌륭한 터치 보드가 가능하고, QR코드를 추가하면 쌍방향 콘텐츠가 가능하기 때문이다.

〈그림 159〉 전남 광주시 백화마을 버스정류장을 이용한 파고라(2013년 5월 촬영)

■ 이동식 구조물을 활용

장소콘텐츠는 하드웨어이므로 콘텐츠 구축에도 많은 시간과 비용이 든다. 그러나 규모와 효과가 비례한다고 보기 어렵다. 고정된 구조물로 제한할 필요도 없다. 이러한 점에서 파빌리온이나 파고라와 같은 이동식 구조물은 공간이 기억을 확산하는 효과적인 콘텐츠이다. 별도의 장소콘텐츠를 설치하지 않고 기존 건물의 복도나 로비, 지하철역이나 버스정류장에도 설치할 수 있다.

[전시콘텐츠]

■ 역사성을 존중한 전시콘텐츠 사례: 수원 부국원(富國園)

　부국원은 종묘와 종자회사로서 농업 수탈의 아픈 역사를 간직한 곳으로 출발했는데, 토지를 개간해 각종 농산물을 생산해 공출하거나 군부대에 납품한 곳이었다. 해방 후 수원 법원 및 검찰 청사, 수원교육청, 박내과의원 등으로 사용하다가 철거 위기에 놓였으나 등록문화재 제698호(2017.10)로 지정되어 현재는 시민들이 일제 수탈의 역사를 기억하는 근대문화공간으로 활용되고 있다.

　총 3층의 아담한 건물은 전시공간과 쉼터(독서공간)을 갖추고 있어서 시민들이 찾기 편안한 곳이다. 수원신사 등 팔달구의 일제 전쟁유적을 볼 수 있는 전시 코너(터치패드)도 있다.

〈그림 160〉 수원읍 궁정에 있었던 1923년 부국원 건물 모습(사카이 마사노스케(酒井政之助), 「水原」, 1923)

〈그림 161〉 팔달구 향교로 130번 소재 부국원 현재 모습(2024년 8월 촬영)

〈그림 162〉 내부 벽면을 그대로 전시(2024년 8월 촬영)

〈그림 163〉 보존 처리 전후를 비교한 전시 (2024년 8월 촬영)

〈그림 164〉 하단에 재배도구를 전시(2024년 8월 촬영)

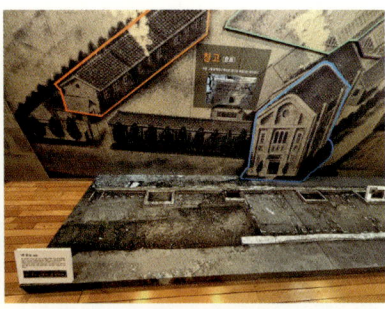
〈그림 165〉 종묘를 재배한 온실터의 모습 (2024년 8월 촬영)

〈그림 166〉 각종 종자(2024년 8월 촬영)

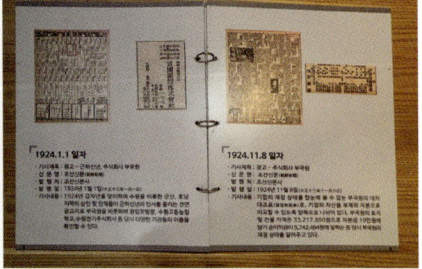
〈그림 167〉 부국원 관련 자료 전시(2024년 8월 촬영)

　부국원 전시에서 의미 있는 점은, 종묘회사였다는 특성을 살려서 종자나 종묘 재배지 등의 모습도 전시물로 구성했다는 것이다. 전시를 통해 부국원의 발굴 과정을 알 수 있다는 점도 장점이다.

■ 역사성을 존중하고, 기존 시설을 최대한 활용한 사례: 인천시 강화군 소재 조양방직

1936년에 설립한 조양방직㈜은 내부가 3백 평에 달할 정도로 규모가 크다. 설립 당시에는 인조견을 생산했으나 중일전쟁이 본격화한 후에는 민수용 인조견 대신 군수용 직물을 생산했다. 현재 미술관과 박물관, 카페로 운영되고 있는데, 1일 방문객이 수천 명에 달할 정도이다.

〈그림 168〉 독특한 모양의 설명 게시판
(2024년 8월 촬영)

〈그림 169〉 기존 공장 부지와 시설물을 그대로 살린 조양방직 정문

〈그림 170〉 당시 공장 정문과 정문 옆 사무실

〈그림 171〉 공장 내부를 카페로 개조

〈그림 172〉 공장의 염색조를 연못으로 활용

〈그림 173〉 카페 내부의 전시 사진을 통해 방직공장의 당시 모습을 알 수 있다.   〈그림 174〉 카페 내부에 지역민들의 추억 사진을 전시

조양방직에 이렇게 많은 사람이 몰리게 된 가장 큰 이유는 기존 시설을 그대로 남기고, 인조견 생산공장이었다는 점을 충분히 알 수 있도록 했기 때문이다. 당시 공장의 모습을 알 수 있는 사진과 함께, 현재 지역 주민들의 생활사 사진을 같이 전시하는 방법으로 지역 밀착형 장소로 자리잡았다.

■ 기존의 시설에 역사성을 추가하는 방안: 광명동굴의 사례를 대상으로

역사성을 충분히 반영하지 못한 사례는 적지 않다. 그 가운데 하나는 광명동굴이다. 광명동굴은 역사코너도 마련했으나 전시물은 일제시기 시흥광산의 실상을 충분히 반영하지 못하고 오류를 전하기도 한다.

오류는 크게 두 가지이다. 하나는 전시 설명 패널의 오류이고, 다른 하나는 모형의 오류이다. 이 광산은 사갱(斜坑)이었으므로 광부들은 허리를 펴고 작업할 수 없었으나 모형에는 꼿꼿이 선 채 작업하는 광부의 모습이 있다.

또한 광산 내부의 일부는 거미줄처럼 복잡한 갱내를 확장해 넓은 공간을 마련하고 공연장으로 활용하고 있다. 역사코너가 조성된 곳도 확장한 공간이다. 역사코너를 가보지 않은 관람객들은 광산 내부 구조가 현재 모

습처럼 개방된 공간인 듯 착각할 수 있다.

※ **단바망간광산기념관**
이정호(李貞鎬), 1934년 교토에 도일, 1948년부터 단바망간광산에서 광부로 취업, 1968년 백두광업 창립해 광업권자)가 1985년부터 조성하기 시작해 1989년에 개관, 2002년에 비영리법인으로 전환

〈그림 175〉 관람객을 위해 조성한 단바망간광산의 갱구 (2012년 5월 촬영)

〈그림 176〉 단바망간광산 갱 내부 모형. 실제보다 확대해서 조성했으나 성인이 통행하기 좁은 구조(2012년 5월 촬영)

일본 교토의 단바(丹波)망간광산의 사례를 통해 광명동굴의 전시물을 보완해보자.

단바망간광산은 사갱은 아니지만 내부 구조는 광명동굴 내부와 차이가 없다. 민간의 손으로 만든 기념관에는 광부들이 광맥을 따라 길을 뚫으며 들어가는 과정이 잘 나타나 있다.

광명동굴광산도 노천광산이 아니었으므로 내부 구조는 단바망간광산과 동일했을 것이다. 그런 점에서 광명동굴광산에 갱의 일부라도 원형을 재현했으면 하는 아쉬움이 크다.

보완할 방법은 역사성을 보완하는 것이다. 역사성의 복원 방법은 세 가지이다. 첫째, 잘못된 전시 패널의 오류를 수정한다. 둘째, 테마파크 외부 산책길에 남아 있는 제련소 현장을 활용한다. 셋째, 기존 전시물을 교체한다.

※ 현행: 설명 패널의 오류
'징용을 면하게 해주었던 일
일제강점기 시절 광부로 근무하면 징용을 면제해주었고 가족을 부양해야 했던 많은 사람들이 광부로 근무해 서민들의 애환이 깃든 곳이었습니다.'
⇒ 수정 제안: '나도 모르게 징용을 당했던 곳
일제강점기 시절 광부로 근무하면 징용을 면제해준다는 거짓에 속아 나도 모르게 군수물자를 캐야 했던 곳이었습니다.'

〈그림 177〉 사실과 다른 내용의 설명 패널

※ 현행: 표시물이 없어서 제련소 자리인지 알 수 없다.
⇒ 제안1: 제련과정을 보여주는 옥외 표지판 설치
⇒ 제안2: 공간 내부에 제련과정을 보여주는 전시 코너를 설치 운영

〈그림 178〉 이다시흥광산 당시 제련소 자리(계단 옆 우측 구조물)(2015년 7월 촬영)

※ 현행: 광부들이 선 채로 채광
⇒ 수정 제안: 좁은 갱내에서 광맥을 따라 바위에 매달리거나 눕다시피 한 상태로 금을 캐는 모습의 모형으로 교체 전시

〈그림 179〉 넓은 갱내에서 선 채로 채광하는 모습의 광부 모형(2015년 7월 촬영)

[전시콘텐츠와 다양한 프로그램 운영]

　장소콘텐츠에서 필수적인 요소는 전시콘텐츠와 다양한 프로그램 운영이다. 전시콘텐츠는 제작에 많은 시간과 비용이 들어가므로 자주 전시물

을 교체하기 어렵다. 그러므로 각종 프로그램 운영을 통해 전시콘텐츠의 내용을 확산해야 한다. 전시콘텐츠는 장소콘텐츠에서 구동하는 콘텐츠이지만 디지털 역사지도 등 웹(모바일)콘텐츠와 동시에 호환하는 콘텐츠로도 구축할 수 있다. 몇 가지 장치만으로 쌍방향 콘텐츠로 구동할 수 있다.

전시물은 기획과 설치 과정에서 기간과 비용이 많이 발생하지만 시각적 효과가 가장 높은 교육 자재이다. 그러므로 관람객들에게 정확한 정보를 제공할 수 있어야 하며, 상상력을 발휘할 수 있어야 한다. 최근 기억기관이 멀티비젼과 같은 화려한 영상콘텐츠를 선호하는 이유도 여기에 있다. 그러나 교육 효과를 높이는 방법은 디지털 콘텐츠 외에도 다양하다.

첫째, 아날로그 전시물의 활성화이다. 일반적으로 관람객의 발길을 붙잡고, 감동을 오래가게 하는 전시콘텐츠는 한 장의 사진이나 한 개의 물건이다. 그러므로 전시에서 오브제는 중요하다. 그러나 관람객의 발길을 멈추게 할 정도의 오브제가 부족하다면, 관람객 친화적인 전시기법을 도입할 수 있다. 관람객이 만질 수 있거나 디지털 콘텐츠를 결합하는 형태의 다양한 전시기법이 가능하다.

둘째, 아날로그에 디지털 콘텐츠를 결합한 방식을 통해 전시콘텐츠를 웹과 모바일 콘텐츠로 확산하는 방식이다. 아날로그에 디지털 콘텐츠를 결합한 방식에는 슬라이드쇼 방식의 전시기법을 쉽게 활용할 수 있다. 인터랙티브 미디어나 H-GIS, 모션 그래픽스, 홀로그램 등 콘텐츠와 인터랙티브 미디어 키오스크 등 단말기를 통해 효과를 높일 수 있다.

■ **인터랙티브 미디어**(interactive media)
　대화형 매체, 상호작용하는 매체. 여러 대의 프로젝터를 이용해 제작 가능

■ **H-GIS**(historical geographic information system)

　아날로그 자료인 지도를 지리정보시스템(geographic information systems)을 이용해 디지털 콘텐츠로 활용하는 방식

■ **모션그래픽스**

　비디오 영상 혹은 애니메이션 기술을 이용해 영상 속에 다양한 움직임이나 회전의 환영을 만들어내는 그래픽. 주로 광고 영상으로 많이 사용.

■ **인터랙티브 미디어 키오스크**(interactive media kiosk)

　인터랙티브 미디어 키오스크는 특수한 하드웨어와 소프트웨어를 갖춘 단말기의 하나이다. 일반적으로 음식점에서 주문하는 단말기로 알려져 있으나 커뮤니케이션, 상업, 엔터테인먼트, 교육을 위한 정보 및 애플리케이션 등 활용도가 다양하다. 전시관에서는 전시물에 대해 상세한 정보를 제공하는 도구로 활용된다.

　일반적으로 스크린 터치 방식이나 여러 개의 모니터를 이용해 다양한 디지털 기법으로 구동한 전시콘텐츠를 제작한다. 그러나 간단한 전시기법이나 아날로그 방식으로 효과를 높이는 방법도 있다. 배재학당역사박물관에서 활용했던 전시기법인 빔프로젝터를 이용한 인터랙티브미디어는 예산에 따라 빔프로젝터의 규모를 추가할 수 있다. 지도를 활용한 H-GIS(historical geographic information system)는 아날로그 방식이지만 디지털 전시콘텐츠의 효과를 낼 수 있는 사례이다.

　이같이 전시기법이나 하드웨어보다 중요한 것은 어떤 콘텐츠를 구성하는가 하는 점이다. 최첨단 디지털 기법을 선호하는 경향이 있으나 관람객들의 걸음을 멈추게 하는 것은 아날로그 오브제이다. 콘텐츠 기법보다 중요한 것은 내용이기 때문이다.

　일본군'위안부'피해자를 주제로 AI를 이용한 대화방식의 전시콘텐츠를

선보인 적이 있다. 2021년 6월 21일부터 11월 30일까지 서울(서강대학교 곤자가 프라자)과 대구(희움일본군위안부역사관)의 두 전시관에서 베타테스트 방식으로 개최한 '영원한 증언'은 AI 기술을 이용한 대화시스템으로 구현한 실감형 인터랙티브 콘텐츠이다.171

  1천 개 정도의 예상 질문을 미리 선별해 관람객 1명이 30분간 화면의 주인공(이옥선, 이용수)과 대화하는 느낌이 들도록 했다. 이 콘텐츠는 풍부한 구술기록(음성, 영상)이 있었기에 가능했다.

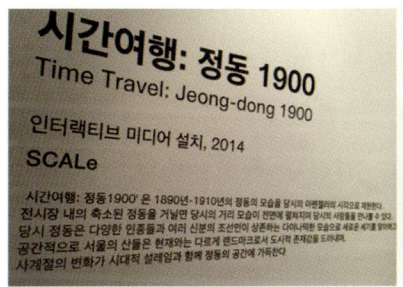
〈그림 180〉 배재학당역사박물관에 설치한 인터랙티브미디어(2016년 3월 촬영)

〈그림 181〉 바닥 글자에 접근하면 사진이나 동영상이 구현된다.(2016년 3월 촬영)

〈그림 182〉 모션그래픽스를 활용한 부평역사박물관 기획전시(2004년 1월 촬영)

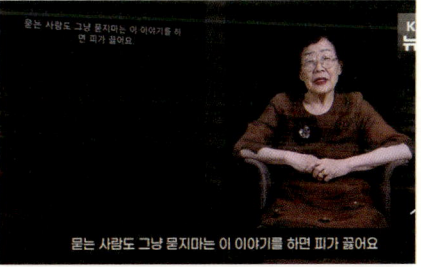
〈그림 183〉 '영원한 증언' 전시장에서 실감형 인터랙티브 콘텐츠를 활용한 이용수 피해자의 가상 대화 모습(2021년 7월 촬영)

---

171 https://www.korea.kr/news/reporterView.do?newsId=148891502&call_from=media_daum

[사이버 캐릭터 활용]

　일본 군마(群馬)현 도미오카(富岡)시에 소재한 도미오카 제사장(製糸場)은 사이버 캐릭터인 홀로그램을 활용한 대표 사례이다. 도미오카 제사장은 1872년에 설치된 일본 최초의 제사 공장인데, 관영기(官營期)와 미쓰이(三井)·하라(原)합명회사를 거쳐 1939년에 가타쿠라(片倉)제사방적㈜가 합병한 후 1987년까지 가동했다. 현재 도미오카시가 소유·관리하고 있는데, 2005년에 국가 사적이 되었고, 2006년에 중요문화재로 지정되었으며 2014년에 3개 건물이 국보로 지정되었다. 2014년에 세계유산(산업유산)으로 등재되었다.

　도미오카 제사장을 찾는 이들은 당시 제사 여공의 복장을 한 사이버 캐릭터 '오토미쨩'의 안내로 견학과 실잣기 체험 프로그램 등을 경험할 수 있는데, 2014년도 방문객은 133만 명에 이른다.[172] 평면적인 장소 콘텐츠인 도미오카 제사장에 사이버 캐릭터를 도입함으로써 많은 비용을 들이지 않고도 원형을 보존하면서 방문객들이 제사공장의 분위기를 느끼는 효과를 거둔 사례이다.[173]

[미니박물관 설치]

■ 현장에 미니박물관을 설치 운영하는 방안1

　규모가 크거나 안전성이 인정되어 뚜껑없는 박물관으로 가능한 장소인 경우, 내부에 전시물을 설치할 수 있다. 앞에서 소개한 서울 경희궁 지하시설물, 진해 창천동의 벚꽃공원이나 부평 함봉산의 지하호가 적용이 가능한 유적이다.

172　http://www.tomioka-silk.jp/hp/index.html
173　富岡市教育委員會,『富岡製糸場建造物群と調査報告書』, 2006(강동진,「세계문화유산이 갖추어야 할 진정성과 완전성」,『세계문화유산등재후보지들의 진실에 대한 문제제기』2013년 11월 17일 한일국제세미나자료집, 43쪽 재인용)

■ 현장에 미니박물관을 설치 운영하는 방안2: 안전성이 부족한 경우

　안전을 우려해 내부로 들어가기 어려운 곳에는 조명 등을 설치해 이용자들이 외부에서 스스로 조명을 켜서 내부를 들여다볼 수 있도록 조성할 수 있다.
　대구시 불산동에 있는 대구비행장 관련 지하시설이 대표적인 사례이다. 대구비행장은 일본 육군이 조성한 비행장으로 이 지하시설은 비행기 부속 및 유류품 등 관련 물자들을 보관했던 동굴이다.

〈그림 184〉 내부에 들어갈 수는 없으나 이용자가 외부에 부착한 버튼을 누르면 불이 켜져서 내부를 들여다볼 수 있다.(2022년 8월 촬영)

해방 후 방치되다가 인근에 아파트단지가 조성되면서 시에서 안전조치를 하고, 산책로로 조성했다.(2022년 현재) 별도의 전시물을 설치하지 않고도 이 자체만으로도 훌륭한 미니박물관이다.
　현장에 미니박물관을 조성할 때, 고려해야 할 점은 '기존 공간이 갖고 있는 역사성을 토대로 한 활용'이라는 방향의 준수이다.
　현재 역사(驛舍) 등 폐건물을 이용한 미니박물관 활용 사례를 많이 볼 수 있다. 이 경우에도 공익적 기능으로 활용하되 건축물이 가지고 있는 역사성과 관련한 전시를 하는 방법이 필요하다.
　해운대구 송정중앙로에 있는 부산 송정역은 1934년에 동해선의 역으로 개업해 1940년 역사를 신축해 2013년까지 사용했다. 역시와 선로는 등록문화재 제302호의 문화유산이다. 이곳은 지역의 특성을 반영한 바다나

송정역의 역사를 전시하고 있다. 선로도 훌륭한 미니박물관이다.

⟨그림 185⟩ 송정역사(2018년 10월 촬영)

⟨그림 186⟩ 지역의 특성을 반영한 바다와 관련한 사진 전시(2018년 10월 촬영)

⟨그림 187⟩ 등록문화유산으로 지정된 선로(2018년 10월 촬영)

⟨그림 188⟩ 선로에 전시한 기차 모형(2018년 10월 촬영)

이에 비해 앞에서 언급한 서울역은 서울역의 역사와 무관한 일반 미술작품 전시장으로 활용되고 있고, 경기도 연천역 급수탑과 급수정도 언론의 질타를 받고 있다. 등록문화재 제45호인 급수탑·급수정과 어울리지 않는 바닥분수를 조성했기 때문이다.[174]

2024년 8월 13일, 의정부문화재단은 경기도 역사(驛舍) 4층에 '의정부문화역-이음'을 개관했다. 이곳은 개방형 커뮤니티공간으로 라운지, 여행자

---

174 중부일보 20240820 https://www.joongboo.com/news/articleView.html?idxno=363667783

북카페, 미팅룸, 공유 오피스, 다목적홀, 갤러리, 창작스튜디오 등을 구성해 운영 중이다. 그런데, 의정부역은 바로 코 앞에 일본군 기지(제17방면군 조선철도대사령부 독립철도 제19대대)였다가 미군기지(캠프 래드폴링워터)가 있던 곳이다. 그러므로 일반인을 위한 개방형 커뮤니티공간을 운영하더라도 의정부역과 미군기지의 역사성을 전시하는 공간을 조성하는 방안이 필요하다.

〈그림 189〉 등록문화재 제45호 연천역(국가유산청 https://gjicp.ggcf.kr/mediaObjects/441) 〈그림 190〉 중부일보가 보도한 바닥분수

'기존 공간이 갖고 있는 역사성을 토대로 한 활용'이라는 방향을 준수했으나 실패한 사례가 있다. 용산공원갤러리 사례이다. 이곳은 일제 말기 조선육군창고였는데, 해방 후 캠프킴 부지로 사용했다. 1908년 일본군이 육군창고로 건축해 활용했다. 조선에 배치한 포로관리 업무도 담당한 곳이다. 포로감시원 관련 문서에 '육창(陸倉)'으로 기재하고 있다.

6.25 전쟁 후 USO(미국위문협회)로 사용하다 2018년에 이전 완료하고 폐쇄했다. 2018년부터 '용산공원갤러리'로 운영하면서 "2018년 11월에 개관한 용산공원갤러리는 미군기지 건물을 활용하여 시민에게 개방한 최초의 사례이며, 상징적인 곳"이라 홍보했다. 그러나 2022년 11월 철거 작업에 들이기 2023년 현재 모두 철거된 상태이다.

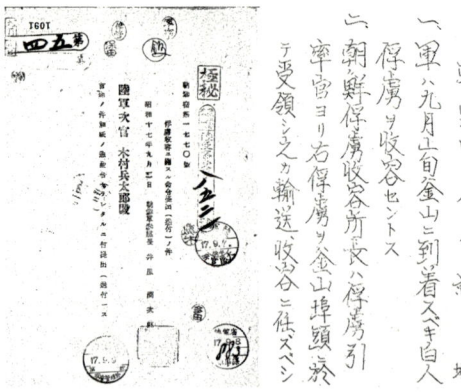

〈그림 191〉「포로수용에 관한 명령제출(송부)의 건」표지(아시아역사자료센터 소장 문서) 〈그림 192〉「포로수용에 관한 명령제출(송부)의 건」1면 〈그림 193〉 조선육군창고를 의미하는 '陸倉'

〈그림 194〉 용산공원갤러리 시절의 창고 건물(2019년 11월 촬영) 〈그림 195〉 용산공원갤러리 시절의 창고 건물(2019년 11월 촬영)

〈그림 196〉 게시판만 남은 현장 〈그림 197〉 철거 잔해 〈그림 198〉 문설주로 보이는 구조물

③ 웹(모바일)콘텐츠

웹(모바일)콘텐츠는 장소에 구애받지 않으므로 접근성이 높고 쌍방향성이 가능해 활용도가 매우 높다. 간단한 방식의 카드뉴스에서 다양한 정보를 활용하는 교육프로그램, 온라인 투어 프로그램인 VR까지 구축할 수 있다. 장소콘텐츠가 전담했던 교육기능(교육형 테마파크와 이러닝)은 이미 오래전에 웹(모바일)콘텐츠가 대체했고, 2019 코로나 팬더믹을 거치면서 웹(모바일)콘텐츠의 기술적 발전은 급성장을 이루었다.[175]

이러한 기술적 발전을 토대로 장소콘텐츠의 하나인 교육형 테마파크도 웹(모바일)콘텐츠로 활용할 수 있다. 박물관에서 활용하는 전시안내 PDA(개인 정보 단말기, Personal Digital Assistant)인 PDMA를 GPS(Global Positioning System, 범지구위치결정시스템)와 연동해 탄광, 군부대 등 특정 공간으로 안내하고 관련 자료를 검색할 수 있도록 구성할 수 있다.[176]

〈그림 199〉 희움일본군위안부역사관의 '일본군위안부피해자 시간과 공간 그리고 증언' 프로그램 http://www.814.kr/vr/index.html

〈그림 200〉 특정인을 클릭해서 관련 정보에 접속할 수 있다.

---

[175] 웹(모바일)콘텐츠의 종류 및 용어 설명, 기능에 대해서는 정혜경, 『우리 지역의 아시아태평양전쟁 유적 활용-방안과 사례』 참조
[176] 권미현, 앞의 글, 256쪽

웹(모바일)콘텐츠는 인터랙티브 미디어나 H-GIS, 모션그래픽스, 디지털 역사지도, AI를 이용한 대화방식의 콘텐츠 등 전시콘텐츠와 호환도 가능하다. AI를 이용한 대화방식의 콘텐츠는 전시콘텐츠에서 시작해 현재는 VR로 전환해 제공하고 있다.[177]

웹(모바일)콘텐츠는 충실한 기록화 단계가 있어야 구축할 수 있다. 구 강제동원위원회 시절에 구축한 〈사할린 한인묘 현황 파악 및 찾기 서비스〉, 〈일본 내 조선인 재해·재난 개요 및 유골 보관 실태표〉도 일부 정보에서 출발해 정보를 추가한 콘텐츠이다. 간단한 게시판 기능이지만 수년간 축적한 조사결과가 있었기에 만들 수 있었다.[178]

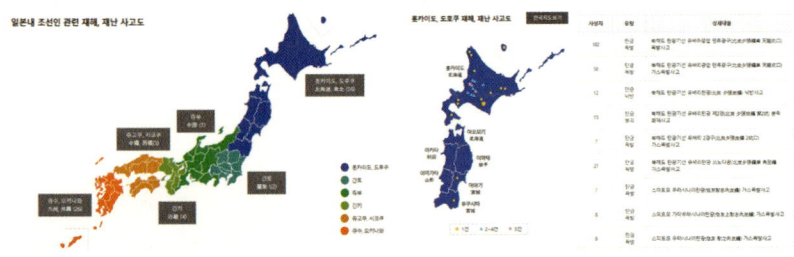

〈그림 201〉 '일본 내 조선인 재해재난 개요 및 유골보관 실태표' 검색창(https://pasthistory.go.kr/sahalin_finder2013/list)

〈그림 202〉 특정 장소를 클릭하면 세부 정보로 들어갈 수 있다.

웹(모바일)콘텐츠도 장소콘텐츠의 전시콘텐츠와 마찬가지로 기술적 문제가 아니라 어떤 콘텐츠를 담는가 하는 점이 중요하고, 관건은 어떠한 기록물이 있는가 하는 점이다. 이러한 점을 감안한다면 카드뉴스, 디지털 역사지도, VR, 이-러닝, 교육형 테마파크, H-GIS, 모션 그래픽스 등 모든 종

---

177 http://www.814.kr/vr/index.html
178 이 콘텐츠는 쌍방향성과 추가 기능 탑재를 지향하며 구축했으나 현재는 열람 기능에 국한해 행정안전부 과거사업무지원단 홈페이지에 탑재한 상태이다. https://pasthistory.go.kr/sahalin_finder2013/list.

류의 웹(모바일)콘텐츠 구축이 가능하다.

〈그림 203〉 '사할린 한인묘 현황 파악 및 찾기 서비스' 검색창

3) 교육을 통한 활용 방안

일제 전쟁유적의 활용 목적의 하나는 시민들이 반전평화에 대한 인식을 할 수 있도록 하는 것이다. 그러므로 다양한 교육대상자(학생, 일반 시민)를 상대로 교육대상자별 맞춤 교육을 함으로써 효과를 높일 필요가 있다. 일제 전쟁유적 연구와 조사의 역사가 짧은 국내에서 교육 중요성에 대한 인식도 크지 않고 교육 사례도 찾기 어렵다. 그에 비해 일본에서는 (사)전쟁유적보존전국네트워크의 '평화교육'이라는 명확한 지향점을 실천하기 위한 노력이 있다.

일본 교육위원회(한국의 교육청에 해당)에 근무하는 가나에 조타로(鼎 丈太郎)는 향토교육이 차세대를 육성하는 중요한 역할을 하고 있으므로 연구 성과보다 중요하다고 강조했다.[179] 일본에서 아시아태평양전쟁유적 실태조사 및

---

[179] 鼎 丈太郎, 「근대유적을 통한 향토교육」, 『평화연구』 29-1, 2019, 27~35쪽

활용을 담당하는 기관은 주로 교육위원회이고, 학교나 교육 현장이 유적을 발굴하거나 역사 인식을 확산하는 역할을 하고 있다. 교육위원회는 전쟁유적 외에도 각 지역의 역사관이나 전시관 설립 운영을 주관하고 있다.

일본의 전쟁유적 조사와 보존 운동은 교육과 깊은 관련을 맺고 있다. 전쟁 전시회(戰爭展) 운동과 전쟁 체험, 전쟁유적 발굴 운동에서 시작해 1974년부터 중고등학교 학생·교사가 주도하는 조사와 전쟁유적 관련 시민단체 조직으로 확산되었다. 이러한 학교와 시민운동 차원의 활동을 토대로 1990년대 이후 본격적인 전쟁유적 조사와 보존 운동을 펼쳤다. 1996년부터는 일본 정부 차원의 전국 조사(문화청 주관, 각 현 교육위원회 수행)가 시작되었다. 현재 일본의 전쟁유적과 전쟁자료는 근대사 연구 및 전쟁유적 고고학 연구 자료, 역사교육과 생애학습 교재, 평화학습 물증과 구술자료 등 세 가지이다.[180]

전쟁유적과 관련해 일본의 시민사회에서 실시해 온 활용 방안은 크게 세 가지이다. ① 지방 자치 단체의 유적·문화재로 등록해 시급히 사적(史蹟)으로 지정하고, 역사교육·평화교육의 교재로 활용 ② 근현대사 지역 역사 기술을 위한 활용 ③ 평화적·문화적인 마을 만들기의 거점으로 활용하고 이에 연동한 자료관 건설 운동, 시민들이 역사와 연대 속에서 살아 있는 장소로 공간 구축, 그리고 이를 위한 평화 박물관이나 자료관 건설 등이다.[181] 세 가지 가운데 교육의 비중은 매우 높다.

교육은 역사문화콘텐츠를 통한 활용 방안에 비해 교육 대상자를 다양하게 적용할 수 있다는 점에서 효과적인 활용 방안이다. 또한 기존의 교육기관이나 기억기관(역사관, 박물관, 기록관), 문화기관(문화원 등), 기업 등 교육의

---

180 戰爭遺跡保存ネットワーク 編, 『日本の戰爭遺跡』, 10쪽
181 菊池実, 「일본의 전쟁유적 보존 운동의 의의와 성과」(광주 중앙공원 내 일제 군사시설 역사 교육 활용 방안 시민토론회 자료집, 2014. 8. 26, 광주광역시의회), 74쪽

주체가 다양하고 교육의 방법도 다양하게 운영할 수 있다.

① 교육을 위한 선행 과제

교육을 위해 필요한 것은 세 가지라고 생각한다.

첫째, 지역별 일제 전쟁유적의 현황을 정리해 교육자료로 활용하도록 제공하는 일이다. 현재 전수조사가 이루어지지 않았으므로 지역별 인제 전쟁유적의 현황은 정혜경 조사자료 외에는 찾을 수 없다. 이 자료도 통계 외에 세부 내역을 공개한 것이 아니어서 일반인이 접하기는 쉽지 않다. 국가유산청이 실시한 학술연구조사 결과도 일부의 현황을 담은 자료이므로 역시 제한적이다. 2025년 2월 발족한 일제전쟁유적네트워크가 네이버 카페(cafe.naver.com/thinknetwork)를 통해 지역별 현황 자료를 공개하고 있지만, 정혜경 조사자료를 지역별로 제시하고 현장의 모습을 소개하는 정도이다.

둘째, 시민들이 쉽게 이해할 수 있는 교재의 개발이다. 일제 전쟁유적에 대한 연구가 초보적인 단계에 그치다보니, 학계의 논의를 종합해 일반 시민들에게 전달할 수 있는 교재도 제한적이다. 기존 출간물의 대부분은 연구자 대상이고 시민들이 접하기에는 어려움이 있다. 시민대상의 출간물이 있으나 인천시 부평구와 중구, 경남, 서울 용산 등 일부 지역에 불과하다. 그러므로 좀 더 다양한 지역을 대상으로 한 대중 출간물이 필요하다. 교재 출간에는 지역의 역사교사나 언론인 등 지역민의 참여가 필요하다.

세 번째는 역사교사의 역할을 높이는 일이다. 역사교사는 지역의 일제 전쟁유적을 학생 또는 시민들에게 잘 알릴 수 있는 좋은 메신저이다. 교과서에 담기지 않은 내용이라도 다양한 부교재를 통해 전파할 수 있다. 그러나 현재 지역의 일제 전쟁유적에 대해 관심을 가진 역사교사들은 소수이다. 역시 지역별 현황이나 관련 대중 출판물이 부재한 까닭이다. 관심을 가진 소수의 역사교사도 구체적인 방법을 찾아내기 어려운 상황이다.

일제강제동원&평화연구회는 2021년 전남역사교사모임의 의뢰를 받아 소속 교사를 대상으로 강의와 현장답사를 실시한 적이 있다. 이후 전남의 몇몇 고등학교에서 관내 일제 전쟁유적에 관한 교육을 실시하기도 했다. 전남역사교사모임 사례 이후 다른 지역을 대상으로 한 현장답사는 실시되지 않고 있으나 향후 적극적으로 추진해야 할 방향이다.

② 교육 방법

교육기관이나 기업 연수프로그램을 통한 강의, 장소콘텐츠(전시관)의 문화콘텐츠, 필드워크 등 탐방 프로그램 등이 가능하다. 국내 사례로는 두 가지를 들 수 있다. 하나는 인천광역시 부평구 부평문화원이 운영하는 '찾아가는 역사교실'이고, 다른 하나는 비영리학술단체인 일제전쟁유적네트워크가 운영하는 H-아카데미이다.

'찾아가는 역사교실'은 학생 대상의 강좌인데, 관내 학교를 찾아다니며 희망자에 한해 수강하도록 개방한 1회 단기 강좌이다. 일제 전쟁유적과 관련한 교육은 현재 교육기관에서 정규 교육과정을 통해 실시할 수 없으므로 별도의 프로그램을 운영해야 한다. 부평문화원의 '찾아가는 역사교실'과 같이 지역의 문화기관이 학교를 방문해 특강을 실시하는 형식이 가능하다.

H-아카데미(온 오프라인 병행. 2024년에는 조병창학당이라는 이름으로 운영. 담당: 정혜경)는 시민을 대상으로 한 유일한 강좌이다. 일제전쟁유적네트워크가 발족 1년 전부터 시민을 대상으로 운영하기 시작한 강좌로써 2025년에는 제1기와 제2기 등 2개의 강좌를 운영하고 있다. 월 1회 열리는 강좌는 단순히 유적에 대한 정보를 전달하는 강좌가 아니라 수강생들이 기존 연구 성과

분석과 현장답사를 통해 일제 전쟁유적의 생산 배경과 역사를 이해하도록 하는 과정이다.

여러 교육 방법 가운데 강의가 소극적이자 일방성을 띠고 있다면, 문화콘텐츠나 필드워크는 교육 대상자가 직접 구현하거나 참가하는 적극적이자 쌍방향성 교육 방법이다.

장소콘텐츠에서 교육은 전시와 함께 중요한 기능이다. 장소콘텐츠는 시민 대상의 강의나 영상물 상영회를 통해서도 교육 기능을 운영할 수 있으며, 전시콘텐츠나 교육형 테마파크를 통한 교육도 가능하다.

장소콘텐츠의 하나인 교육형 테마파크는 기존 박물관의 고정된 이미지를 탈피하고 보다 적극적이고 창의적인 전시를 고민하면서 테마파크적인 구성과 구조를 건축과 전시에 도입한 박물관형 테마파크이다. 이러한 박물관형 테마파크는 원리와 창조적인 응용의 세계를 끌어내기 위해 이야기와 흥미로운 요소를 도입하는 데에 큰 중점을 두고 있다.

교육형 테마파크에서는 그 지역에서 있었던 강제동원의 다양한 사례를 스토리텔링화해 문화지도를 만들어 PDMA 등 장비에 탑재하면, 관람객이 당시 상황을 체험할 수 있다.[182]

③ 교육 대상자: 학생, 시민, 직장인

교육 대상자는 학생을 비롯해 시민, 직장인으로 구분할 수 있다. 이 가운데에서 학생이나 직장인(의무적으로 교육을 이수해야 하는 상황에 놓은 직장인)이 소극적인 의지의 대상자라면, 그 외 시민은 자신의 의지로 선택했으므로 적극적 의지의 소유자로 볼 수 있다.

---

182 권미현, 「일제말기 강제동원 기록의 수집과 활용을 위한 제언-기록화 전략(documentation strategy)과 문화콘텐츠 구축 방법론」, 『한일민족문제연구』 26, 256쪽

적극적인 의지라는 점에서 보면 시민 대상의 교육이 효과가 높다고 할 수 있으나 확산성에서는 학생층이 높을 것이다. 학생층이 받아들인 교육 내용이 가족을 통해 확산할 수 있기 때문이다.

이미 파악한 내용을 전달하는 수준의 교육 외에 적극적인 교육의 기능이 있다. 일본 오키나와육군병원 하에바루호의 사례는 학생을 대상으로 하는 일방적인 강의가 아니라 학생이 주체가 되어 스스로 유적을 조사하고 전시를 통해 지역 주민들에게 알린 사례이다. 이곳은 교육 현장에서 관심을 기울이기 시작해 교육의 장소로 활용되고 있다.

하에바루호는 1983년에 현립 하에바루고교의 교내 전시회를 계기로 문화재 지정까지 이어졌고, 2007년 6월 18일 공개한 제20호 지하호를 통해 다각적인 교육이 이루어지고 있다. 소학생이나 중학생 단위로 현장을 탐방하는 견학프로그램이나 수학여행의 코스로 탐방하는 것도 교육 기능의 하나이다. 견학은 학생 외에 자치회나 노인회, 유족회, 노동조합, 종교단체, 대학 세미나 그룹 등의 평화학습 프로그램으로도 활용 중이다.[183]

하에바루호와 같은 사례는 아니지만 아마미군도(奄美群島)를 중심으로 한 세토우치쵸(瀬戸内町)도 교육위원회의 전쟁유적 조사 결과를 향토교육에 활용하고 있는 사례 가운데 하나이다. 일본에서 이러한 사례는 드물지 않다.

가나에의 연구에 따르면, 이 지역에서는 2014년에 세토우치쵸 교육위원회가 주관해 실시한 전수조사 결과 206개소의 유적과 648점의 문헌자료를 확인했다. 조사 배경은 하에바루육군병원지하호 사례와 동일하다. 전후 70년이 넘은 상황에서 전쟁을 경험한 체험자가 줄게 되어 전쟁의 기억을 계승할 필요가 있었기 때문이다. 조사 방법은 구술조사와 선행연구를 바탕으로 한 전수 집계 조사였다. 이를 토대로 다양한 방법으로 다양한

---

183 吉浜 忍 外, 「沖縄陸軍病院南風原壕」, 1쪽, 48~50쪽, 63쪽, 74~81쪽, 94~98쪽, 140~141쪽

대상자(학생, 시민, 직장인)에게 교육이 가능하게 되었다.

가나에가 제시한 세토우치쵸 전쟁유적을 대상으로 한 향토교육은 교육 대상자가 광범위하다는 점이 특징이다. 세토우치쵸는 조사 결과를 토대로 발굴조사 현장을 공개하고 사회인과 어린이 대상의 향토교육, 고교생과 직장인 등을 대상으로 한 평생학습과 학교교육, 직장연수 등의 방법을 활용한 다양한 방법으로 교육을 실시하고 있다.[184]

④ 시민 참여 탐방 프로그램(필드워크) 사례

탐방 프로그램은 해당 장소에서 과거의 이야기를 공유하고, 나아가 새로운 이야기를 생산하는 성과를 내는 교육 프로그램 가운데 하나이다. 학생이나 일반 시민 모두 적용할 수 있고, 학생과 일반 시민이 함께 참여하면서 성과를 배가할 수 있다.

필드워크의 의미는 크게 네 가지이다.

첫째, 단순한 볼거리를 넘어 지역 사회의 공감을 이끌어내는 중요한 기회가 된다.

둘째, '공간의 스토리텔링'이 생산·축적되는 기회이다. 스토리텔링은 특정한 이야기 소재(story)를 상대방에게 전달(tell)하는 행위이자 '화자(話者)의 의도가 청자(聽者)에게 전달되는 일종의 커뮤니케이션 행위'이다. 스토리텔링은 화자와 청자가 같은 맥락 안에 포함된 채 현재 상황을 공유하고 그에 따른 상호작용을 나누도록 도와준다.[185] 그런 이유로 인류 역사에서 이야기 행위는 단순한 설명과 전달을 넘어선 공유의 역할을 담당해 왔다.

---

[184] 鼎 丈太郞, 「근대유적을 동한 향토교육」, 『평화연구』 29-1, 27~35쪽
[185] 임동욱, 「프랑스 역사콘텐츠 구축 및 활용 사례」('화성시역 독립운동 관련 역사콘텐츠 개발의 현황과 과제' 심포지엄 발표문, 2015.12.4), 170~171쪽

유적이라는 공간에서 나누는 이야기는 단순히 대상지를 기억하고 대상지에 대한 만족도를 높이는 역할에 그치지 않는다. 새로운 자료(구술자료)를 생산해내고 이를 통해 콘텐츠간 선순환 구조를 주도하는 적극적인 역할을 담당한다.

셋째, 다양한 콘텐츠 구축을 위한 기록화 전략에서도 의미가 크다. 필드워크를 위해 준비한 자료와 현장에서 생산되는 스토리텔링, 사진과 동영상 등 모든 자료는 이후 다양한 콘텐츠 구축에 매우 중요한 자료로 활용된다.

넷째, 활용도를 높일 수 있고 필드워크로 인해 다양한 콘텐츠 구축과 활용이 추가·지속된다. 필드워크 참여자들은 이후 출판콘텐츠나 영상콘텐츠, 웹과 모바일 콘텐츠에도 관심을 갖게 되고, 이를 통해 다양한 콘텐츠의 생산과 구축, 활용이라는 선순환 구조가 가능하게 된다.

> **탐방 프로그램 운영 TIP**
> 1. 적정한 인원과 시간
>   · 일반인의 통행 흐름을 방해하지 않고, 설명자의 이야기 전달이 원활할 정도의 인원(10명 내외)
>   · 지루하거나 지치지 않을 정도의 코스(반나절을 넘지 않음)
> 2. 스토리텔링을 축적하는 기회
>   · 스쳐 지나가는 탐방이 아니라 공감하고 기억하는 필드워크
>   · 참가자들이 유적에 대한 이야기를 공유할 수 있는 충분한 시간과 기회를 제공
> 3. 기존의 탐방 코스와 연계
> 4. 정례적 탐방 프로그램 운영: 월 1회 등

탐방 프로그램은 문화콘텐츠 구축을 위한 중요한 출발점이기도 하다. 문화콘텐츠 구축은 기록화단계와 활용 및 구축 단계의 연동과정을 통한 선순환 구조이기 때문이다. 선순환 구조는 기록화를 통해 활용에 이른 콘텐츠가 활용 과정에서 계속 기록화로 피드백되고, 다시 구축과 활용에 연계되는 등 지속적으로 콘텐츠 생산과 축적, 활용이 이루어지는 구조이다.

이를 통해 해당 유적 활용 성과물이 다른 지역으로 확산되는 플랫폼이 될 수 있고, 등록 과정을 거쳐 국가유산이나 세계문화유산 등재 단계로 이어질 수도 있다.[186]

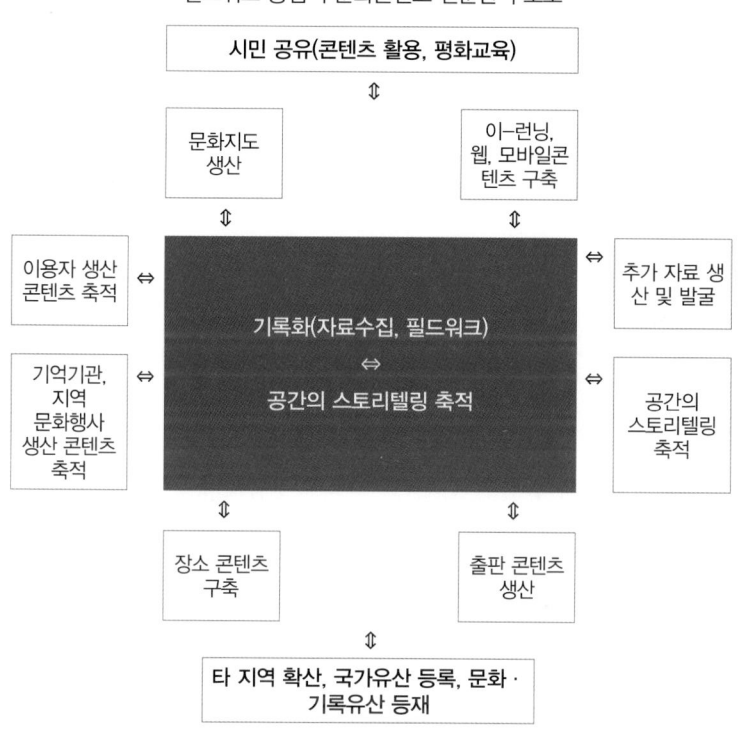

필드워크 중심의 문화콘텐츠 선순환 구조도

학술단체인 일제강제동원&평화연구회는 시민들의 모임인 '역사문화콘텐츠 공간'과 공동으로 시민 대상의 무료 현장답사를 연 2회 실시해왔고, 일제전쟁유적네트워크 발족 이후에는 두 학술 단체가 공동으로 현장답사를 연 2회 실시하고 있다.

---

186 정혜경, 「국내 소재 아시아태평양전쟁 유적 활용 방안」, 『한일민족문제연구』 33, 2017, 219쪽.

현장답사를 위해 필요한 것은 답사코스와 전문성이다. 두 학술단체는 전문성을 구비하고 있으므로 답사지역에 따라 관련 전문가가 다양한 정보와 자료를 제공하고 있다. 또한 정혜경은 2018년에 출간한 책에서 답사코스를 제안한 적이 있다. 그 내용을 보완해 제시해보면 다음과 같다.

[기존 탐방 코스와 연계한 코스]
■ 대구 도심역사문화골목투어 체험학습과 연계

2011년부터 대구시와 교육청, 대구중구청, 매일신문사, 골목투어사업단이 시행하고 있는 '대구 도심역사문화골목투어 체험학습'은 전국적으로 성공한 역사탐방코스이다.

역사교육의 일환으로 시작했으나 지금은 매년 20만 명 정도의 관광객이 다녀갈 정도로 알려졌고 코스도 추가했다. 2013년 아시아 도시경관상(일본 후쿠오카)에서 대상을 받았고, CNN과 한국관광공사가 공동 선정한 '한국의 풍경들 100선'에서 14위를 차지하면서 국제적인 명성도 얻은 걷기 코스이다. 이 코스에 일제 전쟁유적 코스를 추가(아래 굵은 표시)하는 방식을 적용할 수 있다.

☞ 도심역사문화골목투어 코스(대구 근대역사관 ⇒ 3.1운동길 ⇒ 이상화 고택 ⇒ 서상화 고택 ⇒ 매일신문사 신문전시관 ⇒ 계산성당 ⇒ 약령시 한의학 박물관 ⇒ 국채보상운동기념관 ⇒ 2.28민주운동기념회관 등) + **희움일본군위안부역사관**(중구 서문로1가 80-1) + **일제 전쟁유적: 전 대구사범학교**(현 경북대 사범대학 부속 중학교, 식민통치유적, 중구 대봉동) ⇒ **대구신사**(중구 달성동, 식민통치유적) ⇒ **대구형무소**(중구 삼덕동 149, 식민통치유적, 이육사의 수감지) ⇒ **군제(郡是)산업㈜ 대구공장**(현재 재일모직 소유, 북구 칠성동, 생산관계유적) 등

〈그림 204〉 희움일본군위안부역사관(한국향토문화전자대전https://www.grandculture.net/daegu/junggu/toc/GC40005693)

〈그림 205〉 군제방적 대구공장 건물 모습(2011년 11월 촬영)

- **전남 광주의 오월길**(http://mayroad.518.org)

오월길: 5.18기념재단이 5·18민주화운동 27개 사적지(세부 사적지 총 30곳)를 중심으로 광주 곳곳의 역사, 문화자원들을 연계해 만든 5개 테마·18개 코스이다. 여기에 광주의 일제 전쟁유적을 추가해 코스를 구성할 수 있다.

오월인권길 테마: 5·18민주화운동의 열망이 담긴 사적지를 찾아가는 길

오월민중길 테마: 오월광장에서 뜨겁게 타올랐던 시민들의 발자취를 발견하는 길

오월의향길 테마: 오월정신의 역사와 교감하는 길

오월예술길 테마: 광주의 문화예술로 오월의 기억을 치유하는 길

오월남도길 테마: 오월정신을 따라 새로운 여정을 만나는 길

[지역의 역사 유적과 연계한 탐방 코스]

- **지역별: 수원 팔달구**

☞ 방화수류정(3.1만세운동 유적. 팔달구 수원천로) ⇒ 아담스 기념관(전 삼일중학교, 3.1만세운동 유적. 팔달구 매향동) ⇒ **화성행궁 봉수당**(전 조선총독부 자혜의원. 팔달구 정조로. 식민통치유적) 지석묘 + **화성행궁 남군영**(전 수원군청 자리. 식민통치유적) + **팔달산 용머리 약수터**(팔달산 비행기 격납고 터, 군사유적) + **부국원**(식민통치유적, 팔달구 향교로)

〈그림 206〉 아담스기념관(경기역사문화유산원, https://gjicp.ggcf.kr/mediaObjects/248)

〈그림 207〉 부국원 옆모습(2024년 8월 촬영)

■ 지역별: 경기도 안산시 대부도

☞ 선감역사박물관(단원구 선감로) ⇒ 4.16기억교실(단원구 적금로) + 선감광산

(생산관계유적, 단원구 선감동. 대부광산 퇴적암층. 경기도 기념물 제194)

〈그림 208〉 선감역사박물관 야외 박물관(경기도 에코 뮤지엄 자료)

[강제동원 단독 탐방 코스]

■ 서울 지역 종로구·중구: '징용 가는 길'(도보 총 3시간)

이 코스는 실제로 숭인동 소재 대륙화학연구소에서 비누 등을 제조하다가 1943년 11월에 동원되어 일본 도쿄 일본제화(리갈)에서 강제노역을 당했던 진현수가 걸었던 길이다.

☞ 덕수초등학교(송출 집결지) ⇒ 경성재판소 터(현재 서울시립미술관, 식민통치유적) ⇒ 조선신궁 터(송출자들의 참배 지역) ⇒ 경성역사 터(서울역 박물관, 인력동원 송출 장소)

■ 서울 지역 종로구·중구: '침탈의 길'(도보 총 4시간)

식민통치유적을 중심으로 한 코스이다.

☞ 경희궁 지하호(조선총독부 소속 관청의 소개지) ⇒ 경기도 경찰부 터·경기도청 터 ⇒ 경성부민관 터·경성부청 터 ⇒ 조선은행 터 ⇒ 일본적십자 조선본부 터 ⇒ 경성신사 터 ⇒ 조선총독부 남산청사 터 ⇒ 조선총독부 시정기념관 터(통감관저 터) ⇒ 통감부 경성이사청 터 ⇒ 조선헌병대사령부 터 ⇒ 정무총감 사저 터

■ 서울 지역 영등포구: '군수공장 찾아가는 길'(도보 총 2시간)

생산관계유적과 현대사 유적을 연계한 코스이다.

☞ 영등포역 근처, 타임스퀘어(경성방직 영등포공장) 터 ⇒ 산오(三五)제지 터 ⇒ 니혼방직 경성공장 터 ⇒ 용산공작 영등포공장 터⇒ 조선제분 터(현재 대선제분) ⇒ 도요(東洋)방적 영등포공장 터 ⇒ 가네가후치(鐘淵)공업 경성공장 터 ⇒ 문래공원 5.16쿠데타 발상지

- **전남 광주(차량 총 4시간)**

    ☞ 치평동 비행장 터 ⇒ 화정동 군사시설물 ⇒ 가네가후치 전남공장 터 ⇒ 전남도시제사 터 ⇒ 광주공원(광주 신사 터) ⇒ 광주역 터(물자와 인력의 송출하역 장소)

[테마별 투어]

- **전남 해남 옥매광산 + 제주도 송악산 군사시설지**

    첫째, 매년 9월에 열리는 옥매광산 수몰광부 추도식에 맞춰 옥매광산 유적지 투어 행사를 개최하는 방법이 있다. 추도식은 오전에 종료되므로, 오후에 필드워크를 하면서 의미를 되새기는 기회로 삼는 방법이다. 추도식이 다양한 문화행사로 구성되므로 참가자들은 역사와 문화를 함께 접할 수 있다.

    둘째, 옥매광산과 제주도를 연계한 투어이다. 옥매광산 광부들이 제주도에서 구축한 송악산 군사시설지를 함께 돌아볼 수 있는 연계 투어로 구성할 수 있다.

⑤ 학술연구를 통한 사회교육

학술연구 성과를 통한 사회교육도 교육 효과가 높은 방법이다. 일본의 사료관은 규모에 상관없이 매달 '기요(紀要)'라는 이름의 학술지를 발간한다. 이 학술지에 실리는 내용은 해당 사료관이 소장하고 있는 기록물에 대한 해제와 논문이다. 해제와 논문을 작성하는 사람은 바로 사료관에서 기록물을 정리하는 직원(기록관리전문가, 아카비스트)이다. 자료 해제와 논문 작성은 일본 사료관 직원의 업무 가운데 중요한 일이다.

이러한 사례는 일본에 그치지 않는다. 기록관리의 선진국이라 알려진 유럽과 미국의 기록관에서도 소속 기록관리전문가들은 해당 기록물에 대한 학문적 권위를 가진 역사전문가들이다. 일본과 마찬가지로 학술지를 통해 소장 기록물을 소개하고 분석한다.

일본과 구미의 기록관(사료관)이 이같이 학술지를 내고, 소장 기록물 연구를 하는 이유는 바로 중요한 사회교육의 방법 가운데 하나이기 때문이다. 이러한 방법을 통해 시민들은 기록관이 소장하고 있는 기록물을 단지 서고에 처박힌 박제품이 아니라 생명력을 가진 기록물로 공유하게 된다. 역사관 등 기억기관도 마찬가지이다. 전시관과 수장고의 유물이 무슨 의미를 가진 유물인지 적극적으로 알려줄 필요가 있다. 그 방법의 하나는 적극적인 학술연구 성과를 축적하는 것이다.

가장 바람직한 방법은 역사관이나 박물관 등 기억기관이 자체적인 연구 기능의 비중을 높이는 것이다. 여건상 어렵다면, 관내 교육기관과 연대하거나 학술 연구용역과 학술대회 등을 통해 연구 기능을 보완해야 한다. 그 결과는 학술지, 자료집, 연구보고서와 같은 출판물과 토크콘서트 등의 행사로 시민들과 공유해야 한다.

몇몇 국내 사례를 보면, 기념관들은 연구 기능의 비중이 높은 편이다. 독립기념관은 설립 당시부터 한국독립운동사연구소라는 연구 기능을 설치 운영하고 학술지와 다양한 학술연구 성과를 발표하고 있다. 연구소의 학술연구 성과는 독립기념관의 전시와 행사의 밑거름이 되어 시민교육의 효과를 거두게 한다.

경북독립운동기념관은 별도의 연구소는 없으나 2007년 안동독립기념관으로 개관 직후부터 학술조사의 성과가 빛나는 곳이라 평가받는 기억기관이다. 2007년 8월 개관 직후 학술총서(안동사람들의 항일투쟁)를 출간하기 시작해 2015년까지 총 15종의 학술서적을 출간했다. 이 성과는 독립운동사 연구를 넘어 시민교육 자료로서도 의미가 크다.

부평역사박물관도 학술연구 성과가 풍부한 편이다. 학술연구조사사업 성과를 토대로 부평문화원과 부평시민들이 시민기록가로 성장하는데 견인차 역할을 한다고 평가할 수 있다. 부평역사박물관의 학술연구 성과가 부평문화원의 사업으로 이어지는 순기능을 하기 때문이다.

부평은 일제강점기 이전에 부평도호부가 있을 정도로 행정의 중심지였는데, 조선의 개항 이후 인천이 중심지가 되면서 지금은 인천광역시의 일개 구로 편입되었다. 행정구역의 축소는 부평지역사 연구 활성화에도 걸림돌이었는데, 이를 타개해 나간 곳이 바로 부평역사박물관이다. 부평역사박물관의 학술연구조사의 성과인 학술대회 개최, 자료집과 연구보고서 발간은 기획 전시회 개최와 시민 강좌 운영을 통해 시민들에게 전해지고 있다.

6. 맺음말: 일제 전쟁유적, 한국 사회의 소중한 자산으로

　일제의 식민 지배를 받거나 점령지로 통치의 경험을 가진 아시아태평양 지역에서 일제 전쟁유적을 가장 적극적으로 활용하고 있는 나라는 대만이다. 현재 대만의 식민지시기 건축물은 일본 통치기를 말하는 것뿐만 아니라 대만 사회의 존재 양식을 표상하는 것으로서 존재하고 있다. 식민지시기보다 긴 전후의 역사를 축적하는 과정에서 식민지 시기 역사를 '대만 스스로의 역사'로 받아들인 결과이다.[187]

　이에 비해 동일한 식민지를 경험했고, 대만과 마찬가지로 식민지 35년보다 훨씬 긴 해방의 역사를 영유하고 있는 한국은 다른 양상을 보여주고 있다. 가미쯔루는 이를 단순한 '반일감정'으로 보는 것을 경계했다.[188]

　같은 아시아태평양지역이라 하더라도 통치의 방식이나 기간이 다르고 통치 목적이 다르므로 대만과 한국을 동일한 잣대로 보는 것은 적절하지 않다. 그러나 한국 사회가 일제 전쟁유적에 대해 외면하거나 철거의 대상으로 삼는 이유는 여전히 일제 전쟁유적의 역사성을 일제강점기로 국한하기

187　上水流久彦, 「紅樓の現在-台灣社會の寫し鏡の場としての歷史遺産」, 142쪽
188　上水流久彦, 「舊植民地の建築物の現在-多元的價値觀の表象」, 「大日本帝國期の建築物が語る近代史」, 43~47쪽

때문이다.

일제 전쟁유적은 일본의 식민 지배와 아태전쟁의 산물이다. 그러나 일본 식민통치의 역사만이 아닌 한국사였고, '한국인의 것'이다. 일제강점기 이전부터 조선 민중이 살던 땅이었고, 일제강점기에는 조선 민중이 동원되었던 곳이었으며, 광복 이후 지금까지 지속적으로 역사의 더께를 축적하고 있는 '한국 스스로의 것'이다. 그러므로 더 이상 외면의 대상이 아니라 적극적으로 우리가 기억하고 보존해야 할 대상이다.

또한 일제 전쟁유적은 조선 민중이 경험한 강제동원의 증거이다. 강제동원의 역사는 피해자와 현장을 통해 후대로 전달되어 역사의 교훈을 남겨야 한다. 그러나 피해자의 생명은 유한하므로 더 이상 강제동원의 역사를 전할 수 없다. 한국 사회에 강제동원의 역사를 전해줄 증거는 문헌자료·구술자료와 일제 전쟁유적이라는 장소성이다.

일제 전쟁유적은 일본 침략전쟁으로 인해 발생한 강제동원의 역사에서 피해자성을 공유할 수 있는 곳이다. 피해자성이란 '피해의 진상을 파악하고, 강제동원 피해자의 아픔에 공감하며, 향후 이러한 피해가 발생하지 않도록 하는 노력'을 의미한다. 일제 전쟁유적은 존재만으로도 피해자성의 두 번째와 세 번째 단계인 '아픔에 공감하고 재발 방지를 위한 노력'을 가능하게 해준다. 중요한 교육의 장소이자 향후 평화를 이어갈 토대이다.

이같은 의미를 가진 일제 전쟁유적을 한국 스스로의 것으로 받아들여 평화의 마중물로 만드는 방법은, 외면하지 않고 우리의 역사로 받아들이는 것이다. 이를 토대로 정부와 지자체의 전수조사를 시작으로 한국 사회는 지속적으로 일제 전쟁유적을 조사하고 연구하고 교육하는 노력을 기울일 수 있다.

그러나 이러한 필요성을 인식한다 해도 참여하고 실천할 수 있는 방법을 찾기 어려웠던 것도 사실이다. 2025년 2월 일제전쟁유적네트워크가 발족함으로써 인식을 확대하고 구체적으로 실천할 수 있는 구심점이 만들어졌다. 일제전쟁유적네트워크 발족으로 개별적인 유적 조사는 물론, 관련자 교류 및 정보 소통을 통해 각지에서 외롭게 도시개발자들의 공세에 맞서기 위한 전문성과 근거가 필요했던 현장의 어려움도 해소할 길이 열린 셈이다. 정보의 축적은 연구로 이어지고, 시민 대상의 강좌와 역사교사와 소통은 평화교육의 실천으로 이어진다. 광복 80주년을 맞아 반전평화라는 새로운 미래로 향한 여정이 펼쳐질 것을 기대하며, 성원을 보낸다.

참고문헌

〈단행본〉

大藏省管理局, 1947, 『日本人の海外活動に關する歷史的調査』通卷 第10册 朝鮮篇 第9分册

大藏省管理局, 1947, 『日本人の海外活動に關する歷史的調査』通卷 第20册 南洋群島篇 第1分册

戰爭遺跡保存ネットワーク 編, 1999, 『戰爭遺跡は語る』, かもがわBookLetter

十菱駿武·菊池實, 2002, 『しらべる-戰爭遺跡の事典』, 柏書房

十菱駿武·菊池實, 2003, 『續しらべる-戰爭遺跡の事典』, 柏書房

戰爭遺跡保存ネットワーク 編, 2004, 『日本の戰爭遺跡』, 平凡社

管浩二, 2004, 『日本統治下の海外神社-朝鮮神宮·臺灣神社と祭神』, 弘文堂

테사 모리스 스즈키 지음·임성모 옮김, 2006, 『변경에서 바라본 근대 - 아이누와 식민주의』, 산처럼

테사 모리스 스즈키 지음·김경원 옮김, 2006, 『우리 안의 과거』, 휴머니스트

西澤泰彦, 2008, 『日本植民地建築論』, 名古屋大學出版會

제주대학교 탐라문화연구소·한라일보사, 2008, 『일제하 제주도 주둔 일본군 군사유적지 현장조사보고서1』, 제주대학교 탐라문화연구소

조성윤 편, 2008, 『일제말기 제주도의 일본군 연구』, 보고사

한국기록학회, 2008, 『기록학용어사전』, 역사비평사

西澤泰彦, 2009, 『日本の植民地建築』, 河出書房新社

安島太佳由, 2009, 『訪ねて 見よう! 日本の戰爭遺産』, 角川SS

吉浜 忍 外, 2010, 『沖繩陸軍病院南風原壕』, 高文研

戰爭遺跡に平和を學ぶ京都の會 編, 2010, 『語りつぐ京都の戰爭と平和』, つむぎ出版

김정후, 2013, 『발전소는 어떻게 미술관이 되었는가』, 돌베개
문화재청, 2013, 『태평양전쟁유적(부산·경남·전남지역)일제조사 연구용역 보고서』
문화재청, 2014, 『태평양전쟁유적(대구·경북·충북지역)일제조사 연구용역 보고서』
木村至聖, 2014, 『産業遺産の記憶と表象』, 京都大學學術出版會
이완희, 2014, 『한반도는 일제의 군사요새였다』, 나남
국무총리 소속 대일항쟁기 강제동원 피해조사 및 국외강제동원 희생자 등 지원위원회, 2016, 『활동결과보고서』
정혜경, 2018, 『우리 지역의 아시아태평양전쟁유적 활용-방안과 사례』, 도서출판 선인
허광무, 2019, 『일본지역 강제동원 현장을 가다』, 도서출판 선인
이광표, 2021, 『근대 유산, 그 기억과 향유』, 현암사
上杉和央, 2021, 『軍港都市の150年-橫須賀·吳·佐世保·舞鶴』, 吉川弘文館
부평사편찬위원회, 2021, 『제4권 인천육군조병창과 애스컴시티』
강동진, 2022, 『산업유산』, 커뮤니케이션스북스
上水流久彦 編, 2022, 『大日本帝國期の建築物が語る近代史』, 勉誠出版
한일민족문제학회, 2022, 『아시아태평양전쟁시기 한반도 내 일제 전쟁유적의 현황과 활용, 과제』(2022.9.24. 2022년도 한일민족문제학회 정기학술대회 발표 자료집)
부평사편찬위원회, 2022, 『한권으로 읽는 부평사』
부평문화원, 2022, 『부평의 근현대 역사현장과 앞으로의 방향 - 국내 유사사례 비교』(2022.11.10. 심포지엄 자료집)
동북아역사재단, 2023, 『기획연구 심포지엄 자료집-일제 육군조병창 유적의 역사적 가치와 활용 방안』(2023.4.7 동북아역사재단 기획연구 심포지엄)
일본육군소병창역사분화생태공원추진협의회, 2023, 『진실과 거짓 - 일

제무기제조공장 인천육군조병창병원건물(1780호) 백서』
조건, 2023,『'영예'로운 패전 – 일제 침략군의 한반도 전쟁기지화와 상처받지 않은 패전』, 도서출판 선인
허광무, 2023,『부평 – 조선 병참의 별이 되다』, 동북아역사재단

〈연구논문 및 글〉
菊池実, 2000,「近代戰爭遺跡調査の視點」,『季刊 考古學』72호
當眞嗣一, 2000,「戰跡考古學提唱の背景」,『季刊 考古學』72호
是光吉基, 2000,「近現代遺跡調査の現狀-中國」,『季刊 考古學』72호
池田榮史,「近現代遺跡調査の現狀-沖繩」,『季刊 考古學』72호
今泉裕美子, 2005,「南洋發株式社・南洋拓殖株式社: 南進政策を支えた二大業」,『ミクロネシアを知るための58章』, 明石書店
정혜경, 2005,「일제말기 '남양군도'의 조선인 노동자」,『한국민족운동사연구』44
淸水肇, 村上有慶, 2007,「戰爭遺跡詳細調査と近代化遺産總合調査にみる沖繩縣の戰爭遺跡の把握狀況」,『日本建築學會技術報告集』13-25
강순원, 2008,「일본군 군사유적의 실태」,『일제하 제주도 주둔 일본군 군사유적지 현장조사보고서1』
권미현, 2014,「일제말기 강제동원 기록의 수집과 활용을 위한 제언-기록화 전략(documentation strategy)과 문화콘텐츠 구축 방법론」,『한일민족문제연구』26
김윤미, 2015,「일제시기 일본군의 대륙침략 전쟁과 부산의 군사기지화」, 부경대학교 사학과 대학원 박사학위논문
조건, 2015,「전시 총동원체제기 조선 주둔 일본군의 조선인 통제와 동원」, 동국대학교 사학과 대학원 박사학위논문
김윤미, 2016,「일본군의 군사수송과 한반도 해안요새」,『역사와 실학』59
서울역사박물관 작성, 2016,「경희궁과 일제 강점기 방공호 현황」(2016년 10월 8일)

이종민, 2016, 「제국 일본의 '모범' 감옥 – 도쿄·타이베이·경성의 감옥 사례를 중심으로」, 『동방학지』 177

정혜경, 2017, 「국내 소재 아시아태평양전쟁 유적 활용 방안」, 『한일민족문제연구』 33

조건, 2019, 「일제말기 조선 주둔 일본군의 대전 주둔과 군사령부 이전계획」, 『역사와 담론』 92

鼎丈太郎, 2019, 「근대유적을 통한 향토교육」, 『평화연구』 29-1 (제주대학교 평화연구소)

北原惠, 「전쟁 '체험'을 그리다 – 오키나와·히로시마·공습의 기억」, 『평화연구』 29-1

岡村幸宣, 「마루키 이리(丸木位里), 마루키 토시(丸木俊)의 '원폭도'와 전쟁의 '기억'을 둘러싼 문제」, 『평화연구』 29-1

村上有慶, 「전쟁보존의 현황과 평화교육의 과제」, 『평화연구』 29-1

정혜경, 2019, 「남사할린 지역 아시아태평양전쟁유적 활용 방안」, 『평화연구』 29-1

정희윤, 2012, 「식민지 시기 일제의 조선 소운송업 통제 과정」, 『한일민족문제연구』 23

조건, 2021, 「일제의 육군조병창과 부평, 그리고 부평사람들」, 『부평사』 제4권

조건, 2021, 「일제 말기 仁川陸軍造兵廠의 地下化와 강제동원 피해」, 『한국근현대사연구』 98

조건, 2022, 「아시아태평양전쟁기 일본군의 광주·전남지역 군사시설 건설과 전쟁유적의 성격」, 『한국근현대사연구』 103

조건, 2023, 「아시아태평양전쟁기 일본군의 한반도 내 항공기지 건설과 의미」, 『한국근현대사연구』 104

長谷川 曾乃江, 2024, 「戰爭遺跡 仙甘學園跡」, 『中央大學政策文化總合研究所年報』 27

조건, 2025, 「일본의 근대 전쟁유적 유산화 실태와 동향」, 『일본비평』 32

Ja-young Eunice Kim1 and Yong-hwan Shim2, Cheong Wa Dae: The Sustainability and Place-Making of a Cultural Landmark, Reflecting Its Role in History and Architecture, Buildings 2025, 15, 155(buildings-15-00155.pdf)

「沖縄県内の戦争遺跡どう継承 文化庁調査より多く県内で1500超「物言わぬ語り部」保存・活用課題」,『沖縄タイムス』2024.9.24.

https://cafe.naver.com/thinknetwork/189

https://www.asahi.com/articles/ASR8K5WW1R8KPTIL002.html?fbclid=IwAR3IMAHAevmOGORdi0RRWb93Rk79GUZwp5RFYhk4klnUgzRgFepwWcE8NTQ

https://cafe.naver.com/gangje

https://pasthistory.go.kr/sahalin_finder2013/list

http://www.814.kr/vr/index.html

http://www.incheonin.com/news/articleView.html?idxno=83669

http://www.kyeonggi.com/news/articleView.html?idxno=2380374

찾아보기

ㄱ

가고시마시 66
가나가와현 66
가나에 조타로 86, 209
가미쯔루 히사히코 42
강원도 172, 173
강제동원 22, 27, 35, 56, 101, 125, 190, 213, 226
강제동원위원회 27, 35, 39, 57, 58, 88, 90, 91, 93, 117, 142, 208
거제시 134
경성감옥 158, 159, 191
경성방직 115
경성호국신사 156, 161, 162
경인공업지대 109, 110, 111
경제산업성 70
경희궁 165, 166
관동군 37, 38
관동청 32
광명동굴 154, 191, 196, 197
광주광역시 133, 137, 139
광주학생독립운동기념관 136, 138
교토부 66, 83
국가기록원 189
국가유산청 25, 88, 101
국가총동원법 93, 94, 109
국민당 46, 50, 51, 53
국민총력조선연맹 107
국방부 134, 142, 176
국제산업유산보존회(TICCIH) 19, 172
군사유적 63, 90, 91, 92, 96, 97, 100, 101, 102, 115, 123, 132, 134, 135, 139, 141, 144, 145, 149, 150, 151
군산대학교 139
군수공업동원법 93, 109
군수회사법 103, 105
근대산업유적 16
근대유적 171, 172, 174, 182
기구치 미노루 15, 62, 96
기타유직 97, 165
기타하라 메구미 87

ㄴ

나가노현 45, 82
나가사키 65, 71, 84
나하시 67, 85
난요식산 29
난요척식 31
난요흥발 29, 30, 31, 34
남방파견보국대 159, 164
남사할린 21, 54, 55, 57, 93
남양군도 26, 27, 28, 29, 30, 33, 121
남양청 29, 30, 31, 32, 33
내무성 161
노구치 103, 112
니가타현 45
니시무라척식 29
니시무라 카즈유키 45
니혼(日本)질소비료 103

ㄷ

다카타 마코토 76
대구시 203
대만 17, 21, 28, 29, 32, 42, 44, 45, 46, 47, 49, 50, 51, 52, 53, 84, 172, 173, 225
대만총독부 45, 46, 49, 52
대본영 118
대전광역시 139
WHC 17, 19, 20, 51, 62
도쿄 82
동양척식 17, 29, 129, 163

ㄹ

람멜스베르크(Rammelsberg) 광산 18
로타 30, 31
린 라쿠세이 39, 40, 41

ㅁ

마쓰에 하루지 29, 30
만주국 36, 37, 38, 40, 41
문화재 24, 55, 64, 65, 67, 73, 75, 85, 143, 210, 214
문화재청 88, 142, 143, 144, 149
문화청 62, 63, 64, 66, 69, 70
문화콘텐츠 25, 151, 182, 185,

186, 213, 216
미쓰비시 29, 36, 103
미쓰비시제강 22, 23, 111, 167, 174
미쓰이 29, 36, 79, 80, 103
미쓰이미이케 79, 80, 81

ㅂ
박흥식 36
방위성 151
벨기에영사관 145
부국원 193, 194, 219
부산요새사령부 134
부평 110, 111, 118, 119, 123, 125, 177, 202, 224
부평문화원 150, 151, 152, 188, 212

ㅅ
사이판 26, 28, 29, 30, 33, 121
산업고고학회 69, 71
산업유산 18, 19, 50, 51, 52, 54, 55, 60, 67, 68, 69, 70,
71, 79, 102, 172, 173, 202
산업유산학회 69, 70
생산관계유적 93, 97, 101, 102, 153, 157, 218, 220, 221
서울시 142, 165
서울역 157, 158, 204
서울역사박물관 165
서울특별시 141, 145
선감학원 93
스기야마 토미 164
스미토모 36, 103, 117
스에마쓰 마코토 71
스토리텔링 63
시미즈 하지메 97
시즈오카현 66
식민통치관계유적 159
식민통치유적 16, 97, 129, 131, 156, 157, 163, 218, 219, 221
신사 45, 46, 47, 48, 50, 68, 129, 159, 162
쓰시마 118
쓰지하라 마키히코 28, 30

ㅇ

아소 103
아시아태평양전쟁 15, 106
아시아태평양전쟁유적 17, 96, 209
아에바루 24
아이안브릿지협곡 20
아이안브릿지협곡(Ironbridge Gorge) 19
아태전쟁 15, 16, 17, 18, 22, 26, 50, 56, 58, 60, 62, 85, 93, 102, 139, 155, 161
아태전쟁유적 18, 24, 27, 54, 59, 60, 62, 67, 69, 71, 73, 86
야루이트 33
야하기 히로시 68, 70
얍 33
여자근로정신대 164
역사문화콘텐츠 23, 59, 181, 182, 184, 185, 210
영동군 148, 149
오사카 82, 118
오카무라 유키노리 87

오키나와 28, 34, 71, 73, 75, 84, 85, 86, 97
오키나와 제32군 사령부 지하호 72
오키나와 제32군 사령부호 72
오키나와현 24, 65, 67, 68, 74
옥매광산 91, 104, 105, 117, 124, 222
와타나베 요시타카 44
요시하마 시노부 67, 74
우시지마 미쯔루 72, 86
우시지마 사다미츠 72
유네스코 17, 18, 20, 51, 79
이종민 49
이치하라 다케시 50
ICOMOS 51
이타카 신고 28, 32
인천광역시 150, 179, 195, 211, 212, 224
인천육군조병창 17, 91, 118, 119, 120, 121, 122, 125, 133, 150, 151, 174, 175, 177, 178
일본유산 63
일본질소비료 112

일제 전쟁유적 16, 17, 20, 21,
    22, 23, 24, 26, 27, 34, 41,
    42, 54, 57, 58, 90, 92, 93,
    98, 99, 100, 101, 102, 131,
    132, 139, 142, 171, 172,
    174, 177, 179, 180, 181,
    182, 184, 185, 186, 189,
    193, 209, 211, 212, 213,
    218, 219, 225, 226
일제전쟁유적네트워크 211, 212,
    217, 227

ㅈ

자원조사법 104
장항제련소 175
전쟁유적 15, 16, 17, 18, 20,
    21, 22, 23, 24, 25, 60, 61,
    62, 65, 66, 67, 68, 70, 74,
    84, 92, 93, 96, 97, 101, 151,
    171, 172, 187, 189, 210,
    214, 215
전쟁유적보존네트워크 15
전쟁유적보존전국네트워크 61,

62, 86, 96, 101, 102, 209
전적고고학 60, 66, 67
정혜경 54, 57, 58, 93, 97, 99,
    100, 102, 211, 218
제32군 사령부 지하호 86
제32군사령부호 67, 71
제당업 28, 29, 30
제주도 25, 91, 117, 123, 222
조건 92, 100, 101, 115
조선 17, 32, 49, 84, 104
조선군 112, 116, 142, 161, 168
조선기계제작소 111
조선신궁 156, 159, 160
조선운송 157, 158, 167
조선질소비료 112
조선총독부 16, 30, 37, 38, 94,
    102, 104, 106, 107, 109,
    110, 111, 112, 113, 114, 146,
    157, 165, 177, 219
조양방직 195, 196
중국 17, 21, 34, 39, 41
중서부태평양 17, 21, 26, 93
지시마 146

지심도 134

ㅊ
창원시 147
창춘 40, 41
총력전 16
최용해 144
축 26, 33

ㅋ
콰잘린 26

ㅌ
타이베이 42, 43, 49, 50, 51
통상산업성 70
통영광산 153, 154
티니안 30, 31, 121

ㅍ
팔라우 26, 33
평양 118, 119
포나페 33
폰페이 26
푈클링겐(Völklingen) 제철소 18

필드워크 180, 181, 186, 188, 213, 215, 216, 217, 222

ㅎ
하가 메구미 49
하시마 71
하에바루쵸 74, 75, 76
하에바루호 73, 75, 214
하이난섬 159, 164
하자마구미 103, 125
해군성 145, 146
허광무 84, 178
홋카이도 28, 58, 84, 146
후지노 요헤이 49
흥남 111, 112
히라이 다케후미 54
히로시마 65, 71, 77, 79